印度洋金枪鱼渔业管理

许柳雄　戴小杰　主编

科 学 出 版 社

北 京

内 容 简 介

本书全面介绍了印度洋金枪鱼委员会及其渔业管理措施，内容包括建立印度洋金枪鱼委员会协定，印度洋金枪鱼委员会组织构架、议事规则、管理物种，以及印度洋金枪鱼委员会通过且生效的渔业资源养护和管理的所有强制性执行的决议及非强制性的建议。

本书可供渔业主管部门管理干部、远洋渔业企业管理人员和从业人员、水产类院所教师和科研人员、海洋渔业科学与技术专业学生等使用。

图书在版编目（CIP）数据

印度洋金枪鱼渔业管理 / 许柳雄，戴小杰主编. —北京：科学出版社，2019.6

ISBN 978-7-03-061201-4

Ⅰ. ①印… Ⅱ. ①许… ②戴… Ⅲ. ①金枪鱼－渔业管理－印度 Ⅳ. ①F335.164

中国版本图书馆 CIP 数据核字（2019）第 090133 号

责任编辑：陈 露 韩书云 / 责任校对：谭宏宇
责任印制：黄晓鸣 / 封面设计：殷 靓

科 学 出 版 社 出版
北京东黄城根北街 16 号
邮政编码：100717
http://www.sciencep.com

苏州市越洋印刷有限公司印刷
科学出版社发行 各地新华书店经销

*

2019 年 6 月第 一 版 开本：787×1092 1/16
2019 年 6 月第一次印刷 印张：13 1/2
字数：360 000
定价：98.00 元
（如有印装质量问题，我社负责调换）

序　言

　　印度洋金枪鱼委员会（Indian Ocean Tuna Commission，IOTC）是在 1993 年 11 月 25 日联合国粮食及农业组织（FAO）理事会第 105 届会议上，根据 FAO 章程第十四条规定通过的《建立印度洋金枪鱼委员会协定》（以下简称"本协定"或"IOTC 协定"）建立的政府间区域渔业管理组织，被授权管理印度洋及邻近海域的金枪鱼及类金枪鱼资源，目标是通过促进 IOTC 的缔约方（成员）和合作非缔约方之间的合作，以期通过适当管理，确保本协定所包括的鱼类种群得到养护和最佳利用，并鼓励基于这些鱼类种群的渔业的可持续发展。1997 年 3 月 21～24 日在罗马召开的 FAO 第一次特别会议上通过了 IOTC 财务规定（2014 年 6 月进行了更新）。同年 9 月 22～25 日在塞舌尔维多利亚召开的 FAO 第二次特别会议上通过了 IOTC 议事规则（rules of procedure）。IOTC 第一次成员会议决定将秘书处设在塞舌尔维多利亚。1998 年 1 月，秘书处正式开始运行。

　　为实现其管理目标，根据《联合国海洋法公约》有关条款原则，印度洋金枪鱼委员会的职权主要包括：①持续地审议种群的状况和趋势，并收集、分析和发送科学数据如渔获量和捕捞努力量等统计数据，以及本协定所包括的种群和与这些种群的渔业有关的其他数据；②鼓励、建议和协调本协定所包括的种群和渔业方面的研究和开发活动，以及印度洋金枪鱼委员会可决定的其他适当的此类活动，包括与技术转让、培训和提升有关的活动，并应适当关注并确保委员会成员平等参与渔业的需要，以及区域内发展中国家成员的特殊利益和需要；③在科学证据的基础上，根据本协定第九条，通过养护和管理措施，确保本协定所包括的种群的养护和促进实现整个区域内这些种群的最佳利用的目标；④在特别考虑沿海发展中国家利益的情况下，持续地审议本协定所包括种群的渔业在经济和社会方面的事项。

　　印度洋金枪鱼委员会向 FAO 成员或准成员开放。若有三分之二的多数会员同意，可接受不是 FAO 成员但为联合国或任何其专属机构或国际原子能机构等成员的国家成为该组织的成员。截至 2018 年 10 月底，印度洋金枪鱼委员会有 31 个成员（瓦努阿图 2002 年 10 月成为 IOTC 成员，2016 年退出）和 2 个合作非成员。我国政府于 1998 年 10 月 14 日接受了本协定，成为印度洋金枪鱼委员会的成员。同时，我国政府对本协定提交了两个声明：其一是"本协定第十条第 4 款和第十一条第 1 款中的'实体'一词系指《联合国海洋法公约》第 1 条和第 305 条所述的实体"；其二是"在中国政府另行通知之前，《建立印度洋金枪鱼委员会协定》暂不适用于中华人民共和国香港特别行政区"。

　　IOTC 的组织构架是：IOTC 下设科学分委员会、行政与财务常设分委员会、执法分委员会 3 个常设附属咨询机构。根据 IOTC 管辖区域的鱼类种群特点，科学分委员会又下设热带金枪鱼工作组（WPTT）、温带金枪鱼工作组（WPTmT）、浅海金枪鱼工作组（WPNT）、旗鱼工作组（WPB）、数据收集和统计工作组（WPDCS）、生态系统和兼捕工作组（WPEB）与方法工作组（WPM），作为科学分委员会的咨询机构。IOTC秘书处负责日常工作。

印度洋是金枪鱼的主要作业渔场之一，年捕捞量仅次于太平洋。2016年，印度洋金枪鱼总产量达到173万吨。在主要捕捞物种中，黄鳍金枪鱼、枪鱼类和旗鱼资源处于强度型过度捕捞状态，其余物种处于适度捕捞状态。IOTC注册渔船共4933艘（实际作业渔船3621艘），其中3146艘（约占总船数的64%）为船长不到24米的小型渔船。在注册渔船中，超低温延绳钓渔船251艘，大型围网船74艘。在产量分布中，产量居前十位的为印度尼西亚（34万吨）、伊朗（24万吨）、欧盟（20万吨）、印度（17万吨）、马尔代夫（12万吨）、塞舌尔（近10万吨）、斯里兰卡（9万吨）、中国（7.4万吨，含台湾省的6万多吨）、巴基斯坦（近6万吨）和也门（近4万吨）。此外，韩国和日本的产量分别为2.1万吨和1.6万吨。

1995年，我国近海渔船经过改造进入印度洋捕捞金枪鱼，1998年生产渔船曾达120艘，之后渔船数量下降。2002～2007年维持在63～67艘，2010年和2011年下降到15艘。2012年开始恢复，2016年金枪鱼延绳钓渔船67艘（其中超低温船57艘），产量为10 575吨。渔获物以大眼金枪鱼和黄鳍金枪鱼为主。

为确保IOTC协定所包括的鱼类种群得到养护和最佳利用，并鼓励以这些鱼类种群为基础的渔业的可持续发展，截至2018年10月，印度洋金枪鱼委员会通过了57项养护和管理措施（CMM），其中具有约束力的决议54项，不具约束力的建议3项，内容涉及捕捞能力控制，渔船注册和监控，打击非法、不报告和不管制（IUU）捕捞，海上渔获物转载监控，观察员计划，港口国措施，渔获物港口检查，渔业统计数据提交，减少海龟、海鸟和鲨鱼兼捕等。

为了及时掌握IOTC对金枪鱼渔业的养护和管理措施及其动向，上海海洋大学远洋渔业国际履约研究中心组织相关人员对IOTC通过的现在仍然生效的全部决议和建议进行了翻译和整理，并和《建立印度洋金枪鱼委员会协定》、IOTC议事规则等汇编成册，称为《印度洋金枪鱼渔业管理》予以出版，供研究和关心我国金枪鱼渔业可持续发展的有关企业、渔业管理部门领导和科研人员参考。为全面了解IOTC养护和管理措施的历史沿革，本书在第四部分中列出了已经被取代或删除的决议和建议。为了帮助读者理解，本书开头对有关专有名语和缩写词作了解释。本书也可作为远洋渔业从业人员的培训材料之一。

本书由许柳雄和戴小杰主编，刘小兵主审。因时间紧迫和水平有限，部分决议的提案背景未及时翻译并纳入，译文文字表达难免存在不规范、表达不准确之处，均以英文版为准。内容如有不妥之处，敬请包涵。欢迎提出宝贵意见，以便以后修改更正。

本书的出版获得IOTC执行秘书的授权，并得到上海海洋大学国家远洋渔业工程技术研究中心的经费支持，在此表示感谢。

编　者
2019年1月

目　　录

专有名词和缩写词解释

AFAD（anchored fish aggregating device）：锚定集鱼装置，即任何锚定在底床的集鱼装置。

AFV（authorised fishing vessel）：授权的渔船。

ATF（authorization to fish）：授权捕鱼。

B（biomass）：生物量，即种群或种群的一部分的总重量。

B_{LIM}（biomass limit reference point）：限制性参考点时的生物量。超过这一限制点，认为种群的风险将高到不可接受的程度。

B_{MEY}（biomass at maximum economic yield）：最大经济产量时的生物量，即产生最大经济产量时相应的平均生物量。

B_{MSY}（biomass at maximum sustainable yield）：最大持续产量时的生物量，即产生最大持续产量时相应的平均生物量。

B_{TARG}（target biomass）：目标生物量，即种群所需要的生物量。

B_0（mean equilibrium unfished biomass）：未捕捞时的平均生物量，即没有发生捕鱼时的平均生物量水平。

BRD（bycatch reduction device）：兼捕减少装置，即使鱼和其他动物在被带进渔具或遇到渔具后立即逃逸的装置。

BRP（biological reference point）：生物学参考点，即比较标准的指标。其既可以是"目标参考点"，也可以是生物学上可接受的最小限度（"限制性参考点"）。常常基于捕捞死亡率、生物量或维持足够种群的补充量。

bycatch：兼捕渔获物，即 IOTC 管辖区域金枪鱼和类金枪鱼渔业捕获的或相互作用的 IOTC 附录 C 所列的 16 个物种以外的所有物种。兼捕物种包括：①留存的非 IOTC 物种（副产品）；②渔业偶然捕获但丢回海中的非 IOTC 鱼种（海上丢弃的）；③受到渔业中捕鱼装置互动影响，但没有捕获的。

catch：渔获量、捕捞量、产量。

CBD（Convention on Biological Diversity）：生物多样性公约。

CMM[Conservation and Management Measure，of the IOTC（Resolutions and Recommendations）]：IOTC 养护和管理措施（包括决议和建议）。

CNCP（Cooperating Non-Contracting Parties，of the IOTC）：IOTC 合作非缔约方。

CoC（Compliance Committee，of the IOTC）：IOTC 执法分委员会（亦译为"IOTC 合规分委员会"），简称"IOTC 执法分委会"。

control rule：控制规则，即商定的必须根据预先定义的有关种群状况做出管理的反应，也称"捕捞控制规则"和"决定规定"。

control measure：控制措施，根据某些指标（如种群状况）用来控制允许捕捞或资源采捕数量的单元（如渔获量或努力量）。

CPC（Contracting Parties and Cooperating Non-Contracting Parties，of the IOTC）：IOTC缔约方和合作非缔约方。

CPUE（catch per unit effort）：单位捕捞努力量渔获量。

DFAD（drifting fish aggregating device）：漂流集鱼装置，即任何不是固定在底床，而是随洋流自由漂移的集鱼装置。

executive secretary（of the IOTC）：（IOTC）执行秘书，简称"执秘"。

effort：努力量，用于捕获渔业资源的物力的度量。适于某一渔业的努力量的测定取决于使用的方法和管理安排。常用的方法包括船只数量、钩次数量和白天或晚上的捕捞次数。

EEZ（exclusive economic zone）：专属经济区。

F（fishing mortality）：捕捞死亡率。由于捕捞一鱼类种群指定部分导致的鱼类的瞬时死亡率。

F_{LIM}（fishing mortality limit reference point）：限制性参考点时的捕捞死亡率。高于这一参考点，表示种群中移除的比率过高。

F_{MEY}（fishing mortality at maximum economic yield）：最大经济产量时的捕捞死亡率。对应于最大经济产量的捕捞死亡率。

F_{MSY}（fishing mortality at MSY）：最大持续产量水平时的捕捞死亡率，即实现最大持续产量的捕捞死亡率。

F_{TARG}（fishing mortality target，the target fishing mortality rate）：目标参考点时的捕捞死亡率，即追求/设定目标下的捕捞死亡率。

FAD（fish aggregating device）：集鱼装置。已部署或未部署的各种尺寸的锚定、漂流、漂浮、游泳或水中的物体或一组物体，生物或非生物的，包括但不限于鱼类可能随附的浮标、浮子、网具、网片、塑料、竹子、原木、鲸鱼和鲸鲨。

FAD set[fish aggregating device（FAD）set]：集鱼装置网次，投放网具（译者注：一般指围网）。

FAO（Food and Agriculture Organization of the United Nations）：联合国粮食及农业组织，简称联合国粮农组织，或粮农组织。

fishing effort：捕捞努力量。捕捞的量，通常以渔具类型和作业频率或作业周期来描述（如"钩次""拖网时间""寻鱼时间"）。

FOC（flag of convenience）：方便旗。

free-school set：自由鱼群网次，指围绕与任何漂流物或海洋动物无关的鱼群投放渔具（译者注：一般指围网）。

HCR（harvest control rule）：捕捞控制规则，即商定的必须根据预先定义的有关种群状况做出管理的反应，也称"控制规则"（control rule）和"决定规定"（decision rule）。

harvest strategy：捕捞策略。概述每年如何根据种群大小、渔业的经济或社会条件，其他相互依存的种群状况和生物学知识的不确定性，对渔业产量进行调整的战略。捕捞策略必须包括：①监测和评估渔业的生物和经济条件的过程；②根据渔业的生物和经济条件（根据评估确定）控制捕捞活动强度的规则（称为捕捞控制规则）。

IMO（International Maritime Organization）：国际海事组织。

IOTC（Indian Ocean Tuna Commission）：印度洋金枪鱼委员会。

IOTC species：IOTC 物种。IOTC 协定附件 C 所列的 16 个物种中的任何一种或全部。

IPOA（international plan of action）：国际行动计划。

IUU（illegal，unreported and unregulated）：非法、不报告和不管制。

IUU fishing：非法、不报告和不管制捕捞。

LOA（length overall）：（船舶）总长。

LRP（limit reference point）：限制性参考点。超出该限制点，认为渔业和（或）资源的状态是不令人满意的。

LSTLV（large-scale tuna longline vessel）：大型金枪鱼延绳钓渔船（一般指船长 24 米及以上）。

LSTV（large-scale tuna vessel）：大型金枪鱼渔船（一般指船长 24 米及以上）。

MARPOL（International Convention for the Prevention of Pollution from Ships）：国际防止船舶造成污染公约。

MCS（monitoring，control and surveillance）：监测、控制和监督。

MoU（memorandum of understanding）：谅解备忘录。

MP（management procedure）：管理程序。一组正式的行动，通常由数据收集、资源评估（或其他指标）和捕捞控制规则组成，能够迭代和适应性地提供稳健的决策来管理渔业。

MPF（meeting participation fund，of the IOTC）：IOTC 参会基金。

MSE（management strategy evaluation）：管理策略评估。针对一组管理目标，利用种群和渔业动态的随机模拟对备选的管理程序的性能进行测试和比较的过程。

MSY（maximum sustainable yield）：最大持续产量。

non-target species：非目标物种，不是渔业故意捕捞或为渔业管理进行常规评估的物种。

overfished：资源型过度捕捞，即生物量低于其限制性参考点的鱼类种群。

overfishing，subject to：（捕捞）强度型过度捕捞。种群正在经历强度太大（无法承受）的捕捞，从该种群中的捕获率（移除率）是不可持续的。

precautionary approach：预防性做法，也称"预防性措施"或"预防性方法"。

PRIOTC02（the 2nd IOTC Performance Review Panel）：第二次 IOTC 绩效评估小组。

reference point：参考点，即捕捞水平（或种群大小）的指标；用于评估的基准。

RFMO（Regional Fisheries Management Organization）：区域渔业管理组织。

rebuilding plan：重建计划。当估计的种群状态（如其生物量）低于生物量极限参考点（即被评估为过度捕捞）时重建种群的管理计划。种群重建计划应包括明确重建目标、重建时间范围和与进度有关的控制规则等要素。

recovery plan：恢复计划。当估计的种群状况（如其生物量）超出了规定的限度（即被评估为过度捕捞）时，恢复种群的管理过程。恢复计划应包括明确特定种群的管理目标、由控制规则和恢复周期详细说明的捕捞策略等要素。

risk analysis：风险分析，即评估各种捕捞策略或管理选项的可能结果的分析。

SB（spawning biomass）：产卵生物量，也称 SSB（产卵群体生物量），即种群中所有成鱼（繁殖成熟）的总重量。

SB_{MSY}：MSY 产卵群体生物量，即生产 MSY 时的产卵群体或"成鱼"平衡生物量。

SPR（spawning potential ratio）：产卵群体潜力比，即种群被捕捞时的补充群体在生命周期内的平均繁殖力，除以种群未遭受捕捞时补充群体在生命周期内的平均繁殖力。

SC（Scientific Committee，of the IOTC）：IOTC 科学分委员会，简称 IOTC 科学分委会。

SCAF（Standing Committee on Administration and Finance，of the IOTC）：IOTC 行政与财务常设分委员会。

SIOFA（Southern Indian Ocean Fisheries Agreement）：南印度洋渔业协定。

TAE（total allowable effort）：许可总努力量，可用于渔业的努力量的上限。

TCAC（Technical Committee on Allocation Criteria，of the IOTC）：IOTC（配额）分配标准技术分委员会。

trigger catch limit：触发产量限制。当渔获量达到这一限制点时，就会启动管理行动，评估是否应继续捕鱼及在何种水平上捕鱼。

TRP（target reference point）：目标参考点，一种被认为是令人满意的渔业和（或）资源的状态。

TrRP（trigger reference point）：触发参考点，在管理响应中触发预先定义的更改系统的特定状态。

UN（United Nations）：联合国。

UNCLOS（United Nations Convention on the Law of the Sea）：《联合国海洋法公约》。

UNFSA（Agreement for the Implementation of the Provisions of the United Nations Convention on the Law of the Sea of 10 December 1982 Relating to the Conservation and Management of Straddling Fish Stocks and Highly Migratory Fish Stocks）：《执行 1982 年 12 月 10 日〈联合国海洋法公约〉有关养护和管理跨界鱼类种群和高度洄游鱼类种群的规定的协定》，简称《联合国鱼类种群协定》。

VMS（vessel monitoring system）：船舶监测系统。

WPEB（Working Party on Ecosystems and Bycatch，of the IOTC）：IOTC 生态系统和兼捕工作组。

WPM（Working Party on Methods，of the IOTC）：IOTC 方法工作组。

WPTmT（Working Party on Temperate Tunas，of the IOTC）：IOTC 温带金枪鱼工作组。

WPTT（Working Party on Tropical Tunas，of the IOTC）：IOTC 热带金枪鱼工作组。

第一部分　建立印度洋金枪鱼委员会协定

缔约各方，

注意到促进和平利用海洋，以及公平有效利用和养护其生物资源的愿望；

愿意为实现一个公正和平等的国际经济秩序做出贡献，并适当考虑发展中国家的特殊利益和需要；

愿意为确保印度洋金枪鱼和类金枪鱼的养护，促进对其的最佳利用和这一渔业的可持续发展进行合作；

特别注意到印度洋区域的发展中国家从这一渔业资源中获得平等收益的特殊利益；

考虑到《联合国海洋法公约》于 1982 年 12 月 10 日开放签字，特别是其第 56、64 和 116～119 条；

考虑到印度洋沿海国家和有国民在这一区域捕获金枪鱼和类金枪鱼的其他国家建立合作措施，将大大促进印度洋金枪鱼和类金枪鱼的养护和金枪鱼资源的可持续及合理利用；

考虑到《西印度洋金枪鱼组织公约》于 1991 年 6 月 19 日开放签字；

考虑到通过根据联合国粮食及农业组织章程第十四条来建立一个委员会最有利于实现前述宗旨；

兹协议如下：

第一条　建立委员会

缔约各方特此同意在联合国粮食及农业组织（以下简称粮农组织）的框架内建立印度洋金枪鱼委员会（以下简称委员会）。

第二条　权　限　区　域

委员会的权限区域（以下简称区域）应是印度洋（为本协定的目的区域，是粮农组织的 51 和 57 统计区，见本协定附件 A 所载地图）和相邻海域、南极区以北，以及为养护和管理洄游进出印度洋的种群所需要包括的海域。

第三条　种类和种群

本协定所包括的种群应是附件中所载的种群。

"种群"这一术语是指分布于区域或洄游进出于区域的一类种类的群体。

第四条　成　　员

1. 委员会应向以下粮农组织的成员和联系成员开放。

a）它们是：

i）全部或部分位于协定区域内的沿海国或联系成员；

ii）有船只在区域内捕捞本协定所包括鱼类种群的国家或联系成员；

iii）以上 i）ii）项所述的国家是其成员的区域经济一体化组织，并且该国已将管理本协定范围内事务的权限交给了该区域经济一体化组织。

b）其根据第十七条的规定接受本协定。

2. 委员会可按其成员的三分之二多数，接纳非粮农组织成员但属于联合国、联合国专门机构或国际原子能机构成员的任何其他国家为成员，只要这类国家：

a）符号以下条件之一

i）全部或部分位于协定区内的沿海国；

ii）有船只在协定区捕捞本协定管辖种群的国家；

b）以及已提交了成员资格的申请并以正式文书的形式宣布其接受本协定，按第十七条第 3 款在接受时对其生效的国家。

3. 为推动本协定目标的实现，委员会的成员应相互合作鼓励有资格成为、但尚不是委员会成员的任何国家或区域经济一体化组织加入本协定。

4. 如任何委员会的成员连续两个公历年度不能满足以上 1 或 2 款所载的标准，委员会可在与有关成员协商后，决定该成员被认为退出本协定，并从该决定做出之日起生效。

5. 为本协定的目的，与一个成员组织有关的"其船舶"这一术语是指这类成员组织的成员的船舶。

6. 本协定和依据本协定进行的任何行动或活动，不应理解为改变或以任何方式影响本协定的任何方对本协定所包括的任何区域的法律地位方面的立场。

第五条　委员会的目标、职能和责任

1. 为确保本协定所包括的种群的养护和最佳利用，以及促进对这类种群的渔业的可持续发展，委员会应通过适当的管理，加强其成员间的合作。

2. 为实现这些目标，委员会应根据《联合国海洋法公约》有关条款所表达的原则，具有以下职能和责任：

a）持续地审议种群的状况和趋势，并收集、分析和发送科学信息、渔获量和捕捞努力量的统计数据，以及与本协定所包括的种群和与这一种群的渔业有关的其他数据；

b）鼓励、建议和协调在本协定所包括的种群和渔业方面的研究和开发活动，以及委员会可决定的适当的其他这类活动，包括与技术转让、培训和提高有关的活动，并应适当关注以确保委员会成员平等参与渔业的需要，以及区域内发展中国家成员的特殊利益和需要；

c）在科学证据的基础上，根据第九条通过养护和管理措施，以确保本协定所包括的种群的养护和促进在整个区域内对这些种群的最佳利用目标的实现；

d）在特别考虑沿海发展中国家的利益的情况下，持续地审议本协定所包括的种群的渔业在经济和社会方面的事项；

e）考虑并批准其计划和独立预算，以及上一个预算期的账目；

f）向粮农组织总干事（以下简称总干事）递交其活动、计划、账目和独立预算，以及可能由粮农组织理事会或大会采取行动的这类其他事项的报告；

g）通过其议事规则、财务规定和为完成其职能所必要的其他内部行政管理规定；

h）实施为完成以上所载目标所必要的其他活动。

3. 委员会可根据需要通过决定和建议，以期促进本协定目标的实现。

第六条　委员会的会议

1. 委员会的每一成员应由一名代表出席委员会的会议，该名代表可由一名副代表和若干专家及顾问陪同。副代表、专家和顾问可参与委员会的活动，不可表决，但副代表经正式授权替代代表的情况除外。

2. 委员会的每一成员应拥有一个表决权。除非本协定另有规定，委员会的决定和建议应根据所投的多数票做出。委员会的多数成员应构成法定数。

3. 委员会可在被要求时，以委员会成员的三分之二多数通过和修改其议事规则，这些规则不得违背本协定或粮农组织章程。

4. 委员会的主席应召集委员会一年一度的例会。

5. 在至少三分之一成员的要求下，委员会的主席可召集委员会的特别会议。

6. 委员会应选举委员会的主席和不超过两个副主席，其每一任期应为两年并有资格连任，但任期不得连续超过四年。在选举主席和副主席时，委员会应适当关注印度洋国家的公平代表性。

7. 委员会在被要求时，可以其成员的三分之二多数通过和修改委员会的财务规定，这些财务规定应与粮农组织财务规定所体现的原则相一致。财务规定和修正案应向粮农组织财务委员会报告，如果后者发现这些规定和修正案违背了粮农组织财务规定所体现的原则，有权否决这些规定和修正案。

8. 为确保委员会和粮农组织之间的密切合作，粮农组织应有权参加委员会和根据第十二条5款建立的附属机构的所有会议，但没有表决权。

第七条　观　察　员

1. 任何不是委员会成员的粮农组织的成员或联系成员，在提出要求的情况下，可被邀请作为观察员出席委员会的会议。其可提交备忘录并参与讨论，但无表决权。

2. 既不是委员会的成员也不是粮农组织成员或联系成员的联合国、联合国专门机构或国际原子能机构的成员，可在提出要求并得到委员会通过其主席表示同意及粮农组织大会通过的给予国家观察员地位的有关条款的情况下，可被邀请作为观察员出席委员会的会议。

3. 委员会可邀请政府间组织，或应其要求邀请在委员会活动领域具有特别能力的非政府组织参加委员会指定的此类会议。

第八条　行　政　管　理

1. 委员会的秘书（以下简称秘书。译者注："秘书"即现"执行秘书"）应由总干事任命并得到委员会批准，或在任命发生在委员会的两个例会之间的情况下，由委员会的全体成员批准。委员会的工作人员应由秘书任命并应在秘书的直接监督下工作。委员会的秘书和工作人员的任命应按粮农组织工作人员的要求和条件进行，其应为行政管理的目的，对总干事负责。

2. 秘书负责执行委员会的政策和活动并应向委员会报告。秘书在被要求时，也应担任由委员会建立的其他附属机构的秘书。

3. 除粮农组织承担其工作人员和设施有关的费用外，委员会的费用应在独立预算中支出。由粮农组织承担的费用应由总干事决定并由粮农组织大会根据粮农组织总则和财务规定予以批准，在总干事准备的两年度预算内支付。

4. 代表、副代表、专家和顾问作为政府代表参加委员会和其分委员会会议发生的费用，以及观察员参加会议发生的费用，应由各自政府或组织承担。被委员会邀请的观察员、以个人身份参加委员会或其分委员会会议的费用应由委员会的预算支付。

第九条　有关养护和管理措施的程序

1. 委员会可在不违反第 2 款的情况下，由其成员出席和表决的三分之二多数，根据本条通过对委员会成员有约束力的养护和管理措施。

2. 对某类种群的养护和管理措施，应在为养护和管理该类种群而依第十二条第 2 款所设立的有关分设委员会提案的基础上通过。

3. 秘书应不得无故延迟将委员会所通过的任何养护和管理措施通知委员会的成员。

4. 在不违反第 5、6 款的情况下，由委员会依第 1 款通过的养护和管理措施，应自秘书通知中所载的日期或委员会规定的其他这类日期起 120 天后对成员生效。

5. 委员会的任何方，可在这一规定日期的 120 天内或由委员会在第 4 款中规定的其他日期内，反对依第 1 款通过的养护和管理措施。对一项措施提出反对意见的委员会的成员应不受这一措施约束。委员会的任何其他成员可在这 120 天之后的另一 60 天内提出同样的反对意见。委员会的一个成员也可在任何时间撤回其反对意见，如该措施已生效则立即对其有约束力或依本条而生效时立即对其有约束力。

6. 如果依第 1 款通过的一项措施遭到了三分之一以上委员会成员的反对，其他成员应不受这一措施的约束，但不排除任何或全部这些成员实施该项措施。

7. 秘书应在收到每一反对意见或撤出反对意见后立即通知委员会的每一成员。

8. 委员会可以其成员出席和投票的简单多数，通过有关种群的养护和管理的建议，推动本协定目标的实现。

第十条　执　　行

1. 委员会的每一成员应在其国家法律之下，确保采取必要的行动，包括对违法行为处以适当的处罚，以使协定条款生效，并执行依第九条第 1 款生效的养护和管理措施。

2. 委员会的每一成员应向委员会递交其依据第 1 款所采取行动的年度报告。这类报告应在委员会例行年会召开之前至少 60 天交至委员会秘书处。

3. 委员会的成员应通过委员会建立适当的制度进行合作，持续审议依第九条第 1 款通过的养护和管理措施的执行情况，并考虑适当和有效的方法和技术监督捕鱼活动和收集本协定要求的科学信息。

4. 委员会的成员应合作交流有关非委员会成员的任何国家的国民或实体对本协定所包括种群的捕捞方面的信息。

第十一条　信　　息

1. 在委员会的要求下，委员会的成员应提供为本协定目的的实现而要求的这类有效的和可得到的统计及其他数据与信息。委员会应决定这类统计数据的规模和形式，以及提供这些数据的间隔时间。委员会也应尽力获得非委员会成员的国家或实体的捕捞统计数据。

2. 委员会的每一成员应向委员会提供与本协定所包括的种群有关的有效的法律、规定和行政命令的副本或在适当时提供这些文书的简介，并应将这类法律、规定和行政命令的任何修正和废止通知委员会。

第十二条　附 属 机 构

1. 委员会应建立一个常设科学分委员会。

2. 委员会可建立分设委员会处理本协定包括的一类或多类种群。

3. 这类分设委员会应对委员会的成员开放，这类成员是位于这类分设委员会负责的有关种群洄游路线上的沿海国或是有船参与对这些种群的渔业活动的国家。

4. 分设委员会应为与管理有关种群相关的事项的磋商和合作提供一个论坛，特别是：

a）持续地审议有关的种群，并收集与该种群有关的科学和其他相关信息；

b）评估并分析有关种群的现状和趋势；

c）协调对有关种群的调查和研究；

d）向委员会报告其调查结果；

e）提出由委员会成员在适当时采取行动的建议，包括为获得有关种群的必要信息而采取的行动及对养护和管理的建议；

f）审议由委员会提出的任何事项。

5. 委员会依据本条的规定，可建立为本公约目的的实现所必要的专门委员会、工作组或其他附属机构。

6. 由委员会建立的、需由委员会出资的任何分设委员会、专门委员会、工作组或其他附属机构应视情况根据委员会或粮农组织已经批准的独立预算中必要的资金额而决定。在有关费用需要由粮农组织负担的情况下，这类资金额应由总干事决定。在做出与建立附属机构有关的费用问题的决定之前，委员会应得到秘书或总干事含有行政管理和财务内容的报告。

7. 附属机构应在委员会提出要求时向委员会提供其活动的审批报告。

第十三条　财务问题

1. 委员会的成员根据委员会通过的会费表每年缴纳分摊会费。

2. 在每一例会上，委员会应经全体成员协商一致通过其独立预算，但在该届例会期间，经过所有努力仍未达成协商一致时，这一事项应付诸表决，该项预算应以委员会的三分之二多数通过。

3. 会费额收缴：

a）委员会的每一成员的会费额应按照由委员会协商一致通过和修改的方案决定。

b）在通过这一方案时，应适当考虑每一成员经评价而得的平等基础费和可变费，可变费主要由在区域内本协定所包括种类的总捕捞量和上岸量及每一成员的人均收入所决定。

c）由委员会通过或修改的方案应记载于委员会的财务规定中。

4. 成为委员会成员的任何非粮农组织成员应交纳由粮农组织支付的用于委员会活动费用的这类会费，该费用可由委员会决定。

5. 会费应按可自由兑换的货币交纳，除非委员会在征得总干事同意后另作决定。

6. 为完成其职能，委员会可接受来自组织、个人和其他来源的捐款和其他形式的援助。

7. 收到的会费、捐款和其他形式的援助应放入由总干事按粮农组织财务规定管理的信托基金中。

8. 如果委员会的一个成员连续两年拖欠其应交纳的会费，且拖欠额相当于或超过了其应交纳的份额，该成员在委员会中应不具表决权。但经证实这种不能交纳会费是由于该成员不可控制的原因，委员会可允许该成员具有表决权。

第十四条　总部

委员会在与粮农组织总干事磋商后，应决定总部的地点。

第十五条　与其他组织和机构的合作

1. 委员会应与其他政府间组织和机构，尤其与在渔业领域的政府间组织和机构合作并制订适当的安排，特别是在区域内处理金枪鱼事务的政府间组织或安排的合作和制订适当的安排对委员会的工作做出贡献并推动委员会目标的实现。委员会可与这类组织和机构达成协议。这类协议应寻求促进委员会和这类组织的互补性，并按照第 2 款的规定，避免委员会和这类组织的工作和活动重复和相互抵触。

2. 本协定不应损害在区域内涉及金枪鱼类或某种金枪鱼的其他政府间组织或机构的权利和责任，或这类组织或机构通过的任何措施的有效性。

第十六条 沿海国的权利

本协定不应损害沿海国根据《联合国海洋法公约》在 200 海里管辖区之内为实现开发、勘查、养护和管理生物资源包括高度洄游鱼类种群的目的而行使的主权权利。

第十七条 接 受

1. 粮农组织的任何成员或联系成员对本协定的接受应自总干事保存其接受书时有效。

2. 第四条第 2 款所述的任何国家对本协定的接受应由总干事保存其接受书时有效。自委员会批准其成员资格的申请之日起，接受并生效。

3. 总干事应将所有的已生效的接受通知委员会的所有成员、粮农组织的所有成员和联合国秘书长。

第十八条 生 效

本协定在总干事收到第十份接受书之日起开始生效。此后，对于随后交存其接受书的每一粮农组织的成员或联系成员或第四条第 2 款所述的国家，本协定将在根据以上第十七条的这类接受有效或生效之日起对其生效。

第十九条 保 留

对本协定的接受可根据 1969 年《维也纳条约法公约》第二章第二部分条款所反映的国际公法的一般规则做出保留。

第二十条 修 正

1. 本协定可由委员会的四分之三多数修正。

2. 委员会的任何成员或总干事可提出修正案的提案。由委员会成员提出的提案应通知委员会的主席和总干事，由总干事提出的提案应通知委员会的主席，这类通知应在不迟于委员会召开并审议该提案的会议之前 120 天发出。总干事应将所有修正案的提案立即通知委员会的所有成员。

3. 本协定的任何修正案应通知粮农组织理事会，其可否决一项明显违背粮农组织的宗旨和目的或粮农组织章程的条款的修正案。

4. 不涉及委员会成员新义务的修正案应在委员会通过这些修正案之日起对所有的成员有效，但不应违反以上第 3 款的规定。

5. 涉及委员会成员新义务的修正案应在委员会通过这些修正案后，在不违反以上第 3 款规定的情况下，对接受这一修正案的成员生效。对涉及委员会成员新义务的修正案的接受书应由总干事保存。总干事应将这类接受通知委员会的所有成员和联合国秘书长。未接受涉及委员会成员新义务的修正案的任何成员的权利和义务应继续由该修正案之前生效的本协定条款管辖。

6. 对本协定附件的修正案可由委员会的三分之二多数通过并应在委员会批准之日起生效。

7. 总干事应将任何修正案的生效通知委员会的所有成员、所有粮农组织的成员和联系成员及联合国秘书长。

第二十一条　退　　出

1. 委员会的任何成员可在本协定对其生效之日起满两年后，以书面形式向总干事提交退出通知，可退出本协定。总干事应将这类退出立即通知委员会的所有成员、所有粮农组织的成员和联系成员及联合国秘书长。退出应在总干事收到该退出通知的公历年的年末生效。

2. 委员会成员可就其负责的一个或多个国际关系的领地的退出提交通知。在一名成员提交其退出的通知时，其应申明这种退出也适用于其一个或多个领地。在没有这类声明的情况下，这种退出应被认为适用于该委员会成员在国际关系中负责的所有领地，但属于一个联系成员的、且该联系成员是委员会的拥有其自己权利的一个成员的领地除外。

3. 委员会的任何成员，提交退出粮农组织的通知，应被认为同时退出了委员会，其退出应被认为适用于该委员会成员在国际关系中负责的所有领地，但属于一个联系成员的、且该成员是委员会的拥有其自己权利的一个成员的领地除外。

4. 退出也可按第四条第 4 款所载的规定进行。

第二十二条　终　　止

本协定应在退出导致委员会成员数降至十个以下时自动终止，除非委员会剩余的成员一致做出其他决定。

第二十三条　解释和争端的解决

有关本协定的解释或适用的任何争端，如不能由委员会解决，应按委员会通过的和解程序解决。这类和解程序的结果，虽然在性质上不具约束力，但应成为有关各方重新审议引起争端的事项的基础。若该程序的结果没有解决争端，可提交国际法院根据国际法院规约处理，除非争端各方同意另一种解决办法。

第二十四条　保　存　方

总干事应是本协定的保存人。保存人应：

a）将经核证无误的本协定的副本分送每一粮农组织的成员和联系成员及可成为本协定方的非成员；

b）在协定生效后，根据联合国宪章第 102 条安排在联合国秘书处注册本协定；

c）将以下事项通知接受本协定的每一粮农组织成员和联系成员及在委员会内承认其成员资格的非成员；

i）待批准为委员会成员的非成员的申请；

ii）对本协定或附件的修正提案；

d）将以下事项通知每一粮农组织成员和联系成员及可成为本协定方的非成员；

i）根据第十七条交存的接受书；

ii）根据第十八条本协定生效的日期；

iii）根据第十九条对本协定做出的保留；

iv）根据第二十条通过的对本协定的修正案；

v）依据第二十一条退出本协定；

vi）根据第二十二条本协定的终止。

附件 A　印度洋金枪鱼委员会协定管辖区域

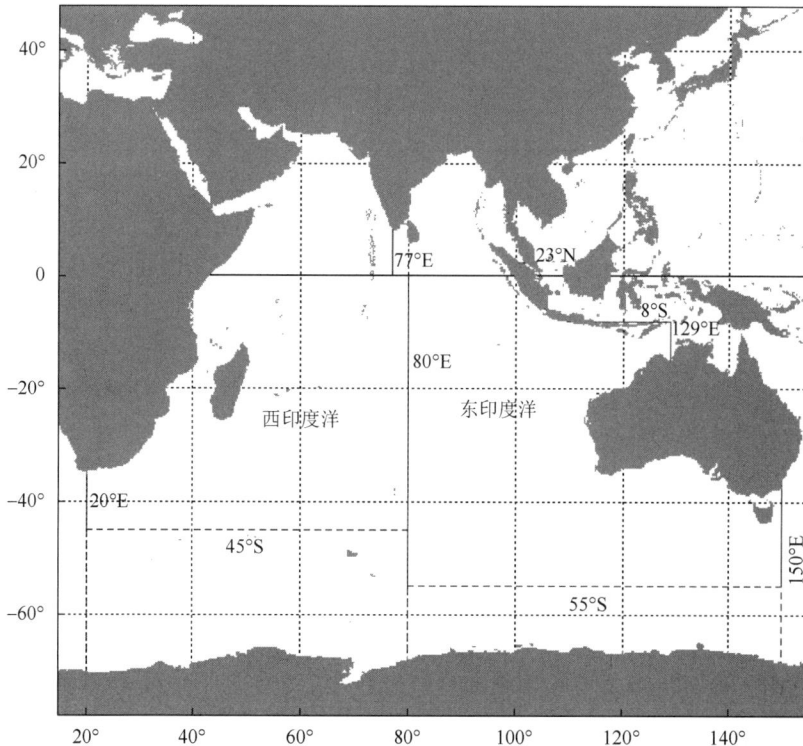

印度洋金枪鱼委员会管辖区域为印度洋（为管理目的定义为粮农组织第 51 和 57 统计区）及其邻近海域、南极辐合带以北，为养护和管理洄游进出印度洋的鱼类种群的区域。

注：委员会在 1999 年第 4 次会议上同意修改委员会管辖区域的西部边界，从 30°E 修改为 20°E，从而消除了 IOTC 和 ICCAT 管辖区域之间的缺口。

附件 B　IOTC 缔约方（成员）（2018 年 12 月）

国家或地区	接受日期	国家或地区	接受日期
澳大利亚	1996 年 11 月 13 日	马尔代夫	2011 年 7 月 13 日
孟加拉国	2018 年 4 月 24 日	毛里求斯	1994 年 12 月 27 日
中国	1998 年 10 月 14 日	莫桑比克	2012 年 2 月 13 日
科摩罗	2001 年 8 月 14 日	阿曼	2000 年 4 月 5 日
厄立特尼亚	1994 年 8 月 9 日	巴基斯坦	1995 年 4 月 27 日
欧盟	1995 年 10 月 27 日	菲律宾	2004 年 1 月 9 日
法国	1996 年 12 月 3 日	塞舌尔	1995 年 7 月 26 日
几内亚	2005 年 1 月 31 日	塞拉里昂	2008 年 7 月 1 日
印度	1995 年 3 月 13 日	索马里	2014 年 5 月 22 日
印度尼西亚	2007 年 6 月 20 日	斯里兰卡	1994 年 6 月 13 日
伊朗	2002 年 1 月 28 日	南非	2016 年 2 月 16 日
日本	1996 年 6 月 26 日	苏丹	1996 年 12 月 3 日
肯尼亚	2004 年 9 月 29 日	坦桑尼亚	2007 年 4 月 18 日
韩国	1996 年 3 月 27 日	泰国	1997 年 3 月 17 日
马达加斯加	1996 年 1 月 10 日	英国	1995 年 3 月 31 日
马来西亚	1998 年 5 月 22 日	也门	2012 年 7 月 20 日

附件 C　印度洋金枪鱼委员会协定包括的物种

序号	FAO 英文名	拉丁学名	代号	中文名
1	yellowfin tuna	*Thunnus albarcares*	YFT	黄鳍金枪鱼
2	skipjack	*Katsuwonus pelamis*	SKJ	鲣鱼
3	bigeye tuna	*Thunnus obesus*	BET	大眼金枪鱼，或称大目金枪鱼或肥壮金枪鱼
4	albacore	*Thunnus alalunga*	ALB	长鳍金枪鱼
5	southern bluefin tuna	*Thunnus maccoyii*	SBT	南方蓝鳍金枪鱼，或称麦式金枪鱼或马苏金枪鱼
6	longtail tuna	*Thunnus tonggol*	LOT	青干金枪鱼
7	kawakawa	*Euthynnus affinis*	KAW	鲔
8	bullet tuna	*Auxis rochei*	BLT	双鳍舵鲣
9	frigate tuna	*Auxis thazard*	FRI	扁舵鲣

续表

序号	FAO 英文名	拉丁学名	代号	中文名
10	narrow barred Spanish mackerel	*Scomberomorus commerson*	COM	康氏马鲛
11	Indo-Pacific king mackerel	*Scomberomorus guttatus*	GUT	斑点马鲛，或称印太大马鲛
12	blue marlin	*Makaira mazara*	BUM	蓝枪鱼
13	black marlin	*Makaira indica*	BLM	印度枪鱼，或称黑枪鱼
14	striped marlin	*Tetrapturus audax*	MLS	条纹四鳍旗鱼，或称条斑枪鱼，俗称红肉旗鱼
15	Indo-Pacific sailfish	*Istiophorus platypterus*	SFA	平鳍旗鱼，或称东方旗鱼、印太旗鱼
16	swordfish	*Xiphias gladius*	SWD	剑鱼

第二部分　印度洋金枪鱼委员会议事规则（2014）

规则1：定义

为本规则目的的实现，定义概念如下。

协定：FAO 理事会 1993 年 11 月第 105 次会议批准并于 1996 年 3 月 27 日生效的《建立印度洋金枪鱼委员会协定》。

委员会：印度洋金枪鱼委员会。

大会：粮农组织大会。

养护和管理措施（CMM）：由依据协定第九条第 5 款规定对成员有约束力的决议和依据协定第九条第 8 款规定对成员不具约束力的建议组成。

缔约方和合作非缔约方（CPC）：由成员和合作非缔约方组成。

合作非缔约方（CNCP）：任何非委员会成员，自愿确保悬挂其旗帜的船只以遵守 IOTC 通过的养护和管理措施的方式捕鱼，并已经完成申请程序，且已得到委员会批准成为合作的 IOTC 非缔约方，详见附录 3。

理事会：粮农组织理事会。

代表：协定第六条第 1 款规定的委员会成员的代表，或经委员会认可的合作非缔约方的代表。

代表团：代表和副代表、专家和（或）顾问。

总干事：粮农组织总干事。

执行秘书（简称"执秘"）：根据协定第八条规定和明确的委员会秘书。

信息文件：不需要形成决定或结论的文件，这些文件纯粹是为了信息目的而提供。

成员：委员会的成员。

国家观察员：根据协定第七条第 1 款规定以观察员身份参加委员会会议的非本委员会成员的粮农组织成员。

联系成员观察员：根据协定第七条第 1 款规定以观察员身份参加委员会会议的非本委员会成员的粮农组织联系成员。

非粮农组织成员观察员：不是委员会成员，也不是粮农组织成员，但属于联合国、其任何专门机构或国际原子能机构的成员，按照协定第七条第 2 款以观察员身份参加委员会会议。

政府间组织观察员：根据协定第三条第 3 款以观察员身份参加委员会会议的政府间组织。

非政府间组织观察员：根据协定第三条第 3 款规定以观察员身份参加委员会会议的非政府间组织。

观察员：国家观察员、联系成员观察员、非粮农组织成员观察员、政府间组织观察员或非政府间组织观察员的代表。

组织：联合国粮食及农业组织（FAO）。

建议：根据协定第九条第 8 款，对委员会成员不具约束力的养护和管理措施。

决议：根据协定第九条第 1～7 款，对委员会成员具有约束力的养护和管理措施。

科学分委会：协定第十二条第 1 款规定的常设分委会。

会议：委员会或其附属机构的任何会议。

工作文件：任何需要委员会或附属机构直接关注以便得出结论和（或）决定的文件。

规则 2：委员会会议

1. 根据协定第六条第 4 款，委员会定期会议应每年召开一次。会议应由委员会主席召集。

2. 根据协定第六条第 5 款，在定期会议间隔期间，如至少三分之一成员提出要求，委员会主席可召集委员会特别会议。

3. 会议日期应由委员会确定。

4. 若委员会会议在非委员会总部所在地举行，根据粮农组织总则第三十七条 4 款的规定，总干事应当在召集会议之前确信，会议主办方政府愿意给予所有代表、副代表、专家、顾问、观察员和委员会秘书处成员及其他授权参加会议的人员独立行使与本次会议有关的职能所必要的特权和豁免。

5. 参加委员会定期会议的邀请应由执秘准备并由会议主席在会议开幕前至少 90 天签发。参加特别会议的邀请应至少在会议开幕前 30 天签发。

规则 3：授权书

执秘每次会议应当收到每个代表团的授权书，授权书由国家元首、政府首脑、外交部部长或有关部长签发或由其代表签发，清楚表明代表团团长和副代表，以及组成代表团的顾问和专家名单。这类授权书应符合附录 1 规定的标准，执行秘书应向委员会报告收到的授权书，并在必要时提出任何行动建议。

规则 4：议题

1. 委员会每一定期会议的暂定议题应由执秘准备，并在主席同意后向各成员分发。暂定议题也应分发给参加委员会前一次定期会议或请求参加下次会议的国家观察员和联系成员观察员。暂定议题，连同与会议有关的现有报告和文件，应在会议召开前至少 60 天分发。

2. 对于非粮农组织国家观察员、政府间组织观察员或非政府间组织观察员，如果委员会已经决定邀请其出席委员会会议，则也应发送上述信息。根据规则 14 之第 10 款，还应向根据本协定第十五条与委员会达成协议，规定正式参加委员会会议的政府间组织或机构发出邀请。

3. 执秘应至少在会议前 30 天发出暂定议题和评论，包括各成员的提案。

4. 定期会议的暂定议题应包括：

a）适当时，根据协定第六条第 6 款规定选举主席和副主席；

b）通过议程；

c）适当时，委员会附属机构的报告和建议；

d）批准委员会下一财务年度的工作方案和预算；

e）根据协定第四条第 2 款规定提出的成员资格申请，以及根据委员会商定的程序获得合作非缔约方地位的申请；

f）有关协定第九条养护和管理措施的提案；

g）前次会议批准的事项；

h）适当时，对于修正协定，委员会议事规则和财务规定的提案；

i）大会、理事会或总干事向委员会提出的事项。

5. 暂定议题也可包括：

a）委员会附属机构提出的事项；

b）委员会成员提出的事项。

6. 特别会议的议题应仅包括与召开该特别会议目的有关的事项。

规则 5：秘书处

1. 秘书处应由执秘和由其任命并管理的工作人员组成。

2. 根据附录 2 规定的程序，执秘应由委员会选举并经总干事任命。

3. 执秘任期三年，并可连任两期，每期三年。

4. 执秘将继续行使职责，直至接任者就任。

5. 执秘应负责执行委员会的政策和行动，并应向委员会报告。在履行其职责时，执秘将与委员会所有成员和粮农组织各级秘书处直接联系。

6. 执秘的职责列于附录 2。

7. 为实现交流信息和保存记录的目的，成员应将有关委员会事务的所有联系情况的副本送交执秘。

规则 6：委员会会议

1. 根据协定第七条，委员会会议应向观察员开放。当委员会决定召开闭门会议时，应同时确定参加闭门会议观察员的范围。

2. 科学分委会、分设委员会、分委会、工作组和其他可能设立的附属机构的会议，应向各代表团开放，除非委员会另有决定。

规则 7：选举主席和副主席

1. 根据协定第六条第 6 款，委员会应在每隔一年的定期会议结束时，或者在某一职位空缺时，选举其主席和不超过两名副主席。主席和副主席在其接任者被选出之前应承担职责。

2. 被提名人必须是参加会议的代表或副代表。如果主席和副主席在选举前已连续任职两期，则不具备连任资格。

规则 8：主席和副主席的职责

1. 主席应行使协定和本规则赋予其的职责，特别应：

a）宣布委员会每次会议的开幕和闭幕；

b）指导会议的讨论，确保遵守规则，授予发言的权利，将问题提交表决并宣布决定；

c）裁决程序问题；

d）顾及规则，控制会议进程。

2. 在主席缺席时或根据其请求，应由一位副主席行使主席职责。

3. 主席或代理主席的副主席，若是其国家的唯一代表，则有权表决。

4. 在委员会两次会议间隔期间，主席应行使协定或议事规则赋予的职责及委员会委托的任何职责。

规则 9：合作非缔约方地位

1. 委员会主席或代理主席的副主席，每年应给所有已知在 IOTC 管辖海域捕捞协定包括的物种的非缔约方写信，鼓励其成为 IOTC 缔约方或获得合作非缔约方地位。在此过程中，主席或副主席应指示执秘提供委员会通过的所有相关养护和管理措施的副本。

2. 请求合作非缔约方地位的申请程序见附录 3。

规则 10：表决安排和程序

1. 除本规则第 4 款规定外，委员会会议投票应以举手表决进行，除非一个成员请求该表决以点名或无记名方式进行，且此请求获得支持。

2. 点名表决应从抽签决定的成员开始，以授权表决的委员会成员名称的英语字母顺序进行。

3. 任何点名投票表决和通信投票表决的记录应显示每一名代表的投票和任何弃权。

4. 除非委员会另有决定，否则有关个人事项的表决，包括选举委员会官员，以及关于推荐送交给总干事任命的执秘姓名，应以无记名投票方式进行。

5. 若某一职位的被提名者未在第一次表决中获得多数票数，应在获得票数最多的两个候选人中进行第二轮表决。若在第二轮表决中得票数相同，应继续进行表决直至候选人被选出。

6. 投票是指投票"赞成"或"反对"。

7. 除选举并向总干事推荐任命执秘外，如委员会对某一问题进行表决时票数相等，在提案人的请求下，可在当次会议上进行第二次和第三次表决。如委员会表决仍保持票数相等，该提案不应在该次会议上被再次考虑。

8. 协定或本规则中未明确规定的投票安排及其他有关事项，应比照适用粮农组织总则。

规则 11：分委会

1. 根据协定第十二条第 1 款和第 5 款，委员会应建立下列常设分委会，作为委员会的咨询机构：

a）科学分委会；

b）执法分委会；

c）行政与财务常设分委会。

2. 除非委员会另有决定，下列附录中所列的职权范围和议事规则将适用于各分委会的程序：

a）附录 4——科学分委会；

b）附录 5——执法分委会；

c）附录 6——行政与财务常设分委会。

规则 12：分设委员会

1. 根据协定第十二条第 2 款，委员会可建立分设委员会管理协定管辖的一个或多个种群。

2. 分设委员会应向位于该分设委员会有关鱼类种群洄游路径的沿海国或其国家有船只参与这些种群的渔业活动的委员会成员开放。

3. 根据第十二条第 4 款，分设委员会为与相关种群管理有关的事项提供协商和合作的论坛，特别是：

a）持续审议有关种群，并收集与该种群有关的科学和其他相关信息；

b）评估并分析有关种群的现状和趋势；

c）审议管理选项并向委员会建议适当的管理措施；

d）协调种群的调查和研究；

e）向委员会报告其调查结果；

f）审议委员会向其提出的任何事项。

4. 分设委员会多数成员应构成法定数。

5. 分设委员会的建议和提案可以简单多数方式通过，但最好协商一致做出决定。分设委员会每一成员有权将自己的意见包括在报告中。

6. 根据协定第十二条第 2 款设立的分设委员会的程序应比照适用委员会的议事规则。

规则 13：委员会其他附属机构

1. 根据第十二条第 5 款，委员会也可建立为协定目的的实现所必要的分委会、工作组或其他附属机构。

2. 根据协定第十二条第 5 款，委员会设立下列常设工作组，作为科学分委会或委员会的咨询机构：

旗鱼工作组（WPB）；

数据收集和统计工作组（WPDCS）；

生态系统和兼捕工作组（WPEB）；

方法工作组（WPM）；

浅海金枪鱼工作组（WPNT）；

温带金枪鱼工作组（WPTmT）；

热带金枪鱼工作组（WPTT）。

3. 除非委员会另有决定，附录 7 中所列的职权范围和议事规则适用于各工作组的程序。

规则 14：观察员参会

1. 总干事或其指定的代表应有权参加委员会、科学分委会和委员会任何其他附属机构的所有会议，但无表决权。

2. 在非委员会成员的粮农组织成员和联系会员的请求下，邀请其以观察员身份参加委员会会议。

3. 不是委员会成员，也不是粮农组织成员，但是联合国、联合国专门机构或国际原子能机构的成员，提出请求后可被邀请作为观察员参加委员会会议，但应通过主席得到委员会同意，且遵守大会通过的关于授予国家观察员地位的原则。

4. 在委员会活动领域内具有特别能力的国际组织的请求下，委员会可邀请其参加委员会指定的会议。

5. 在委员会活动领域内具有特别能力的非政府组织的请求下，委员会可邀请其参加委员会指定的会议。希望被邀请的非政府组织名单将至少在会议召开前 60 天由执秘预先提交给委员会成员。如果委员会一个成员在 30 天内书面提出反对原因，此事则应由委员会在会外以书面程序做出决定。

6. 委员会根据执秘的提议，可决定要求对观察员出席会议所产生的额外行政费用提供捐助，但对政府间组织应遵守互惠性。

7. 区域经济一体化组织参与委员会的工作及委员会与此类组织的关系应按照粮农组织宪章和总则，以及粮农组织大会或粮农组织理事会通过的与国际区域性经济一体化组织的关系规则进行管理。

8. 除非委员会另有明确决定，观察员可参加委员会大会。国家观察员和联系成员观察员可提交文件并参加讨论，但无表决权。非粮农组织成员观察员、政府间组织观察员或非政府间组织观察员可在委员会的邀请下提交文件并做口头发言。

9. 委员会可邀请顾问或专家以个人身份参加会议或参加委员会、科学分委会和委员会其他附属机构的工作。

10. 根据协定第十五条，委员会可与其他政府间组织和机构，尤其是活跃在渔业领域的可能有助于委员会工作和促进委员会目标的组织和机构达成协议。这些协议可规定，这些组织或机构可以观察员身份参加委员会会议。这些组织或机构的观察员将被授权提交文件，适当时参加委员会、科学分委会和委员会其他附属机构的讨论，但无表决权。

规则 15：记录、报告和建议

1. 委员会每次会议结束时应通过一份报告，会议报告应与委员会可能希望发表的技术文件和其他文件一同发表。

2. 通过的报告应体现委员会的决定和建议，包括在被要求时发表少数方意见的声明。

3. 每一次会议结束后，应向总干事传送报告、决定、建议及委员会成员的实施计划。执秘应将上述内容向委员会成员、所有粮农组织成员和联系会员、非委员会成员、非粮农组织成员（全部或部分处于协定第二条规定的区域内的沿海国，或其船舶在该区域内捕捞协定管辖下的鱼类种群的国家），以及其他参加会议的国家和国际组织分发。

4. 对委员会可能产生政策、计划或财政影响的决定或建议应请总干事通过理事会引起大会注意以采取行动。

5. 顾及前款规定，主席可请委员会成员向委员会或总干事提供其根据委员会的决定和建议采取行动的信息。

6. 本规则比照适用于根据协定第十二条第5款设立的委员会的附属机构。

规则 16：参会基金

1. 设立了一个专门参会基金（MPF），目的是支持发展中国家IOTC缔约方（成员）的科学家和代表参加委员会、分委会和其他附属机构的会议和（或）为其工作做出贡献。

2. MPF应由预算外捐款提供资金，包括各成员的自愿捐款和委员会可以确定的此类其他来源。

3. 该基金将由执秘按照与常规预算拨款相同的财务管理，并按照IOTC财务条例和附录8规定的程序规则进行管理。

4. 执秘应向委员会提交关于基金状况的年度报告，包括关于基金捐款和支付的财务报告。

5. 该基金的分配方式是一年内用于资助非科学会议的经费支出不超过基金支出的25%。

6. 申请人应注意，希望派遣科学家参加 IOTC 科学会议的发展中国家成员可从其他渠道获得资金。例如，已根据《联合国鱼类种群协定》（UNFSA）（译者注：全称为《执行 1982 年 12 月 10 日〈联合国海洋法公约〉有关养护和管理跨界鱼类种群和高度洄游鱼类种群的规定的协定》）第七部分设立了一个基金，以帮助该鱼类种群协定签署国的发展中国家执行其条款，包括参与区域渔业管理组织的工作。对于那些符合条件的 IOTC 成员，这可以为资助参加委员会和附属机构的会议，或出席 IOTC 培训和能力建设会议，履行《联合国鱼类种群协定》规定的义务，提供另一种资金来源。

规则 17：修改协定

1. 按照协定第二十条第 2 款的规定，委员会的任何成员或总干事可提出修改协定的提案。委员会成员提出的提案应向委员会主席和总干事提出，总干事提出的提案应向委员会主席提出。上述提案应至少在召开审议该提案的会议前 120 天提交。总干事应立即将所有修改提案通知委员会各成员。

2. 委员会不应在任何会议上对修改协定的提案采取行动，除非在会议暂定议题中包括此项。

规则 18：修改议事规则

本规则的修正或补充可在任何代表团的动议下，在委员会任何全体会议上由委员会成员三分之二多数通过，修正案或增订提案的副本至少在委员会会议召开前 60 天向各代表团分发。

规则 19：正式语言

委员会的正式语言为英语和法语。

附录 1　授权书

致 IOTC 执秘：

奉[国家元首、政府首脑、外交部部长或有关部长]指示，谨通知您[IOTC 缔约方（成员）名称]将参加印度洋金枪鱼委员会（IOTC）[和/或委员会的任何分委会]的[×]次会议，将由以下的代表团（如代表团仅由一人组成，则以[头衔和姓名]）代表：

[头衔和姓名]—代表团团长

[头衔和姓名]—副代表

[头衔和姓名]—专家

[头衔和姓名]—顾问

[头衔和姓名]，代表团团长，或在其缺席时，副代表或任何其指定的代表团成员，获

授权代表[IOTC 成员名称]政府（或有关区域经济一体化组织主管机构，如欧盟）全面参与会议的程序，并采取与本次会议有关的任何行动或决定。

签字

[代表国家元首、政府首脑、外交部部长或有关部长]

附录 2　选举和任命委员会执行秘书的程序

1. 将通过国际方式，包括粮农组织网站和委员会网站，公布空缺公告（包括所需的资格和职责范围（下文详述）。

2. 提交申请的截止日期是公布空缺通知后的 45 天，秘书处将在不迟于截止日期后 15 天把收到的申请分发各成员。

3. 各成员在收到秘书处发送的申请后的 60 天内按照评分 5 到 1，对 5 名候选人以优先顺序排列。每个成员将排名发送秘书处，秘书处核对后应尽快把所有合格候选人的排名发送给所有成员。

4. 邀请三名评分最多的候选人参加委员会下一次会议，由委员会成员代表团团长进行面试。面试可在会议之前或会议期间进行。

5. 新执秘由委员会成员代表团团长通过无记名投票选出。

6. 委员会的决定将通知粮农组织总干事，以便任命新的执秘。

资格和利益

1. 申请人应具备渔业生物学、渔业科学、渔业经济学或相关领域的大学水平资格，最好是在研究生水平，其应该在渔业管理、政策制定领域，最好包括双边和国际关系方面，至少有 15 年的工作经历。他/她应该具有行使高度的专业主动性的能力。申请人还应熟悉编制预算、文件和组织国际会议。其应该具有英语或法语的工作能力，达到粮农组织 C 水平。具有两种语言工作能力的候选人可优先考虑。

2. 其他基本要求包括选拔工作人员的能力；具有监督学科领域专业知识的能力；熟悉文字处理、电子数据表和数据库管理系统的使用。

3. 理想的要求包括：高度的适应能力，与不同国籍、社会和文化背景、教育水平的人有效合作的能力，以及解决本区域渔业相关问题的经验。

4. 执秘将根据联合国专业和高级人员薪酬方案，属于 D-1 级。此外，其还将有权获得服务地点差价调整、养老金、保险等可变因素。执秘任命的条款和条件与粮农组织工作人员相同。

职责范围

根据协定第八条第 2 款，执秘应负责执行委员会的政策和活动，并向委员会报告。需要时，其还应担任委员会设立的附属机构的执秘。

任职者将根据协定和委员会的决定全面负责委员会的规划、协调和行政管理工作。

其在行政管理上应对粮农组织总干事负责。

特别是，其将：

a）接收并发送委员会的官方通信；

b）与适当的政府官员、渔业机构和有关金枪鱼渔业国际组织保持高层接触，以促进与他们之间在信息收集和分析方面的磋商与合作；

c）保持一个活跃和有效的国家联系网络，以日常交流委员会活动的进展和结果；

d）准备和实施工作方案，编制预算并确保及时向委员会报告；

e）根据委员会的预算授权拨付资金；

f）负责委员会的基金；

g）激发委员会成员和潜在捐助者对委员会活动的兴趣，并可能资助或实施试点项目和补充活动；

h）促进、推动和监测资源评估和生物与社会经济研究数据库的确立，为养护和管理提供良好的基础；

i）需要时，协调成员的研究方案；

j）组织委员会及其附属机构的会议和其他有关特别会议，并保存会议记录；

k）准备背景文件与关于委员会活动和工作计划的报告，提交委员会定期会议，并安排随后的报告，以及委员会及其附属机构和相关特设会议的报告；

l）履行委员会要求的其他相关职责。

管理能力——粮农组织标准要求

1. 战略愿景：发展愿景、使命宣言和战略的能力，关注成员的需求，并调整战略以考虑不断变化的环境。

2. 管理人员：通过建立信任、对共同目标的承诺和认可团队的成功来培养团队精神。

3. 结果导向：展示在转移优先事项下有效管理计划和项目的能力，以实现目标。

4. 伙伴关系：与合作伙伴有效谈判使所有利益攸关方取得成功的结果，并积极支持委员会内的学科交叉。

5. 强有力的沟通技巧：在与利益攸关方的谈判中展示出高水平的沟通技巧，并促进委员会的信息交流。

附录3　与非缔约方的合作

成为 IOTC 合作非缔约方的申请程序如下。

1. 任何请求合作非缔约方地位的非缔约方应向执秘提出申请。执秘必须在委员会年度会议前至少 90 天收到请求，以便在会议上审议。

2. 请求合作非缔约方地位的非缔约方应提供以下信息，以使委员会审议这一地位：

a）如能获得，在 IOTC 管辖区的历史渔业数据，包括名义渔获量、船舶数量/类型、渔船名、捕捞努力量和捕鱼区域；

b）缔约方必须根据 IOTC 通过的决议提交 IOTC 所需的所有数据；

c）有关目前在 IOTC 管辖区捕鱼的详细情况、船舶数量和船舶特征；

d）有关已在 IOTC 管辖区进行的任何研究项目的信息和研究结果。

3. 合作非缔约方的申请人还应：

a）确认其遵守委员会养护和管理措施的承诺；

b）通知 IOTC 为确保其船只遵守 IOTC 养护和管理措施而采取的办法。

4. 执法分委会应负责审议合作状态的请求，并向委员会建议申请人是否应获得合作地位。在这一审议中，执法分委会还应审议从其他 RFMO 获得的有关申请人的信息，以及申请人的数据提交情况。应谨慎使用，以免通过给予申请人合作地位，把其他区域过剩的捕捞能力或 IUU 捕捞活动引入 IOTC 管辖区。

5. 合作非缔约方地位应每年审议和更新，除非因不遵守 IOTC 养护和管理措施而被委员会撤销。

附录 4　科学分委会—职责范围和议事规则

除非委员会另有决定，下列程序将适用于科学分委会。

1. 根据协定第十二条第 1 款，委员会设立一个常设科学分委会，作为委员会的咨询机构。

2. 科学委员会由科学家组成；委员会的每一成员应有权在必要时指定一名具有适当科学资格的代表和一名副代表并可由专家和顾问陪同。

3. 委员会可邀请专家以个人身份参与有关活动，加强和扩大科学分委会及其工作组的专业知识。

4. 委员会成员应为其代表、副代表、专家和顾问参加科学分委会会议及其工作组会议提供经费。委员会成员还将在科学分委会框架内为这些代表、副代表、专家和顾问的会议工作提供资金。委员会可为以个人身份被邀请的专家参加委员会或其工作组会议负担费用。

5. 科学分委会主席在科学分委会会议期间，应具有与委员会主席在委员会会议上具有的同样的权力和责任。

6. 科学分委会主席应与委员会主席协商后，召开科学分委会会议。在科学分委会会议之间，其将行使科学分委会赋予的任何职能。

7. 根据协定第八条第 2 款，委员会执秘，或其代表，应担任科学分委会的执行秘书。

8. 提交给科学分委会的所有文件应至少在科学分委会会议召开前 15 天提交给 IOTC 秘书处。任何在会议前 15 天内提交的文件，仅作为信息供参考。

9. 科学分委会应：

a）为渔业数据的收集、处理、分发和分析提出政策和程序方面的建议；

b）促进科学家对与委员会渔业有关的研究和作业信息进行交流和评论；

c）制定和协调涉及委员会成员的合作研究计划，以支持渔业管理；

d）评估并向委员会报告与委员会有关的鱼类种群的状况，以及进一步捕捞作业和不同作业方式及强度可能带来的影响；

e）适当时，制定并向分委会报告关于渔业养护、管理和研究的建议，包括协商一致、多数和少数观点；

f）考虑委员会交办的任何事项；

g）开展与委员会有关的其他技术活动。

10. 科学分委会将在委员会会议前召开的年度会议上开展工作。经委员会同意，科学分委会主席可在年会之间召集特别会议。与委员会秘书处协商后，科学分委会主席可发起和指导将由科学分委会以通信形式进行的一些工作。

11. 科学分委会主席经与委员会秘书处协商，也可召集科学家工作组会议，进行资源评估、准备管理建议及其他支持渔业管理的研究。工作组应由直接参与和（或）可能对工作组建议的工作有重要贡献的科学家组成。这些科学家还可包括有资格成为委员会成员的非委员会成员的科学家以及以个人身份参会的专家。

科学分委会的程序应比照适用委员会的议事规则。

附录5　执法分委会—职责范围和议事规则

1. 执法分委会的会议。

执法分委会会议应至少有两天的会期，以评估每个 IOTC 缔约方（成员）和合作非缔约方（以下合称"CPC"）遵守和执行作为 IOTC 成员和合作非缔约方的义务的情况。

2. 执法分委会的授权和目标。

a）执法分委会应负责审议每个 CPC 在 IOTC 管辖区内遵守有约束力的 IOTC 养护和管理措施的所有方面。

b）执法分委会应直接向委员会报告审议的意见和建议。

c）执法分委会应与 IOTC 其他附属机构密切合作，以便保持对遵守有约束力的 IOTC 养护和管理措施的所有有关问题的了解。

d）执法分委会的工作应以下列总体目标为指导：

i）提供一个有组织的论坛以讨论在 IOTC 区域内与有效执行和遵守有约束力的 IOTC 养护和管理措施有关的所有问题；

ii）从 IOTC 附属机构及 CPC 提交的执行报告中收集和审议与遵守 IOTC 养护和管理措施有关的信息；

iii）确定和讨论与执行和遵守有约束力的 IOTC 养护和管理措施有关的问题，并就如何处理这些问题向委员会提出建议。

3. 执法分委会的职责范围如下。

a）审议每个 CPC 遵守委员会通过的有约束力的 IOTC 养护和管理措施的情况，并向委员会提出确保其有效性所需的有关事项的建议，特别是关于：

i）强制性的统计要求及与强制报告和提供数据有关的所有问题，包括非目标物种；

ii）CPC 符合有约束力的 IOTC 养护和管理措施的程度；

iii）CPC 符合有关捕捞能力限制的决议；

iv）执行委员会通过的监测、控制、监督和执行决议的状况（如港口检查、VMS、对违法的后续行动及与市场相关的措施）；

v）在 IOTC 管辖区内授权船舶和实际作业船舶的报告，特别有关 IOTC 捕捞努力量限制的决议。

b）执法分委会还应承担：

i）基于 CPC 根据委员会通过的各种决议提交的信息，在 IOTC 秘书处的帮助下编写报告，该报告构成守约情况审查进程的基础；

ii）确立有组织的、整合的办法来评价每一 CPC 遵守 IOTC 有效决议的情况。执法分委会主席在 IOTC 秘书处的协助下，将确定、甄选和向每个 CPC 分发严重的未守约问题，并提交执法分委会会议讨论；

iii）在会议结束时就每一 CPC 的履约情况发表意见。不遵守具有约束力的 IOTC 养护和管理措施将导致执法分委会宣布未履约，并建议适当的行动供委员会审议；

iv）制定激励和处罚计划，并建立应用这些计划的机制，以鼓励所有 CPC 守约；

v）完成委员会指示的其他此类任务。

4. IOTC 执法分委会的准备工作。

a）为准备 IOTC 执法分委会会议，IOTC 秘书处将：

i）在年会召开前 4 个月，向每一 CPC 发送一份关于遵守 IOTC 养护和管理各项决议的标准问卷，以便在 45 天内收到有关 CPC 的意见和答复。

ii）在年会召开前 2 个月，向所有 CPC 分发各 CPC 对问卷调查的意见和答复，并邀请所有其他 CPC 提出意见和可能的问题。

iii）以表格草案形式编写 CPC 对问卷的最初答复及其他 CPC 提供的意见和问题，该表格草案将构成守约情况审查进程的基础。该表格草案将介绍所有可获得的与每一 CPC 履行义务有关的信息，供 IOTC 执法分委会审议。在 IOTC 网站加密部分向有关 CPC 提供该表格草案（或向有关主管机构发送电子邮件）。在网站（或以电子邮件）公布有关的表格草案后，每一 CPC 可在 15 天内回复 IOTC 秘书处，以便（酌情）：①提供额外信息、说明、修改或更正该表格草案中包含的信息；②确定在履行任何义务方面的任何特定困难；或③确定协助 CPC 履行任何义务需要的技术援助或能力建设。

iv）IOTC 秘书处然后将为每一 CPC 制定最终的表格，其将构成守约情况审查进程的基础。在 IOTC 执法分委会会议期间，这些表格将分发给 CPC 讨论。该表格可在执法分委会会议召开前一周更新。

b）IOTC 执法分委会的主席，在 IOTC 秘书处的协助下，将确定、甄选并向每一有关 CPC 传送严重的未守约情况，并提前至少 30 天提交 IOTC 执法分委会会议讨论。

5. 执法分委会的观点。

在执法分委会会议结束时应就每个 CPC 守约状况提出其观点。

6. 执法分委会的程序应比照适用委员会的议事规则。

附录 6　行政与财务常设分委会—职责范围和议事规则

1. 行政与财务常设分委会应就委员会向其转交的行政和财务特征事宜向委员会提出建议，并应每年：

审查本年度的运营预算；

审查随后一年和第二年的预算草案。

2. 行政与财务常设分委会可提请委员会注意任何行政或财务方面的问题。

3. 行政与财务常设分委会可从成员中任命一个较小的非正式小组，经与执秘磋商，事先初步考虑有关问题。

4. 行政与财务常设分委会应编撰分委会每届会议的报告，并向委员会报告。

5. 行政与财务常设分委会的程序应比照适用委员会的议事规则。

附录7　工作组（科学）—职责范围和议事规则

支持科学进程的 IOTC 工作组的一般职权范围体现科学分委会根据 IOTC 协定向委员会提供管理 IOTC 鱼类种群所需信息的使命。

各工作组的工作将包括下列具体任务：

审议有关物种的生物学和种群结构的新信息，以及其渔业和环境数据。

协调和促进对这些物种及其渔业的合作研究。

开发和确定商定的模型和程序，以评估每一物种的种群状态。

对每一物种或种群进行资源评估。

提供有关管理选项、管理措施的影响和其他问题的技术建议。

确定优先研究项目，并说明工作组履行其职责所必需的数据和信息要求。

下列每一个工作组的职责范围应参照科学分委会通过的规定：

旗鱼工作组（WPB）；

数据收集和统计工作组（WPDCS）；

生态系统和兼捕工作组（WPEB）；

方法工作组（WPM）；

浅海金枪鱼工作组（WPNT）；

温带金枪鱼工作组（WPTmT）；

热带金枪鱼工作组（WPTT）。

附录8　IOTC 参会基金管理程序规则

1. 定义

发展中缔约方，是指根据最近计算会费使用的标准（见"IOTC 财务制度"附件），属于"低"或"中等"收入类别的任何缔约方（成员）。

甄选小组，对于工作组，由有关科学机构的主席、科学分委会主席或其代表及秘书处组成。

非科学会议，是委员会的定期会议和特别会议，包括执法分委会会议、行政与财务常设分委会会议，以及委员会其他非科学附属机构的会议。

2. 合格标准

a）IOTC 工作组和技术研讨会参会基金。

任何被提名的来自发展中缔约方（成员）的科学家，在规定的截止日期前提交完整的申请，包括工作报告或与会议主题相关的报告，都有资格获得 IOTC 参会基金。将优先考虑来自最不发达国家的科学家。

拖欠向委员会缴纳会费的缔约方（成员），如果连续两个公历年度拖欠的会费等于或超过其应缴纳的数额，则这些缔约方（成员）的科学家没有资格获得参会基金。

b）IOTC 科学分委会会议参会基金。

任何来自 IOTC 发展中缔约方（成员）的代表在规定的截止日期前提交完整的申请，包括国家报告和一份正式授权书，都有资格获得 IOTC 的参会基金。将优先考虑来自最不发达国家的代表。

拖欠向委员会应缴纳会费的缔约方（成员），如果连续两个公历年度拖欠的会费等于或超过其应缴纳的数额，则这些缔约方（成员）的科学家没有资格获得参会基金。

c）委员会会议（包括执法会议和行政与财务常设分委会会议）和其他非科学会议的参会基金。

任何来自 IOTC 发展中缔约方（成员）的代表在规定的截止日期前提交申请，包括相关报告和一份正式授权书，都有资格获得 IOTC 的参会基金。将优先考虑来自最不发达国家（成员）的代表。

如缔约方（成员）能获得其他资金来源，如《联合国鱼类种群协定》基金第七部分的援助基金，则鼓励其使用这些资金。

拖欠向委员会缴纳会费的缔约方（成员），如果连续两个公历年度拖欠的会费等于或超过其应缴纳的数额，则这些缔约方（成员）的科学家没有资格获得参会基金。

d）IOTC 主席和副主席参会基金。

任何被提名的来自发展中缔约方（成员）的主席和（或）副主席，在设定的最后期限前提交一份完整的申请，包括工作报告或与会议主题相关的报告，有资格获得参加其作为主席或副主席的会议的 IOTC 参会基金。作为附件 A 所列的 MPF 申请程序一部分的准备文件指南，将适用于 MPF 资助的主席和副主席。

任何被提名的来自发展中缔约方（成员）的主席或副主席，都有资格获得 IOTC 参会基金参加科学分委会会议，在其担任主席或副主席的工作组提交报告。

3. 申请支持参加工作组和技术研讨会

增加发展中缔约方（成员）科学家参加 IOTC 科学会议是 MPF 的主要目标，根据规则 16 的第 1 款规定，只有在申请人打算出示和提交一份与其希望参加的工作组的工作相关的工作报告时，才应考虑其申请 MPF。附件 A 提供了撰写此类报告的指南。

甄选工作组和研讨会参会基金接受者的时间表

序号	任务项	职责	到期日（截止日期）
1	通过 IOTC 相关邮件列表向 CPC 发送通知，提请申请 MPF。申请的要求包括遴选 MPF 接收者的条款、条件和时间表	秘书处	至少会前 90 天
2	提交申请的截止日期，包括： 渔业部门主管或任何其他有关主管机构签署的要求支持的正式提名函； 获得提名者的详细信息和其护照副本； 在会议上提交的科学论文或文件的摘要	MPF 申请人	至少会前 45 天

续表

序号	任务项	职责	到期日（截止日期）
3	审核申请，确定符合标准者； 给不符合条件的申请人提供 3 天额外时间来完成申请	秘书处	在申请截止日期 2 天内 （上述第 2 步），或更早
4	秘书处将完整的申请清单分发给甄选小组	秘书处	第 3 步后 3 天（至少会 前 40 天）
5	甄选小组在 5 天内审查完整的申请清单，评估申请人提交的文件与会议主题 的相关性	甄选小组	第 4 步后 5 天（至少会 前 35 天）
6	秘书处向审核通过的申请人发出邀请，并开始履行安排	秘书处	第 5 步后 1 天（至少会 前 34 天）
7	申请人提交的文件公布在相关的 IOTC 会议网页上	秘书处	至少会前 15 天

4. 申请支持参加科学分委会会议

准备国家报告的模板（一项申请资助参加科学分委会会议的资格要求），其可从 IOTC 网站下载，也可以通过秘书处获取。

甄选申请科学分委会参会基金接受者的时间表

序号	任务项	职责	截止日期
1	通过 IOTC 相关邮件列表向 CPC 发送通知，提请申请 MPF。申请的要求 包括遴选 MPF 接收者的条款、条件和时间表	秘书处	至少在 SC 会议召开前 90 天
2	提交申请的截止日期，包括： 渔业部门主管或任何其他有关主管机构签署的要求支持的正式提名函； 授权书（见 IOTC 议事规则 10 的 3 款）； 获得提名者的详细信息和他/她的护照副本 CPC 国家报告	MPF 申请人	至少在会议召开前 45 天
3	审核申请，确定符合标准者； 给不符合条件的申请人提供 3 天额外时间来完成申请	秘书处	在申请截止日期 2 天内 （上述第 2 步），或更早
4	秘书处向审核通过的申请人发出邀请，并开始履行安排	秘书处	第 3 步后 3 天（至少会前 40 天）

5. 申请支持参加非科学会议

根据议事规则的规则 15 的第 1 款，申请资金资助的参会者必须提交与会议有关的报告。对于执法分委会、行政与财务常设分委会和委员会会议，相关报告是实施报告（如 IOTC 协定第十条第 2 款所述），因此，只有当申请人的 CPC 提交了其实施报告后，才会考虑其对 MPF 的申请。

当执法分委会和行政与财务常设分委会会议与委员会定期会议同时举行时，每个 CPC 的参会者中只有一人（次）将获得 MPF 的支持。

甄选参加非科学会议的基金接受者的时间安排，特别是委员会会议

序号	任务项	职责	截止日期
1	通过 IOTC 相关邮件列表向 CPC 发送通知，提请申请 MPF。申请的要求将包括遴选 MPF 接收者的条款、条件和时间表	秘书处	至少会前 90 天
2	提交申请的截止日期，包括： 渔业部门主管或任何其他有关主管机构签署的要求支持的正式提名函； 授权书（见 IOTC 议事规则 10 的第 3 款）； 获得提名者的详细信息和其护照副本； CPC 执行报告	MPF 申请人	至少在委员会会议前 60 天
3	审核申请，确定符合标准者； 给不符合条件的申请人提供 3 天额外时间来完成申请	秘书处	申请截止日期 2 天内（上述第 2 步），或更早
4	秘书处为审核通过的申请人发邀请，并开始履行安排	秘书处	第 2 步后 3 天（至少会前 45 天）

附件 A　MPF 议事规则
作为参会基金申请程序一部分的准备报告的指南

如决议"将优先考虑那些对希望参加的会议的主题感兴趣并提交科学报告的申请人"第 6 款所述。

申请参会基金的申请人应按以下指南准备工作文件。

1. 对于委员会会议，提交的工作文件应该是：

按秘书处至少在会议开始前 90 天以 IOTC 通告形式通知模板编写执行报告。请注意，提交执行报告的截止日期是会议前 60 天。

2. 对于科学分委会会议，提交的文件应该是：

根据科学分委会第十三次会议（IOTC-2010-SC13-R，附录 6）通过的指南的一份国家报告，请注意，提交国家报告的截止日期是科学分委会会议前 30 天。

3. 对于工作组会议或任何其他特设研讨会，提交的工作文件应具体涉及会议关心的主题，应该是：

一份与申请人希望参加的工作组涵盖的某一特定物种或一群物种的生物学（如生长、遗传等）有关的报告；

或一份与申请人希望参加的工作组涵盖的主捕某一（些）特定物种的渔业有关的报告，应包括对船队、使用渔具、捕捞渔区、数据收集系统及其不足、相关研究、相关法律、社会经济问题和渔业统计数据，如名义渔获量、渔获量和捕捞努力量、体长频率、单位捕捞努力量渔获量（CPUE）等的描述；

或一份介绍申请人希望参加的工作组涵盖的某一特定物种的分析报告，如 CPUE 标准化、资源评估等，或申请人希望出席的工作组主席请求经科学分委会主席和执秘批准的任何其他具体报告。

第三部分　印度洋金枪鱼委员会养护和管理措施

决议第 18/01 号：关于恢复印度洋黄鳍金枪鱼资源的暂定计划

印度洋金枪鱼委员会（IOTC），

考虑到委员会的目标是永久，且有很高的可能性保持资源不低于产出最大持续产量的水平，并符合相关环境和经济因素，包括 IOTC 管辖区域发展中国家的特殊需求；

注意到 IOTC 协定第十六条有关沿海国的权利和《联合国海洋法公约》第 87 条、第 116 条有关公海捕鱼的权利；

认识到发展中国家的特殊需求，特别是《执行 1982 年 12 月 10 日〈联合国海洋法公约〉有关养护和管理跨界鱼类种群和高度洄游鱼类种群的规定的协定》（UNFSA）第 24 条的小岛屿发展中国家的需求；

忆及 UNFSA 第 5 条赋予高度洄游鱼类种群的养护和管理措施是基于可获得的最可靠的科学证据，特别是对评估结果处于神户象限图（Kobe plot）红色象限部分的种群，参考第 15/10 号决议，达到结束过度捕捞，并尽可能在短期内恢复种群生物量的目的；

进一步回忆 UNFSA 第 6 条，要求各国在信息不确定、不可靠或不足时应用预防性做法期间要慎重，以及这不应成为推迟或不采取养护和管理措施的理由；

考虑到 2009 年 6 月 23 日至 7 月 3 日在西班牙圣塞瓦斯蒂安（San Sebastián）举行的神户系列第二次会议（Kobe Ⅱ）通过的建议：在适当的情况下，以渔业为基础冻结捕捞能力，且实施这种冻结不应限制沿海发展中国家进入、发展以及从可持续的金枪鱼渔业中获益；

进一步考虑到 2011 年 7 月 11～15 日在加利福尼亚州拉霍亚（La Jolla）举行的神户系列第三次会议（KOBE Ⅲ）通过的建议：考虑种群状况，每一区域渔业管理组织应该考虑减少捕捞能力过剩的计划，且以不限制沿海发展中国家，特别是小岛屿发展中国家、领地和经济规模小而脆弱的国家，进入、发展（包括公海）金枪鱼渔业及从可持续的金枪鱼渔业中获益的方式进行；以及在适当时候，将其管辖区域内发达捕鱼成员的捕捞能力转至沿海发展中捕鱼成员；

进一步考虑到 2006 年国际海洋考察理事会（ICES）和粮农组织捕捞技术和鱼类行为工作组（FAO-ICES WGFTFB 2006）报告，认为刺网是渔获物最不可控制、对环境最不可持续的渔具之一；

进一步考虑到 2015 年 11 月 23～27 日在印度尼西亚巴厘岛召开的第 18 次科学分委会会议的建议，黄鳍金枪鱼的捕捞量必须在 2014 年的水平上减少 20%，以便资源在 2024 年前有 50% 的机会恢复到高于暂定目标参考点的水平；

注意到在塞舌尔召开的第 19 次科学分委会会议上提出的新的黄鳍金枪鱼资源评估结果提到："2016 年资源状态判定并未改变。不过因使用了更可靠的延绳钓渔获率数据和更新至 2015 年的渔获量数据,评估结果较 2015 年显得乐观一些""印度洋黄鳍金枪鱼 MSY 评估为 422 000 吨(406 000~444 000 吨)""2011~2015 年的年均渔获量(390 185 吨)低于估计的 MSY 水平";

进一步注意到印度洋黄鳍金枪鱼资源处于神户象限图红色象限的可能性已从 2015 年资源评估的 94%降到 2016 年资源评估的 67.6%,且考虑到第 16/01 号决议(由第 17/01 号决议取代,然后由第 18/01 号决议取代)中其他适用措施,尤其是 2017 年 1 月 1 日起每艘金枪鱼围网船每年投放的集鱼装置(FAD)数量从 550 个减至 425 个,减少了 23%,以及补给船数的限制,有助于逐渐改善黄鳍金枪鱼的资源状态;

注意到补给船对增加围网渔船捕捞努力量和捕捞能力的作用,以及补给船数量在过去几年的大幅增加;

进一步考虑到 2015 年 10 月 23~28 日在法国蒙彼利埃(Montpellier)召开的热带金枪鱼工作组会议的讨论,即由于缺乏标准化的黄鳍金枪鱼 CPUE 数据,而导致的资源评估模型的局限性和产生的不确定性;

进一步考虑到联合国大会第 70/75 号决议,呼吁各国在确立、采纳与实施养护和管理措施时应增加对科学建议的依赖程度,并考虑发展中国家的特殊需求,包括在小岛屿发展中国家(SIDS)快速发展动议(SAMOA 路线)中强调的小岛屿发展中国家;

注意到 IOTC 协定第五条 2.b)已经完全认识到本区域发展中成员在养护、管理和最佳利用本协定包括种群的特殊利益及需求,并鼓励根据这些种群发展渔业;

进一步注意到 IOTC 协定第五条 2.d)要求委员会继续审议本协定所包括资源的渔业经济和社会问题,并特别考虑到沿海发展中国家的利益。这包括确保所通过的养护和管理措施不会直接或间接地将不合比例的养护行动负担转嫁至发展中国家,尤其是小岛屿发展中国家;

进一步认识到黄鳍金枪鱼、鲣鱼和大眼金枪鱼渔业之间存在相互影响;

考虑到第 16/01 号决议(被第 17/01 号决议取代,然后由第 18/01 号决议取代)第 12 条,允许委员会在 2019 年前复审此暂定计划;

依据 IOTC 协定第九条第 1 款规定,决议如下:

1. 本决议应适用于 IOTC 管辖区域内所有以金枪鱼和类金枪鱼为目标鱼种,总长 24 米及以上的渔船,以及总长 24 米以下但在其船旗国专属经济海域外作业的渔船。

2. 缔约方和合作非缔约方(CPC)应按如下要求削减其黄鳍金枪鱼渔获量。

3. 围网:

a)2014 年围网黄鳍金枪鱼申报渔获量超过 5000 吨的 CPC,其围网黄鳍金枪鱼渔获量在 2014 年的水平上减少 15%。

b)第 15/08 号决议(被第 17/08 号决议取代,然后由第 18/08 号决议取代)第 7 条所定义的集鱼装置(FAD)数量,每艘围网渔船实际激活的卫星声呐浮标不得超过 350 个,每年获得卫星声呐浮标的数量不得超过 700 个。

c）补给船[1]：补给船应在 2022 年 12 月 31 日前依下列 i）～iv）点规定逐步减少。船旗国应于 2017 年 12 月 31 日前向科学分委会提交减少使用补给船的计划。

i）从 2018 年 1 月 1 日至 2019 年 12 月 31 日：1 艘补给船支持的围网船不少于 2 艘，且属相同船旗国[2]。

ii）从 2020 年 1 月 1 日至 2022 年 12 月 31 日：2 艘补给船支持的围网船不少于 5 艘，且均属相同船旗国[2]。

iii）在 2017 年 12 月 31 日之后，任何 CPC 都不允许在 IOTC 授权船舶名单中注册任何新的或额外的补给船。

iv）从 2022 年起，任何进一步的削减都应由委员会根据科学分委会的建议确定。

d）单艘围网船在任何时间都不得被超过 1 艘相同船旗国的补给船支持。

e）作为第 15/08 号决议（由第 17/08 号决议取代，然后由第 18/08 号决议取代）"关于 FAD 管理计划程序，包括限制 FAD 数量、更详细的 FAD 网次渔获报告规范及开发改进 FAD 结构减少非目标物种的缠绕"和第 15/02 号决议"关于对 IOTC 缔约方和合作非缔约方强制性统计报告要求"的补充，CPC/船旗国应在每年 1 月 1 日前，报告下一年度每一艘补给船服务的围网船的作业信息。这些信息将在 IOTC 网站上公布，以便所有 CPC 都能访问，并且是强制性的。根据工作组和科学分委会提供的有关 DFAD 的评估，委员会应在必要时更新 b）和 c）点的上述限制。

4. 刺网：2014 年刺网黄鳍金枪鱼申报渔获量超过 2000 吨的 CPC，其刺网黄鳍金枪鱼渔获量应在 2014 年的水平上减少 10%。

5. 延绳钓：2014 年延绳钓黄鳍金枪鱼申报渔获量超过 5000 吨的 CPC，其延绳钓黄鳍金枪鱼渔获量应在 2014 年的水平上减少 10%。

6. CPC 的其他渔具：2014 年其他渔具黄鳍金枪鱼申报渔获量超过 5000 吨的 CPC，其他渔具黄鳍金枪鱼渔获量应在 2014 年的水平上减少 5%。

7. 船旗国将决定实现削减渔获量的适当方法，其中可能包括捕捞能力削减、捕捞努力量限制等，并在其执行报告中向 IOTC 秘书处报告所采取的措施。

8. CPC 应依据第 15/01 号"关于 IOTC 管辖区域渔船记录渔获量和努力量"的决议及第 15/02 号"关于对 IOTC 缔约方和合作非缔约方强制性统计报告要求"的决议监控其渔船的黄鳍金枪鱼渔获量，并提供最近的黄鳍金枪鱼渔获量的摘要，供 IOTC 执法分委会审议。

9. 执法分委会应每年评估遵守本决议规定的捕捞限额的程度，并据此向委员会提出建议。科学分委会应通过其热带金枪鱼工作组，于 2018 年利用所有可获得数据，对黄鳍金枪鱼资源状况进行新的评估。

10. 科学分委会应通过其热带金枪鱼工作组，于 2018 年对本决议中详述措施的有效性进行评估，考虑所有捕捞死亡率的来源，以及为将资源量恢复和维持在委员会的目标水平上的可能替代方案。在考虑评估结果后，委员会应采取相应的纠正措施。

---

1 为实现本决议的目的，术语"补给船"（supply vessel）包括"支持船"（support vessel）

2 第 i）和 ii）点不适用于只使用一艘补给船的船旗国

11. 委员会应根据改善的手工渔业数据及手工渔业对黄鳍金枪鱼资源的影响和状态的评估，在 2018 年委员会会议上采取适当措施管理手工黄鳍金枪鱼渔业。

12. 本决议包含的措施应视为暂定措施，并最迟于 2019 年委员会年会上审议。

13. 第 3～6 条的规定应适用于小岛屿发展中国家、最不发达国家及小型脆弱经济体 2014 年或 2015 年报告的黄鳍金枪鱼渔获量。

14. 本决议没有任何内容将会预先阻止或损害未来的分配。

15. 本决议取代 IOTC 第 17/01 号决议"关于恢复印度洋黄鳍金枪鱼资源的暂定计划"。

决议第 18/02 号：关于养护 IOTC 有关渔业捕捞的大青鲨的管理措施

印度洋金枪鱼委员会（IOTC），

忆及第 17/05 号决议"关于养护 IOTC 管理渔业捕捞的鲨鱼"，目标是鲨鱼渔业的可持续性和保护鲨鱼；

忆及"关于实施预防性做法"的第 12/01 号决议，要求 IOTC 缔约方和合作非缔约方按照《联合国鱼类种群协定》第 5 条和第 6 条的规定采取预防性做法；

忆及"关于 IOTC 管辖区域渔船记录渔获量和努力量"的第 15/01 号决议，确定了 IOTC 数据记录系统；

忆及第 15/02 号决议"关于对 IOTC 缔约方和合作非缔约方强制性统计报告要求"，规定 CPC 向 IOTC 秘书处提交的渔获物和渔获物相关信息；

忆及联合国大会自 2007 年以来，每年协商一致通过的可持续渔业决议（62/177、63/112、64/72、65/38、66/68、67/79、68/71、69/109、70/75 和 71/123），呼吁各国立即采取一致行动，改善现有区域渔业管理组织养护管理措施或有关管理鲨鱼渔业和鲨鱼兼捕量安排措施的实施及遵守情况，特别是禁止或限制那些仅为获取鲨鱼鳍而进行渔业活动的措施，并在必要时考虑采取其他适当措施，如要求所有鲨鱼上岸时鱼鳍和鱼体自然连接；

考虑到在新的资源评估结果出来之前，最好避免增加大青鲨渔获量水平，同时采取措施改进数据收集和渔获量的监控方式；

考虑到大青鲨的平均估计渔获量比报告的渔获量要高得多；

依据 IOTC 协定第九条第 1 款规定，决议如下。

1. 为确保印度洋大青鲨（*Prionace glauca*）资源的养护，有船只在 IOTC 辖区捕捞大青鲨的缔约方和合作非缔约方（CPC），应根据 IOTC 管理目标采取以下管理措施，确保管理措施有效实施，支持大青鲨资源的可持续利用。

渔获量信息的记录、报告和使用

2. 为了控制不报告渔获量的水平，每一 CPC 应确保其在 IOTC 协定区相关渔业捕捞大青鲨的渔船，根据"关于 IOTC 管辖区域渔船记录渔获量和努力量"的第 15/01 号决议或任何取代其的决议规定的要求记录产量。

3. CPC 应实施数据收集计划，确保完全按照"关于对 IOTC 缔约方和合作非缔约方强制性统计报告要求"第 15/02 号决议或任何后续取代其的决议的规定，向 IOTC 报告准确的大青鲨渔获量、努力量、个体大小和丢弃量数据。

4. CPC 应在每年向科学分委员会提交的年度国家报告中包括国内采取的监控大青鲨渔获量的行动方面的信息。

科学研究

5. 鼓励 CPC 对大青鲨进行科学研究，以提供有关主要生物学/生态学/行为学特征、生活史、洄游、释放后存活率和安全释放指南、索饵场的确定及改进捕鱼方法等信息。这些信息应通过工作报告和国家年度报告向科学分委员会与生态系统和兼捕工作组提交。

6. 根据 2021 年对大青鲨的下一次资源评估，科学分委员会应在可能的情况下，提供有关在 IOTC 辖区养护和管理大青鲨的备选限制、阈值及目标参考点的选项建议。

7. 科学分委员会也应最迟在 2021 年之前，对确保大青鲨资源长期可持续性的可能管理选项提出咨询意见，如降低大青鲨死亡率的减缓措施，改进渔具的选择性、空间/时间关闭或最小保护尺寸等。

最后条款

根据审议和下一次种群评估结果、每一 CPC 更新的渔获量报告信息，并考虑到科学分委员会的建议，委员会应在其 2021 年会议上考虑通过养护和管理措施，其中可包括根据最近报告的渔获量信息，规定每个 CPC 的捕捞限额，或酌情采取兼捕减缓措施，如禁止使用钢丝引线/鲨鱼线捕捞大青鲨。

决议第 18/03 号：关于建立被认为在 IOTC 海域从事非法、不报告和不管制捕捞活动的船舶名单

印度洋金枪鱼委员会（IOTC），

忆及 FAO 理事会于 2001 年 6 月 23 日通过了关于预防、阻止和消除非法、不报告和不管制捕捞的国际行动计划（IPOA-IUU）。该计划规定，对进行 IUU 捕捞活动的船只应遵循商定的程序，并以公平、透明和非歧视性的方式加以应用；

忆及 IOTC 已通过第 01/07 号决议（由第 14/01 号决议取代），表达对 IPOA-IUU 的支持；

忆及 IOTC 已通过了打击 IUU 捕捞活动的措施；

忆及 IOTC 已通过了关于促进 IOTC 缔约方和合作非缔约方国民遵守 IOTC 养护和管理措施的第 07/01 号决议；

还忆及 IOTC 已通过的第 07/02 号决议（由第 13/02 号决议取代，后由第 14/04 号决议取代，再由第 15/04 号决议取代），通过建立经授权在 IOTC 管辖区域作业的渔船名单，来加强 IOTC 养护和管理措施的实施；

认识到 IUU 捕捞活动可能与严重和有组织的犯罪联系在一起；

关注 IUU 捕捞活动在 IOTC 管辖区域内持续的事实，这些活动削弱 IOTC 养护和管理措施的成效；

进一步关注有证据显示，许多从事此类捕捞活动的船东已改挂船旗以规避遵守 IOTC 养护和管理措施；

决心通过对从事 IUU 捕捞的渔船采取相应的抵制措施，应对 IUU 捕捞活动增加的挑战，而不影响根据 IOTC 相关法律文书对船旗国采取的进一步措施；

意识到需要优先处理大型渔船从事 IUU 捕捞活动；

注意到这种情况必须根据所有相关国际渔业文书和世界贸易组织（WTO）协定中规定的有关权利和义务处理；

考虑到 2011 年在加利福尼亚拉霍亚举行的金枪鱼 RFMO 第三次联席会议的建议中同意的，对被其他 RFMO 列入 IUU 名单的船只采取交叉列入措施的基本原则；

承认有必要在任何渔船交叉列入的决定中保留 IOTC 的决策权，以确保成员有机会在将其船只列入 IOTC 的 IUU 船舶名单之前，根据个案考虑每一艘船；

根据 IOTC 协定第九条第 1 款规定，决议如下。

术语的使用

1. 为实现本决议的目的：

a）"船东"指作为船舶所有人注册的自然人或法人；

b）"经营者"指负责管理和操作船舶进行商业决策的自然人或法人，包括船舶租赁者；

c）"船长"指任何时间在渔船上拥有最高职位的人；

d）"捕捞"指搜寻、吸引、定位、捕获或采捕鱼类，或任何可合理推测为吸引、定位、捕获或采捕鱼类的活动；

e）"捕捞相关活动"指任何支持或准备捕鱼的捕捞作业，包括卸下、包装、加工、转载或载运尚未于一港口卸下的鱼类和（或）渔产品，以及在海上提供人员、燃料、渔具、食物与其他补给；

f）"信息"指可呈现给执法分委会和（或）委员会，可作为任何争议事实证据的适当且充分记录的数据；

g）单数也包括复数（译者注：本决议提及的船东、经营者和船长包括一个或一个以上的相关人员）。

本措施的适用

2. 本决议适用于在 IOTC 管辖区域内捕捞 IOTC 协定或 IOTC 养护和管理措施涵盖的物种及从事捕捞相关活动的船舶，以及船东、经营者和船长。

目标

3. 本决议规定了委员会对被认为涉嫌 IUU 捕捞活动的船舶名单进行系统维护和更新的规则和程序，包含：

a）IOTC IUU 船舶提议名单（IUU 船舶提议名单）；

b）IOTC IUU 船舶暂定名单（IUU 船舶暂定名单）；

c）IOTC IUU 船舶名单（IUU 船舶名单）。

IUU 捕捞活动的定义

4. 为本决议目的的实现，某一渔船被认为是在 IOTC 管辖区域内从事与 IOTC 协定或 IOTC 养护和管理措施涵盖的物种有关的 IUU 捕捞活动，当某一 CPC 提交的信息证明，该渔船已经：

a）从事捕捞或捕捞相关活动，但既未依第 15/04 号决议注册在 IOTC 船舶名单中，也未登记在作业船舶名单内；或

b）根据 IOTC 适用的养护和管理措施，其船旗国未获配额、捕捞限额或努力量分配，而从事捕捞或捕捞相关活动，除非该船悬挂另一 CPC 的旗帜；或

c）未依 IOTC 养护和管理措施记录或报告其渔获量，或提交虚假报告；或

d）违反 IOTC 养护和管理措施，获取或卸下未达到可捕规格的鱼类；或

e）违反 IOTC 养护和管理措施，在禁渔期或禁渔区内从事捕捞或捕捞相关活动；或

f）违反 IOTC 养护和管理措施，使用禁用渔具；或

g）把渔获物转到没有列入 IOTC 船舶名单或未被授权在 IOTC 管辖区域内海上转载船舶名单上的支持船或补给船或参与其联合作业；或

h）未取得沿海国许可或授权或违反沿海国法律法规在该沿海国管辖区域内从事捕捞或捕捞相关活动（不损及该沿海国对该渔船采取执法措施的主权权利）[1]；或

i）无国籍从事捕捞或捕捞相关活动；或

j）故意篡改或遮蔽其标识、身份或注册号而从事捕捞或捕捞相关活动；或

k）从事违反 IOTC 任何其他有法律约束力的养护和管理措施的捕捞或捕捞相关活动。

---

1 为本项目的的实现，在 IOTC 授权船舶名单上记录的渔船，当其投放的集鱼装置（FAD）未经许可或授权漂移到沿海国家的管辖水域，将不得被推定从事了 IUU 捕捞活动。然而，如果船只未经许可或授权，在沿海国家管辖水域取回 FAD 或进行 FAD 捕捞，则该船被推定为从事了 IUU 捕捞活动

提交 IUU 捕捞活动信息

5. 拥有一艘或多艘船舶于执法分委会年会前 24 个月内在 IOTC 管辖区域从事 IUU 捕捞活动信息的 CPC,应向 IOTC 执行秘书提供此类船舶名单。应于执法分委会年会前至少 70 天,以 IOTC 非法捕捞活动报告格式(见附件 1)提交。

6. CPC(提名的 CPC)根据第 5 条(款)提交的名单应附上名单中每艘船舶从事 IUU 捕捞活动的相关信息,包括但不限于:

a)CPC 关于涉嫌违反 IOTC 养护和管理措施从事 IUU 捕捞活动的报告;

b)根据相关贸易统计数据获得的贸易信息,如统计文件和其他国家或国际可验证的统计数据;

c)从其他来源获得和(或)从渔场收集的其他任何信息,如

i)在港口或海上检查收集的信息;或

ii)来自沿海国的数据,包括船位监控数据或船舶自动辨识系统(AIS)数据、卫星或海上或空中侦测数据;或

iii)IOTC 计划,但这类计划规定获得的资料是保密的情况除外;或

iv)第三方收集的信息和情报,根据第 7 条直接提供给 CPC 或通过 IOTC 执行秘书提供。

7. 当 IOTC 执行秘书收到第三方关于指控涉嫌 IUU 捕捞活动的信息与情报时,应将此信息传送给该船的船旗国和各 CPC。如果船旗国为某一 CPC,且有任何其他 CPC 通过 IOTC 执行秘书提出请求时,船旗国应对有关指控进行调查,并应在 60 天内向 IOTC 执行秘书报告调查进展情况。如果船旗国不是 CPC,且任何 CPC 提出要求时,执行秘书应要求该船旗国对指控进行调查,并在 60 天内向 IOTC 执行秘书报告调查进展情况。IOTC 执行秘书则应尽快通知各 CPC 与相关船舶的船旗国,并转送所收到的信息汇总。如果指控的 IUU 活动发生在 IOTC 沿海国 CPC 水域内,有关 CPC 可要求将该船列入 IUU 提议名单[根据第 6.c)iv)条]。如果指控的 IUU 活动发生在 IOTC 管辖区域内的国家管辖外的水域,任何相关 CPC 可要求将该船列入 IUU 提议名单。

IOTC IUU 渔船提议名单

8. 基于第 5~7 条获得的信息,执行秘书应结合附件 2 规定的信息草拟一份 IUU 船舶提议名单。IOTC 执行秘书应于执法分委会年会前至少 55 天将该 IUU 船舶提议名单及汇总的信息,传送给各 CPC 和 IUU 船舶提议名单上各相关船舶的船旗国。

9. 船只列入 IUU 船舶提议名单内的船旗国应被要求:

a)通知船东、经营者和船长,船舶已被列入 IUU 船舶提议名单,以及委员会通过并确定列入 IUU 船舶名单的后果;

b)密切监控列入 IUU 船舶提议名单内的船只,以确定其活动和可能变更用途、船名、船旗和(或)注册船东。

10. 船只列入 IUU 船舶提议名单内的船旗国可在执法分委会年会前至少 15 天,将任何有关被列名船舶及其活动的意见和信息传送给 IOTC 执行秘书,包括根据 9.a)和 9.b)的信息,以及显示被列名船舶是否从事以下活动的信息:

a)以与 IOTC 现行生效的养护和管理措施一致的方式从事捕捞活动;或

b）在沿海国管辖区域内作业时，依照该国法律法规从事捕捞活动，遵守船旗国法规和捕鱼许可；或

c）仅从事 IOTC 协定或 IOTC 养护和管理措施未涵盖的物种的捕捞活动。

11. IOTC 执行秘书应根据第 22 条和第 23 条规定，汇编从 CPC 和船旗国收到的有关 IUU 船舶提议名单中渔船和 IUU 船舶名单中渔船的任何新信息，在执法分委会年会前至少 10 天，将该信息连同填好的附件 3 检核表，以及适用时包括附件 4，发送给所有 CPC 和列名船舶的船旗国。

12. CPC 可在任何时间向 IOTC 秘书处提交任何关于 IUU 提议名单中船舶及与建立 IUU 船舶名单相关的额外信息。若 IOTC 秘书处在 IUU 船舶提议名单发送给 CPC 后才收到此信息，应在可行的情况下，尽快将此信息发送给所有 CPC 和列名船舶的船旗国。

IUU 渔船暂定名单

13. 执法分委会应在其每年召开的年会上，审议 IUU 船舶提议名单及被提交的信息、列入 IUU 船舶提议名单的船旗国的任何意见和任何 CPC 提交的任何其他信息。若 IOTC 执法分委会认为文件资料可证实船舶从事 IUU 捕捞活动，则应将该船舶列入 IUU 船舶暂定名单中。

14. 执法分委会不应将一船列入 IUU 船舶暂定名单中，如果：

a）提名的 CPC 没有遵循第 5 条和第 6 条的规定；或

b）根据获得的信息，执法分委会不认为第 4 条所指的 IUU 捕捞活动的推定成立；或

c）船只列于 IUU 船舶提议名单中的船旗国提供的信息证明，该船在所有相关时间都遵守船旗国规定和授权的捕鱼，且

i）该船以符合 IOTC 协定与养护和管理措施的方式进行捕捞活动；或

ii）该船在沿海国管辖区域内从事捕捞活动，且遵守该沿海国法律法规；或

iii）该船仅捕捞 IOTC 协定或 IOTC 养护措施未涵盖的物种；或

d）船只列于 IUU 船舶提议名单中的船旗国提供的信息证明，已针对 IUU 捕捞活动采取了有效行动，包括起诉和实施足够严厉的惩处，以确保遵守法规和阻止进一步违规。每一 CPC 应报告其根据第 07/01 号决议所采取的行动和措施，以促进悬挂其船旗的渔船遵守 IOTC 养护和管理措施。

15. 如果船旗国没有证明 14.c）或 14.d）项所指事项，或船旗国未根据第 10 条或未在执法分委会会议期间提供任何信息，IOTC 执法分委会应将该船列入 IUU 船舶暂定名单，并建议委员会将该船列入 IUU 船舶名单。

16. IOTC 执法分委会每届年会按照第 13 条所述进行审议后，应提交 IUU 船舶暂定名单给委员会考虑。如果执法分委会无法决定某船舶是否列入 IUU 船舶暂定名单，则应将该船列入暂定名单中，委员会应决定是否将该船列入 IUU 船舶名单。

IOTC IUU 船舶名单

17. IOTC 执法分委会应每年审议 IUU 船舶名单和根据第 11 条通报的信息，建议委员会哪艘船舶（如有）应添加到 IUU 船舶名单或从 IUU 船舶名单中除名。

18. 委员会应在其每年召开的年会上审议 IUU 船舶名单和 IUU 船舶暂定名单、IOTC

执法分委会通过的修改 IUU 船舶名单的建议，以及根据第 6、10、12 及 30 条提供的文件信息。委员会可根据审议结果，决定按下列方式修订 IUU 船舶名单：

a）新增或移除船舶；和（或）

b）针对某一已列入 IUU 船舶名单的船只，根据 30.a）项纠正任何错误的细节，或增添新的细节。

19. 委员会可根据第 18 条经协商一致修订 IUU 船舶名单。如果无法达成共识，委员会可投票决定任何修订提议。若一缔约方提出这一要求且获支持，可进行无记名投票。若出席且投票支持修订提议的缔约方达三分之二或以上，应视为同意通过并生效。委员会根据本条所做的决定，不应影响提名国家或船旗国根据第 4 条和 14.d）项所做的任何国内起诉或处罚决定。

打击 IUU 船舶的行动

20. 在通过 IUU 船舶名单后，IOTC 执行秘书应要求名单内各船的船旗国：

a）通知船东和经营者该船已列入名单，以及列入名单可能造成的后果；

b）采取一切必要措施，防止该船从事 IUU 捕捞活动，包括吊销捕捞许可证或注销该船注册，并向委员会报告在这方面采取的措施。

21. CPC 应根据其法律，采取一切必要措施：

a）确保无悬挂其旗帜的船舶，包括任何渔船、支持船、燃料（补给）船、母船或货船，以任何方式给列于 IUU 船舶名单的船只提供协助，或与此类船只从事捕捞加工作业或参与转载或共同捕捞作业，但此类船舶或船舶上的任何人员处于危险或危难情况下提供协助除外；

b）除因检查及有效执法行动而允许该船进港外，拒绝任何列入 IUU 船舶名单的船只进入其港口，但因不可抗力或者船舶上的人员处于危险或危难情况下的不在此限；

c）如果在其港口发现列于 IUU 船舶名单的船只，考虑优先检查此类船舶；

d）禁止租用列于 IUU 船舶名单的船只；

e）拒绝将其旗帜授予列于 IUU 船舶名单的船只，除非该船船东已变更，且新船东已提供充分信息证明前船东或经营者与该船已无进一步的法律、利益或财务关系，或对该船已无控制权；或经考虑和记录所有相关事实后，船旗国认为授予该船船旗不会导致 IUU 捕捞；

f）禁止进口、卸下或转载列于 IUU 船舶名单船只的金枪鱼和类金枪鱼；

g）鼓励进口商、载运商及其他相关部门避免交易，包括转载列于 IUU 船舶名单的船只捕捞的金枪鱼和类金枪鱼；

h）收集并与其他缔约方或合作非缔约方交换任何适当信息，以便侦查、管控和防止列入 IUU 船舶名单的船只伪造金枪鱼进口/出口证明书。

船舶除名程序

22. 列于 IUU 船舶名单的船旗国可在任何时间，包括休会期间，通过向 IOTC 执行秘书提供以下证明信息，要求将船舶从名单中除名：

a）i）其已通过措施，使该船船东和船上的所有其他国民在 IOTC 管辖区域从事捕捞 IOTC 协定涵盖物种及捕捞相关活动时遵守所有 IOTC 养护和管理措施；和

ii）其正在有效承担并将继续有效承担船旗国责任，监视和控制该船捕捞活动；和

iii）其已针对导致该船列入 IUU 船舶名单的 IUU 捕捞活动，对船东、经营者和船长（如适当）采取了有效行动，包括起诉和施以相当严厉的处罚；或

b）该船已更换所有权，新船东能证实前船东已与该船不再有，无论直接或间接的任何营运、法律、受益、财务或实际利益关系，或对该船舶不再有管控权，新船东过去 5 年内没有参与任何 IUU 捕捞活动；或

c）该船已沉没或拆除；或

d）提名的 CPC 与船旗国对从事 IUU 捕捞活动船舶的任何起诉和（或）惩罚已达成协议。

23. 若将一船只从 IUU 船舶名单除名的请求是在执法分委会年会前 55～15 天收到的，则应在会上考虑该请求。执法分委会应一并审议该请求和根据第 22 条提供的任何信息，并应向委员会建议是否将该船从 IUU 船舶名单中除名。

24. 如果请求是在执法分委会年会前超过 55 天收到的，则根据第 25～28 条所述的休会期间的程序考虑该请求。

25. 基于按第 22 条收到的信息，IOTC 执行秘书应在收到除名请求后 15 天内，将提交的所有支持信息，连同附件 4 的查核表，发送给所有 CPC。

26. 各缔约方应审议船舶除名请求，并应在 IOTC 执行秘书通知之日起 30 天内，将该船从 IUU 船舶名单中除名或将其保留在 IUU 船舶名单上的结论通知 IOTC 秘书处。

27. 30 天期限结束后，IOTC 执行秘书应根据以下情况确定 CPC 就提案的决定结果：

a）只有至少 50%有投票权的缔约方回应提案，船舶除名程序才被认为是有效的；

b）如果有三分之二以上有投票权的缔约方回应支持将该船从 IUU 船舶名单中除名，则该提案应视为通过，该船应从名单中移除；

c）如果少于三分之二有投票权的缔约方回应支持将该船从 IUU 船舶名单除名，则该船不应被移除。除名请求应根据第 23 条所述程序在下次执法分委会年会上考虑。

28. 执行秘书应将每一决定的结果，连同修订后的 IUU 船舶名单副本，传达给所有 CPC、该船船旗国（如果不是 CPC）和任何可能有关系的非缔约方。决定结果传达后，修订的 IUU 船舶名单将立即生效。

IUU 船舶名单公布

29. IOTC 执行秘书将采取任何必要措施，以符合任何适用机密规定的方式，通过电子手段，包括放置于 IOTC 网站，确保公布 IOTC 根据第 18 条通过或根据第 22～27、30、35、36 或 37 条修订的 IUU 船舶名单。此外，IOTC 执行秘书应尽快将 IUU 船舶名单发送给 FAO 和第 31 条所列的其他区域渔业管理组织，以加强 IOTC 与这些组织在预防、阻止和消除 IUU 捕捞方面的合作。

更改 IUU 船舶名单上的船舶详细情况

30. 附件 2 第 1～8 条中有关 IUU 船舶名单上船舶的新信息或变更信息的 CPC，应尽快将此类信息传送给 IOTC 执行秘书。IOTC 执行秘书应将此信息发送给所有 CPC，和：

a）如此信息表明，错误细节数据在船舶列入 IUU 船舶名单时就包括在内，则根据 18.b）将此事提交给委员会考虑；

b）如此信息表明，细节数据在该船列入 IUU 船舶名单后有所变动，设法参考其他信

息予以核实，并在核实后更新 IUU 船舶名单相关细节数据，根据第 29 款重新公布。若秘书处经过合理努力后无法核实 CPC 提交的信息，IUU 船舶名单信息将不会更新。

IUU 船舶名单上的船舶交叉互列（cross-listing）

31. 为在有关名单通过或修订时及时列入，IOTC 执行秘书应与有关组织，特别是与以下组织的秘书处保持适当的联系，以获得最新 IUU 船只名单和有关该名单的任何其他相关信息：南极海洋生物资源养护委员会（CCAMLR）、南方蓝鳍金枪鱼养护委员会（CCSBT）、养护大西洋金枪鱼国际委员会（ICCAT）、东南大西洋渔业组织（SEAFO）、南印度洋渔业协定（SIOFA）、南太平洋区域渔业管理组织（SPRFMO）和中西太平洋渔业委员会（WCPFC）。

32. 尽管第 2 款规定，被第 31 款所列组织列入其 IUU 名单的船只，可添加到 IOTC IUU 船舶名单或从 IOTC IUU 名单删除，但必须遵守第 34～37 款规定的程序。

33. 除第 31 款所列的组织外，IOTC 执行秘书应将 IOTC IUU 船舶名单发送给表示有兴趣收到此类名单的有关组织。

34. 在收到第 31 款所列信息后，IOTC 执行秘书应立即将其转发给所有 CPC，以修订 IOTC IUU 船舶名单。

35. 列入第 31 款所列组织 IUU 船舶名单上的船只应包括在 IOTC IUU 船舶名单中，除非在 IOTC 执行秘书转发之日起 30 天内，有 CPC 提出书面意见反对将其列入。反对的 CPC 应解释反对的理由。

36. 如果依据第 35 款提出反对将其列入，则该案件应提交给执法分委员会下一次会议审议。执法分委员会应向委员会提出相关船舶列入 IUU 船舶名单的建议。

37. 根据第 35 款和第 36 款规定程序列出的船舶和从第 31 款所列有关组织的 IUU 名单上除名的船舶，应从 IOTC IUU 船舶名单中除名。

38. 根据第 35 款或第 37 款变更 IOTC IUU 船舶名单后，IOTC 执行秘书应立即将修订的 IOTC IUU 船舶名单分发给所有 CPC。

一般条款

39. 在不损及船旗国和沿海国采取符合国际法行动的权利的下，对根据第 8 款和第 16 款规定因涉嫌 IUU 捕捞活动被列入 IUU 船舶提议名单和（或）暂定名单的船舶，或被委员会从 IUU 船舶名单中除名的船舶，CPC 不得采取任何单边贸易措施或其他制裁措施。

40. 有关本决议要采取行动的时间框架概要见附件 5。

本决议取代第 17/03 号"关于建立被认为在 IOTC 海域从事非法、不报告和不管制捕捞活动的船舶名单"的决议。

附件 1　IOTC 非法捕捞活动报告格式

忆及第 18/03 号"关于建立被认为在 IOTC 海域从事非法、不报告和不管制捕捞活动的船舶名单"的决议，附件是[CPC 名称，第三方]记录的在[活动发生的海域]的非法捕捞活动的详细情况。

1. 船舶详细情况（请以下述表格详述事件）

项目	定义	提示
A	船舶当前名称（以前船名，如有）	
B	当前船旗（以前船旗，如有）	
C	首次被列入 IOTC IUU 名单的日期（如适用）	
D	IMO 注册号，如有	
E	照片	
F	国际无线电呼号（以前的无线电呼号，如有）	
G	船东（以前船东，如有）	
H	经营者（以前的经营者，如有）和船长/渔捞长	
I	被指控从事 IUU 捕捞活动的日期	
J	被指控从事 IUU 捕捞活动的位置	
K	被指控从事 IUU 捕捞活动概要（详情见 2.部分）	
L	对涉嫌 IUU 捕捞活动采取的任何行动的概要	
M	采取行动的结果	

2. 违反 IOTC 决议的详细信息

（以"X"表示和 IOTC 第 17/03 号决议具体条款有抵触的，并提供有关细节，包括日期、位置及信息来源。必要时，可以附件方式提供额外信息）

项目	内容	说明
A	从事捕捞或捕捞相关活动，但既没有根据 15/04 号决议在 IOTC 授权渔船名单登记，也没有在实际作业渔船名单上；或	
B	从事捕捞或捕捞相关活动，但其船旗国在适用的 IOTC 养护和管理措施下没有配额、捕捞限额或努力量分配；或	
C	没有根据 IOTC 养护和管理措施报告渔获物或作虚假报告；或	
D	违反 IOTC 养护和管理措施捕捞上岸体长不达规格的鱼	
E	违反 IOTC 养护和管理措施，在禁渔期或禁渔水域从事捕鱼或捕捞相关活动；或	
F	违反 IOTC 养护和管理措施，使用禁用渔具	
G	把渔获物转到没有列在 IOTC 授权船舶名单上或没有在 IOTC 授权接受海上转载船舶名单上的支持船或补给船上，或参与这些船舶的联合作业；或	
H	在沿海国管辖区域内从事捕捞或捕捞相关活动，但没有获得该沿海国的允许或授权或违反其法律法规（不损及有关国家对此类船舶采取执法措施的主权权利）；或	
I	无国籍，从事捕鱼或捕鱼相关活动	
J	从事捕鱼或捕鱼相关活动，但故意伪造或隐匿其标识、身份或注册；或	
K	违反 IOTC 任何其他有约束力的养护和管理措施，从事捕鱼或捕鱼相关活动	

3. 有关文件

（在此列出有关附件文件，如登临报告、法院诉讼文件和照片等）

4. 建议的行动

建议的行动	说明
A	仅向 IOTC 秘书处通报，没有建议进一步的行动
B	向 IOTC 秘书处通报非法活动，建议通知船旗国
C	建议列入 IOTC IUU 名单

附件 2　IOTC IUU 船舶名单上包括的所有信息

IUU 船舶提议名单、IUU 船舶暂定名单和 IUU 船舶名单应包含下列详细信息：

1. 船名和以前的船名，如有；
2. 船旗国和以前的船旗国，如有；
3. 船舶船东和经营者的姓名和地址及前船东和经营者，如有；
4. 对于法人实体，注册国及注册号；
5. 国际无线电呼号和以前的国际呼号，如有；
6. 国际海事组织注册号（IMO number），如有，或唯一船舶标识符（UVI），或如不适用，其他任何船舶标识符；
7. 渔船最近照片，如有；
8. 船舶总长；
9. 渔船首次被列入 IOTC IUU 船舶名单的日期，如有；
10. 证明应将渔船列入 IOTC IUU 船舶名单的涉嫌 IUU 捕捞活动概要，连同所有支持文件及佐证材料；
11. 对涉嫌 IUU 捕捞活动和其结果采取任何行动的概要；
12. 组织名称，如该船已被列入或根据另一组织的信息被提议列入 IUU 名单。

附件 3　秘书处需完成的包含在 IUU 船舶提议和暂定名单中船舶的清单

船名：

行动	责任	条款	提交时间	备注	采用标志	评论
IUU 船舶提议名单						
至少在执法分委会会议前 70 天提交 IOTC 报告表（附件 1），连同文件信息	提名的 CPC	5、6、7、8		如没有，不要包括在 IUU 暂定名单中（第 17 款）		

续表

行动	责任	条款	提交时间	备注	采用标志	评论
至少在执法分委会会议前15天，船旗国提供以下信息，其已通知被列入IUU船舶提议名单的船东和船长，以及相应后果	船旗CPC	9、10				
至少在执法分委会会议前15天，船旗国提交与第10款一致的信息	船旗CPC	10				
已提交与IUU捕捞相关的其他信息	提名的CPC或船旗CPC	12				
关于被列入IUU船舶暂定名单（注意，秘书处会表明信息是否已提供，但不会做出关于其充足性的判断，这将是执法分委会的责任）						
列入IUU船舶提议名单中的船舶的船旗国已经提供了以下信息，证明该船舶在所有相关时间内都遵守船旗国规定和授权捕鱼规定	船旗CPC	14.c)		对CoC的备注：只有当满足14.c）或14.d）项时，才不会被列入IUU船舶暂定名单中		
a) 船舶以符合IOTC协定及养护和管理措施的方式从事渔业活动	船旗CPC	14.c)				
b) 船舶在沿海国管辖区域内以与沿海国法律法规一致的方式从事捕捞活动；或	船旗CPC	14.c)				
c) 船舶专门捕捞IOTC协定或IOTC养护和管理措施没有涵盖的种类	船旗CPC	14.c)				
船旗国已经提供信息证明已采取针对IUU捕捞活动的有效行动（CoC决定它们是否足够严厉）	船旗CPC	14.d)				
船旗国提供信息证明其已采取了与07/01决议一致的任何行动	船旗CPC	14.c)				

附件4　秘书处需填写的可能从IOTC IUU 船舶名单中除名的船舶清单

（委员会从名单中除名船舶的备注：注意秘书处会表明信息是否已经提供，但对于其充分性不做判断，这将是执法分委会或委员会的责任，见第17款和第27款）

船名：_____

第22款，小节		行动	责任	提供信息	评论	备注
a)	i) 已采取措施，使船舶、船主和所有其他国民遵守IOTC所有养护和管理措施；和		船旗CPC			如果满足a)、b)或c)项，根据第27款，船舶可能从IUU船舶名单中除名，否则船舶将保留
	ii) 正有效承担并将继续有效承担船旗国有关监督和控制其船舶捕捞活动的责任；和		船旗CPC			

第22款，小节	行动	责任	提供信息	评论	备注
a)	iii）针对因 IUU 捕捞活动，船舶被列入 IUU 船舶名单的船东和船员已采取有效行动，包括起诉和实施严厉制裁；或	船旗 CPC			在名单上，以便执法分委会和委员会在下一年度会议上重新审议
b)	船舶已改变所有权，且新船东能证实前船东已与该船不再有，无论是直接或间接的，任何经营、法律、财务或实际利益关系，或对船舶不再有控制权，而且新船东在过去 5 年内没有参与任何 IUU 捕捞活动；或	船旗 CPC			
c)	船舶沉没或被拆解	船旗 CPC			
d)	提名 CPC 和船舶的船旗国对于从事 IUU 捕捞活动船舶的任何起诉和制裁已结束	船旗 CPC			

附件5　关于本决议应采取行动的时间表概要

步骤	时间表	要采取的行动	责任	条款
1	在 CoC 会议前 70 天（至少）	发送给 IOTC 执秘的信息	CPC	5、6
2	在 CoC 会议前 55 天	将所收到的有关涉嫌 IUU 捕捞活动的所有信息与 IUU 船舶名单一起汇编入 IUU 船舶提议名单。发送 IUU 船舶提议名单给所有 CPC 和名单中船舶的船旗国（如果不是 CPC）	IOTC 执秘	8
3	在 CoC 会议前 15 天	向 IOTC 执秘提供有关涉嫌 IUU 捕捞活动的任何信息	船旗国	10
4	在 CoC 会议前 10 天	根据第 22 款，向所有 CPC 和名单中船舶的船旗国（如果不是 CPC）发送 IUU 船舶提议名单和有关 IUU 船舶名单上船舶的任何信息	IOTC 执秘	11
5	任何时间	向 IOTC 执秘提供有关确立 IUU 船舶名单的任何其他信息	CPC 和船旗国	12
6	在 CoC 会议前尽可能快	根据第 12 款，传发其他信息	IOTC 执秘	12
7	CoC 会议	审议包括提名 CPC 和船旗国提供的信息在内的 IUU 船舶提议名单，包括在会议期间任何成员方提供的信息或澄清说明，向委员会提交暂定 IUU 船舶名单，并提供建议	所有 CPC，船旗国和提名的 CPC 除外	13～15
8	CoC 会议	检查 IUU 船舶名单，并向委员会提供有关除名船舶的建议	所有 CPC，船旗国和提名的 CPC 除外	17
9	委员会年会	审议 IUU 船舶提议名单，包括提名的 CPC 和船旗国在会议期间提供的任何新信息或澄清说明；审议 IUU 船舶名单。通过最终 IUU 船舶名单	所有 CPC，船旗国和提名 CPC 除外	17、19
10	年会后立即进行	在 IOTC 网站公布 IUU 船舶名单，将 IUU 船舶名单发送给 FAO，其他 RFMO、CPC 和船旗国（如不是 CPC）	IOTC 执秘	29

决议第 18/04 号：关于生物可降解集鱼装置试验项目

印度洋金枪鱼委员会（IOTC），

铭记联合国大会关于可持续渔业的 67/79 号决议呼吁各国单独、共同或通过区域渔业管理组织的安排，收集必要的数据，以评估和密切监控大型集鱼装置和其他装置的使用情况，以及在适当时候，它们对金枪鱼资源和金枪鱼行为关联物种和依附物种的影响，从而改进管理程序，监控这种装置的数量、类型和使用，减轻其对生态系统，包括对幼鱼和非目标鱼种偶然兼捕，特别是对鲨鱼和海龟的负面影响；

忆及 IOTC 协定的目标是通过适当的管理，确保在其管辖范围的种群得到养护和最佳利用，并鼓励基于这种种群状态的渔业可持续发展，同时将兼捕渔获物降低到最低水平；

考虑到《国际防止船舶造成污染公约》（MARPOL）附件 5；

认识到促进使用天然的生物可降解材料制作集鱼装置（FAD）可以有助于减少海洋垃圾；

注意到 IOTC 科学分委会向委员会建议，为防止鲨鱼、海龟和其他物种的缠绕，只能设计和投放非缠绕 FAD，无论是漂流的还是锚定的；

回顾 12/04 号决议确定，委员会在其 2013 年年会上应审议 IOTC 科学分委会关于开发改进型 FAD 结构，以减少海龟缠绕的发生率，包括使用生物可降解材料，结合社会经济方面的考虑，以期采取进一步措施减轻 IOTC 协定所含渔业中海龟的兼捕；

忆及 17/08 号决议（已被 18/08 号决议取代）规定的关于 FAD 管理计划程序，包括更加详细的 FAD 网次渔获物报告规范，以及开发改进的 FAD 结构、使用生物可降解材料来减少 17/08 号决议（已被 18/08 号决议取代）附件 3 中所列的非目标物种缠绕的发生率；呼吁减少人造海洋垃圾的数量，和促进生物可降解材料的使用（如麻类帆布、麻绳等）；

进一步忆及科学分委会注意到在生物可降解 FAD 研究中面临的挑战，如印度洋每艘围网渔船可用（激活）FAD 数量的限制，这可能会阻碍生物可降解 FAD 在试验取样设计后的投放，以及船队的参与是必要的，以鼓励其投放可能不会成功捕鱼的生物可降解集鱼装置（BIOFAD）；

此外，注意到 IOTC 和其他金枪鱼 RFMO 的建议和通过的决议，通过使用天然或生物可降解材料制作漂流 FAD，以减少人造海洋垃圾的数量；

忆及 SC20 通过了（IOTC SC20 157～165 条）由西班牙海洋研究所（IEO）粮食和海洋创新技术中心（AZTI）与法国发展研究所（IRD）组成的联合体（项目联合体）共同领导的一个科学研究项目（BIOFAD 研究项目，IOTC-2017-SC20-INF07），测试自然环境条件下使用生物可降解材料和设计制作的漂流 FAD，并要求项目组在下一次 WPEB、WPTT 和 SC 会议上陈述研究结果；

注意到科学分委会支持该项目联合单位进行一次大规模试验，为进行可靠的科学研究，并避免在早期小规模试验中发现的限制（每季度投放 250 只以分析时间效应），BIOFAD 研究项目在 2018～2019 年将投放 1000 只根据实验抽样设计的 BIOFAD，以获得足够的数据。SC 同样注意到，该项目依靠塞舌尔、毛里求斯和欧盟在印度洋作业的 42 艘围网渔船的积极合作。SC 注意到，每艘船将共投放约 24 只 BIOFAD，每 3 个月投放 6 只 BIOFAD（2018 年 4 月至 2019 年 4 月项目执行期间，每船每月投放 2 只 BIOFAD）；

根据 IOTC 协定第九条第 1 款的规定，同意如下。

1. 承认和支持 BIOFAD 项目，旨在根据 17/08 号决议（被 18/08 号决议取代）的要求，减少使用非生物可降解 FAD 产生的海洋垃圾的数量及在生态系统中的影响。该项目说明见附件 1。

2. 用于收集在 BIOFAD 项目联合单位和科学分委会的监督下，由项目联合单位投放的 BIOFAD，不得免除 17/01 号决议（被 18/01 号决议取代）和 17/08 号决议（被 18/08 号决议取代）规定的数量限制的应用；

3. 作为第 1 款所述项目的一部分，项目联合单位投放的每一个 BIOFAD 都应以明确的方式标记，以区别于其他 FAD，并避免它不可读或与 BIOFAD 研究项目无关。

4. 不参加本研究项目的船只，如果围绕有 BIOFAD 明确标识的 FAD 放网时，应专门向本国科学家报告该 BIOFAD（和装置）的状况和活动（包括渔获数据，如适用）。鼓励不参与该研究项目的船只遇到此类 FAD 时，向本国科学家报告 BIOFAD（和设备）的状况和有关该 BIOFAD 的活动。

5. 项目组将最迟在 2020 年会议召开之前的两个月内向 IOTC 科学分委会提供该项目的结果。科学分委会将对该项目结果进行分析，并就 FAD 管理的可能附加选项提供科学建议，供委员会在 2021 年审议。

附件 1　BIOFAD 项目信息及 BIOFAD 投放和使用指南

由 AZTI、IRD 和 IEO 组成的联合项目组，通过"测试设计和确定减少漂流 FAD 对生态系统的影响"这一项目来解决目前的困难，并为支持在 IOTC 管辖区域实施非缠绕和可生物降解 FAD 提供解决方案。该项目将有欧盟、塞舌尔和毛里求斯围网渔业和国际海产品可持续发展基金会合作参与，具体目的如下。

i）测试利用特定生物可降解材料和设计制作的漂流 FAD 在自然环境条件下的使用；

ii）确定减轻漂移 FAD 对生态系统影响的方案选项；和

iii）评估在热带金枪鱼围网渔业中使用 BIOFAD（即非缠绕和可生物降解）在社会经济方面的可行性。

该联合项目组将监督试验 BIOFAD 的制作和监控 BIOFAD 在海上的投放，和与它们组成一对的传统非缠绕 FAD（以下称为 CONFAD），以及数据的收集和报告。在印度洋参加 BIOFAD 项目的围网船只将遵循概述议定书，涉及材料和原型的选择、试验 FAD 的投放策略和识别、数据搜集和报告。

（i）材料和原型

BIOFAD 项目共选择三种 FAD 的原型设计。这些设计包括有关尺寸和材料方面的详细说明，以便作为金枪鱼围网的制作指南。这些原型的设计和传统非缠绕 FAD 是一致的，旨在包括渔民目前探索的不同漂流性能，即表层 FAD（原型 C）、半表层 FAD（原型

A.1 和 A.2）和深层 FAD（原型 B.1 和 B.2）。合成材料，如塑料加仑^①（译者注：指 1 加仑塑料容器）、塑料瓶、渔网、合成纤维帆布及金属框架筏体等均禁止用于制造 BIOFAD。选择不同结构的棉绳和高耐磨棉帆布来取代这些合成材料。

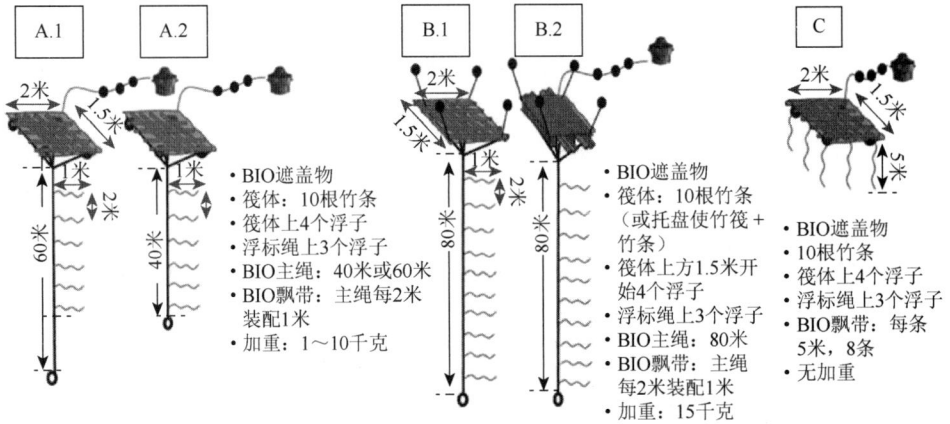

BIOFAD 项目选定的原型的尺寸（大小以标注的尺寸为准）和材料概要

（ii）投放策略和识别

考虑到印度洋围网船队的 FAD 捕捞策略及其动态，将采用一种有效的 FAD 投放策略。计划从 2018 年 4 月至 2019 年 4 月共投放约 1000 只 BIOFAD（每船 24 只 FAD），每船每月投放 2 只 BIOFAD（最好是每船每季度投放 6 只 BIOFAD）。42 艘在印度洋作业的毛里求斯、塞舌尔和欧盟围网船共同承担投放工作。每季度将投放约 250 只 FAD。

为了评估 BIOFAD 在金枪鱼和非金枪鱼类的聚集程度、结构耐久性、降解率和 FAD 性能（如漂流）等方面的效果，将对 BIOFAD 和目前使用的传统非缠绕 FAD（以下称为 CONFAD）进行比较。

投放过程定义如下。

投放每一只 BIOFAD 时将投放一个 CONFAD 组成一对；

CONFAD 的结构尺寸与组对的 BIOFAD 相似，但使用目前的合成材料；

初次投放时，BIOFAD 和与它组对的 CONFAD 将使用相同型号或品牌的探鱼仪；

投放的 BIOFAD 与组对的 CONFAD 的间距约为 2 海里。

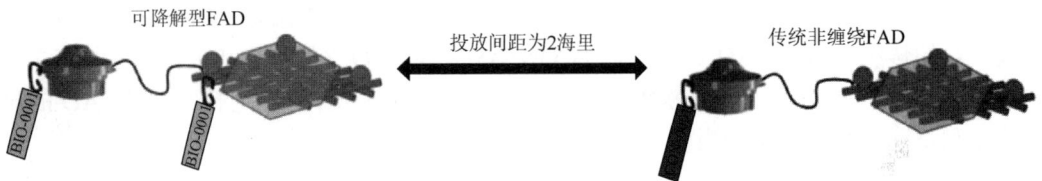

BIOFAD 与组对的 CONFAD 的投放策略图

---

① 1 加仑（UK）= 4.546 09 升，1 加仑（US）= 3.785 43 升

BIOFAD 和 CONFAD 的识别程序介绍如下。

每一时刻都将通过识别码对所有 BIOFAD 和 CONFAD 进行识别，以保证可追溯性（如从 BIO-0001 到 BIO-1000，从 CON-0001 到 CON-1000）；

识别（ID）号在整个使用期内将始终属于同一只 BIOFAD 或 CONFAD；

所有 BIOFAD 都将通过两块显示其 ID 号的金属牌进行识别，一块系于筏体上，另一块系于相关 BIOFAD 的鱼探浮标上；

CONFAD 和与其组对的 BIOFAD 将共享相同的序号（如 CON-0001 对应 BIO-0001）；

所有 CONFAD 将通过系在相关鱼探浮标上，显示其 ID 号的唯一金属牌进行识别；

系于 BIOFAD 筏体的金属牌将永远不会被摘掉，只有当金属牌系附的结构部分被替换时，才会将该 ID 号金属牌移走，并重新系附于新更换的部件上；

当一个 BIOFAD 或 CONFAD 换手时（即每次更换鱼探浮标时），将 ID 号牌从旧浮标转移到新浮标是非常重要的。

(iii) 数据搜集和报告

与 BIOFAD 和 CONFAD 数据搜集流程相关的捕捞作业如下。

每次投放新的 BIOFAD 和 CONFAD 时，将收集 FAD 原型的类型（如 A.1）、金属牌的 ID 号（如 BIO-0001）和随附的鱼探浮标号；

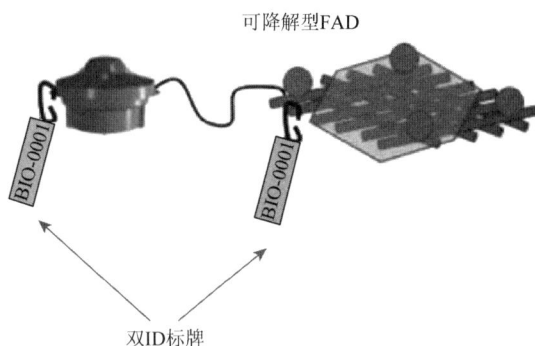

显示 BIOFAD ID 号的金属牌系附于筏体和配对鱼探浮标的流程

每一网次更换或取回 BIOFAD 或 CONFAD 浮标的访问时，应记录金属牌的 ID 号、鱼探浮标的编码号、原型类型和 FAD 组件状态控制情况，如果浮标更换，必须记录新、老浮标的编号；

每次对某个 BIOFAD 或 CONFAD（非更换浮标）进行简单访问时，鼓励记录上述信息。

为提供 BIOFAD 组件状态控制信息，程序定义如下。

每次围捕 BIOFAD 或 CONFAD 时，如果可能，吊起试验 FAD 评估其组件状态控制情况；

船载观察员和船员（船长）应负责收集这些信息；

应检查下表所述的所有结构部分，数字 1～4 用来评估 FAD 状况的等级（1 表示很好，无损坏；2 表示好，有点损坏；3 表示差，损坏严重；4 表示很差，接近沉没），也需要提供 FAD 每个组成部分的每一个数值等级的详细描述；

只要有可能，拍摄 BIOFAD 和 CONFAD 部件的照片；

每次更换 BIOFAD 和 CONFAD 的任何部件，将在下表中报告；

对于 BIOFAD，任何被替换的受损部件将用生物可降解材料替换，类似于最初制造时使用的材料，并保持初始原型的设计；

生物可降解和传统非缠绕FAD状态控制情况						替换	
浮体部分	1	2	3	4	5	是	否
筏体							
浮子							
遮盖物/帆布							
悬挂部分							
主绳							
飘带（环绳）							
沉子							

1. 很好，无损坏
2. 好，有点损坏
3. 差，损坏严重
4. 很差，接近沉没
5. 未知

船名：
日期/时间：
活动（在正确的单元格内填X）

新投放	探查	投网	回收	重投放	移除

生物可降解或传统非缠绕FAD数量
类型（在正确的单元格内填X）

A.1	A.2	B.1	B.2	C

生物可降解或传统非缠绕FAD所有权（是/否）：
旧的或外国的声呐浮标代码：
新的声呐浮标代码：
从水中拉起（是/否）：

为参与船只开发的报告所需信息的电子邮件模板图

鼓励操作者提供任何观察信息，以进一步描述 FAD 的结构状况[如每一组成部分的降解比例（%）]。

同样要求参加项目的渔船报告项目执行期间投放的 BIOFAD 和 CONFAD 相关的鱼探浮标的数据。

收集到的所有上述信息将按照 BIOFAD 项目创建的特定表格报告。已为船员（船长）创建了一个电子邮件模板，以电子邮件地址 biofad@azti.es 向联合项目组提供所需信息。

决议第 18/05 号：关于养护旗鱼类（条纹四鳍旗鱼、印度枪鱼、蓝枪鱼和平鳍旗鱼）的管理措施

印度洋金枪鱼委员会（IOTC），

忆及第 15/05 号决议"关于条纹四鳍旗鱼、印度枪鱼和蓝枪鱼的养护和管理措施"，以减少枪鱼物种的捕捞压力；

忆及现有的科学信息和建议，尤其是 IOTC 科学分委会的结论，条纹四鳍旗鱼、印度枪鱼、蓝枪鱼和（或）平鳍旗鱼受到资源型过度捕捞，以及在某些情况下，被过度捕捞，最近几年渔获量远远超过 2009～2014 年基准期的平均渔获量；

忆及第 12/01 号决议"关于实施预防性做法"，呼吁 IOTC 缔约方和合作非缔约方（CPC）依照《联合国鱼类种群协定》第 5 条和第 6 条应用预防性做法，并进一步忆及其第 6.2 条规定，缺乏足够的科学信息不应作为推迟或不采取养护和管理措施的理由；

忆及第 15/01 号决议"关于 IOTC 管辖区域渔船记录渔获量和努力量"确定了 IOTC 数据记录系统；

忆及第 15/02 号决议"关于对 IOTC 缔约方和合作非缔约方强制性统计报告要求"，规定 CPC 须向 IOTC 秘书处提交的渔获量和渔获相关信息；

考虑到 SC 指出，2015 年和 2016 年的渔获量已在 2009～2014 年的平均水平上有所增加，以及 SC 因此建议，应商定大幅度减少现有渔获量，以结束过度捕捞，并在可能的情况下使资源得以恢复；

根据 IOTC 协定第九条第 1 款的规定，实施下列措施。

1. 为确保印度洋条纹四鳍旗鱼（*Tetrapturus audax*）、印度枪鱼（*Makaira indica*）、蓝枪鱼（*Makaira nigricans*）和平鳍旗鱼（*Istiophorus platypterus*）的养护，有船只在 IOTC 公约区捕捞这些鱼类的缔约方和合作非缔约方、实体或捕鱼实体，应确保实施管理措施，支持这些资源的可持续开发，根据 IOTC 协定的目标，通过以下措施确保资源的养护和最佳利用。

管理措施：渔获量限制

2. CPC 应共同确保印度洋条纹四鳍旗鱼、印度枪鱼、蓝枪鱼和平鳍旗鱼在任何一年都不超过 MSY 水平或在没有 MSY 的情况下，不超过科学分委会估计的 MSY 范围中值的下限。

3. 第 2 款所述的限制和以下相对应。

条纹四鳍旗鱼：3260 吨；

印度枪鱼：9932 吨；

蓝枪鱼：11 930 吨；

平鳍旗鱼：25 000 吨。

4. 如果第 2 款所述的任何物种的年均总渔获量在 2019 年后，任何连续两年超过第 3 款规定的限制，委员会应审核本决议措施的实施和有效性，并酌情考虑第 14 款提到的科学分委会建议，采取附加养护和管理措施。

其他管理措施

5. 在科学分委会提出有关具体旗鱼物种的最小养护尺寸的建议前，CPC 不得捕捞、在船上保留、转运、上岸、转移、储存、展示或出售第 2 条提及的任何下颌叉长（LJFL）小于 60 厘米的旗鱼类样本，应当立即将它们释放回大海。

6. 此外，CPC 可能考虑采取额外的渔业管理措施，限制捕捞死亡率。例如，释放任何拉到船上或在船旁时还活着的个体；改进捕鱼作业习惯和（或）渔具减少幼鱼的捕捞；采取空间/时间管理措施减少在索饵场捕捞；限制海上捕捞天数和（或）捕捞旗鱼的渔船数量。

渔获信息的记录、报告和使用

7. CPC 应确保其在 IOTC 公约区捕捞条纹四鳍旗鱼、印度枪鱼、蓝枪鱼和平鳍旗鱼的渔船，按照"关于 IOTC 管辖区域渔船记录渔获量和努力量"的第 15/01 号决议或任何后续替代决议规定的要求记录渔获量。此外，船长应在渔捞日志中记录被释放和（或）丢弃的活体的数量和估计的重量/大小。

8. CPC 应实施数据收集计划，完全按照"关于对 IOTC 缔约方和合作非缔约方强制性统计报告要求"的第 15/02 号决议或任何后续取代决议的规定，结合捕捞努力量，确保向 IOTC 准确地报告条纹四鳍旗鱼、印度枪鱼、蓝枪鱼和平鳍旗鱼的渔获量，以及活体释放和（或）丢弃鱼体的大小和数据。

9. CPC 应在向科学分委会提交的年度报告中包括国内采取的监控渔获量和管理渔业的行动，以达到条纹四鳍旗鱼、印度枪鱼、蓝枪鱼和平鳍旗鱼的可持续开发和养护的目的。

10. 委员会应考虑适当协助发展中 CPC 收集上述物种的数据。

科学研究和科学分委会

11. 鼓励 CPC 研究条纹四鳍旗鱼、印度枪鱼、蓝枪鱼和平鳍旗鱼的主要生物学/生态学/行为特征、生命历史、洄游、释放后生存与安全释放准则、索饵场识别、改进捕捞方法及渔具的选择性。应通过国家年度报告向科学分委会提供此类研究结果。

12. IOTC 旗鱼工作小组应继续开展工作，评估和监测条纹四鳍旗鱼、印度枪鱼、蓝枪鱼和平鳍旗鱼的资源状况，并向科学分委会和委员会提供建议。

13. 科学分委会应每年对提供的信息进行审议，并评估 CPC 报告的有关条纹四鳍旗鱼、印度枪鱼、蓝枪鱼和平鳍旗鱼渔业管理措施的有效性，并酌情向委员会提供建议。

14. 对于本决议所涵盖的四种旗鱼的每一种，科学分委会应就下列事项提供建议：

a）到 2025 年捕捞死亡率减至或低于 F_{MSY} 的可能性为 60%～90%时，采取的管理措施选项；

b）为实现在 IOTC 公约区内的养护和管理，候选参考点的备选方案；

c）合适的最小养护尺寸。

最后条款

15）本决议取代"关于条纹四鳍旗鱼、印度枪鱼和蓝枪鱼的养护和管理措施"的第 15/05 号决议。

第三部分　印度洋金枪鱼委员会养护和管理措施　　　　　　　　·57·

决议第 18/06 号：关于建立大型渔船转载计划

印度洋金枪鱼委员会（IOTC），

考虑到需要打击非法、不报告和不管制（IUU）捕捞活动，因其损害 IOTC 已通过的养护和管理措施的效力；

密切关注有组织的金枪鱼"洗鱼"活动，IUU 渔船捕捞的大量渔获物以持有许可证的合法渔船的名义进行转载；

鉴于需要确保对 IOTC 管辖区域内大型金枪鱼延绳钓渔船转载活动的监控，包括对其卸鱼的监控；

考虑到需要收集这一类大型金枪鱼延绳钓船的产量数据，以改善对这些种群的科学评估；

根据 IOTC 协定第九条第 1 款的规定，决议如下。

第一节　一 般 规 则

1. 除以下第二节所列海上转载监控计划外，所有 IOTC 管辖区域内有关金枪鱼渔业捕捞的金枪鱼和类金枪鱼及鲨鱼渔获物（以下称为"金枪鱼和类金枪鱼及鲨鱼"）的转载活动，必须在港口[1]内进行。

2. 船旗缔约方和合作非缔约方（CPC）应采取必要措施，确保其国籍的大型金枪鱼渔船[2]（以下称为 LSTV）在港内转载时，遵守附件 1 规定的义务。

3. 本决议附件 2 列出的在 IOTC 授权船舶记录名单上注册的马尔代夫籍的渔获物运输船，应免除附件 1 和附件 3 规定的数据报告要求，有效期为 1 年。

第二节　海上转载监控计划

4. 委员会特此建立海上转载监控计划，该计划仅适用于大型金枪鱼延绳钓渔船（以下称为 LSTLV）和被授权在海上接收这些渔船转载的运输船。除 LSTLV 外，不允许其他渔船在海上转载捕获的金枪鱼和类金枪鱼及鲨鱼。委员会应审议并适时修订本决议。

5. LSTLV 悬挂船旗的 CPC 应决定是否批准其 LSTLV 在海上转载。但如果船旗 CPC 批准悬挂其旗帜的 LSTLV 进行海上转载，此类转载应根据以下第三至五节和附件 3 及附件 4 规定的程序进行。

第三节　授权在 IOTC 管辖区域接收海上转载的船舶名单

6. 委员会应建立并维持经批准在 IOTC 管辖区域接收 LSTLV 金枪鱼和类金枪鱼及鲨

---

1 港口包括近海码头和其他用于上岸、转运、包装、加工、加油或再补给的设施（按照粮农组织《港口国措施协定》的规定）

2 大型金枪鱼渔船（LSTV）指船长 24 米以上并在 IOTC 授权船只名单中登记，主捕金枪鱼和类金枪鱼的渔船鱼的 IOTC 运输船名单。为实现本决议的目的，未列入该名单的运输船被认为没有获得在海上从事接收金枪鱼和类金枪鱼及鲨鱼转载作业的授权。

7. 各 CPC 应尽可能以电子方式向 IOTC 执行秘书提交准许在 IOTC 管辖区域接收其所属 LSTLV 海上转载的运输船名单。此名单应包含下列信息：

　　a）船舶船旗；

　　b）船名及登记号；

　　c）以前的船名（如有）；

　　d）以前的船旗（如有）；

　　e）以前从其他登记名单除名的详细信息（如有）；

　　f）国际无线电呼号；

　　g）船舶类型、长度、总吨数（GT）及装载容量；

　　h）船东及经营者的姓名和地址；

　　i）授权转载期。

8. IOTC 最初运输船名单建立后，如各 CPC 对该 IOTC 运输船名单有任何新增、删除和（或）更改时，无论这些改变何时发生，应立即通知 IOTC 执行秘书。

9. IOTC 执行秘书应保持该 IOTC 记录，并采取措施确保符合 CPC 对其船舶的保密要求，通过电子方式，包括在 IOTC 网站上，公开该记录。

10. 经授权在海上转载的运输船应安装和运行渔船监测系统（VMS）。

第四节　海 上 转 载

11. LSTLV 在 CPC 管辖区域转载应事先获得相关沿海国授权。CPC 应采取必要措施，确保其船旗的 LSTLV 遵守下述规定。

船旗国授权

12. LSTLV 不得在海上进行转载，除非事先取得船旗国的授权。

通知义务

渔船：

13. 为获得上述第 11 款提及的事先授权，LSTLV 船长和（或）船东必须在预定的转载前至少 24 小时将下列信息通知其船旗国当局。

　　a）LSTLV 船名、在 IOTC 渔船名单中的编号及 IMO 注册号（如已发）；

　　b）运输船船名、授权在 IOTC 管辖区域内接受转载的 IOTC 运输船名单中的编号、IMO 注册号及拟转载产品；

　　c）拟转载的产品吨数；

　　d）拟转载的日期和地点；

　　e）捕获物的地理位置。

14. 有关的 LSTLV 应在转载后 15 天内，根据附件 3 的格式要求完成 IOTC 转载申报书，并连同其在 IOTC 船只名单中的编号，传送给船旗国。

接收渔获的运输船：

15. 开始转载前，运输船船长应确认有关 LSTLV 参与 IOTC 海上转载监控计划（包括根据附件 4 第 13 条支付费用），并已获得第 11 条所提的船旗国的事先授权。这些信息未确认前，接收渔获物的运输船船长不得开始转载。

16. 接收渔获物的运输船船长应在完成转载后 24 小时内，完成 IOTC 转载申报书，连同其在被授权的 IOTC 转载船名单中的编号，传送给 IOTC 执行秘书与 LSTLV 船旗国。

17. 接收渔获的运输船船长应于卸鱼前 48 小时，将 IOTC 转载申报书及被授权的 IOTC 转载船名单中的编号，传送至卸鱼发生地国家的主管部门。

区域性观察员计划

18. 根据附件 4 的 IOTC 区域性观察员计划，每一 CPC 应确保其所有在海上转载的运输船上都有一位 IOTC 观察员。IOTC 观察员应观察本决议的执行情况，特别是转载的数量必须与 IOTC 转载申报书所报告的渔获量一致。

19. 禁止无 IOTC 区域性观察员登临的船舶开始或继续在 IOTC 管辖区域进行海上转载，除非发生"不可抗力"情况，如有这种情况发生，应及时告知 IOTC 秘书处。

20. 对于附件 5 所列的在 2015 年前列于授权 IOTC 转载船名单的 8 艘印度尼西亚籍木质运输船，国家观察员计划可能取代区域性观察员计划（ROP）的观察员。国家观察员应接受培训，至少达到某一金枪鱼区域渔业管理组织（RFMO）的区域性观察员计划标准，并将执行区域性观察员的所有职能，包括提供 IOTC 区域性观察员计划要求的所有数据，以及相当于由区域性观察员计划承包商所准备的报告。此规定仅适用于附件 5 所指的 8 艘特定的木质运输船。只有当替换船的材料仍为木质，且鱼舱装载容量小于被替换船舶时，这些木质运输船才允许被替换。在这种情况下，被替换木船的授权应立即撤销。

21. 第 20 款规定将在与 IOTC 秘书磋商后作为 2 年期的试点项目实施。该项目的结果，包括数据搜集、报告及项目成效，将在 2019 年由 IOTC 执法分委会根据印度尼西亚准备的报告和 IOTC 秘书处的分析进行审议。审议应包括此计划是否能提供与 ROP 相同水平的保证。还应探讨这些船舶取得 IMO 注册号的可行性。项目是否延长或整合到 ROP 中，应取决于委员会所做的新的决定。

第五节　一　般　条　款

22. 为确保与统计文件方案有关的鱼种的 IOTC 养护和管理措施的效力：

a）LSTLV 的船旗 CPC 在确认统计文件时，应确保转载量与各 LSTLV 报告的渔获量相符；

b）LSTLV 的船旗 CPC 应根据本决议在进行转载后，确认已转载鱼的统计文件，此确认应基于 IOTC 观察员计划取得的信息；

c）CPC 应要求 LSTLV 在 IOTC 管辖区域捕捞统计文件方案包括的鱼种，进口至某一缔约方领土时，应附上核发给授权 IOTC 转载船名单渔船的统计文件和 IOTC 转载申报书复印件。

23. CPC 应于每年 9 月 15 日前向 IOTC 执行秘书报告：

a）前一年度分鱼种转载重量；

b）IOTC 渔船注册名单中前一年度已经转载过的渔船名单；

c）一份评估指派到接收 LSTLV 转载运输船上的观察员报告的内容和结论的综合报告。

24. 所有经由转载上岸或进口至 CPC 的金枪鱼和类金枪鱼及鲨鱼，不论是未加工或已在船上加工，在第一次销售之前，都应附上 IOTC 转载申报书。

25. IOTC 执行秘书每年应向委员会年会提交本决议的执行情况报告，供委员会审议本决议遵守情况。

26. IOTC 秘书处根据本决议附件 4 第 10 条向 CPC 提供所有原始资料、总结和报告复本时，还应指出悬挂该 CPC 船旗的 LSTLV 或运输船可能违反 IOTC 规定的证据。当每一 CPC 收到该证据时，应调查此类案件，并于执法分委会会议召开前 3 个月向秘书处报告调查结果。秘书处应在执法分委会会议召开前 80 天，向 CPC 发送可能涉嫌违规的 LSTLV 或运输船的船名和船旗名单，以及有关船旗 CPC 的回复。

27. 本决议取代“关于建立大型渔船转载计划”的第 14/06 号决议。

附件 1　有关 LSTV 在港口内的转载条件

通则

1. 港内转载作业只能按下述程序进行。

通知义务

2. 渔船。

2.1　LSTV 船长必须至少在转载前 48 小时，通知港口国当局下列信息：

a）LSTV 船名及其在 IOTC 渔船名单的编号；

b）运输船船名和拟转载的产品；

c）拟转载的产品吨数；

d）拟转载的日期与地点；

e）金枪鱼和类金枪鱼及鲨鱼渔获物的主要渔场。

2.2　LSTV 船长应在转载时向船旗国通报如下信息：

a）有关产品类型和数量；

b）转载的日期和位置；

c）接受转载的运输船船名、登记号及船旗国；

d）金枪鱼和类金枪鱼及鲨鱼渔获物的捕捞地理位置。

2.3　LSTV 船长应于转载后 15 天内，根据附件 3 规定的格式填写 IOTC 转载申报书，连同其 IOTC 渔船名单编号一并传送给其船旗国。

接收船舶

3. 收受渔获物的运输船船长最迟应于转载前 24 小时及在转载结束时，通知港口国当局转载到该船的金枪鱼和类金枪鱼及鲨鱼渔获物数量，在 24 小时内填好 IOTC 转载申报书并传给主管当局。

卸鱼国

4. 接收渔获物的运输船船长应于卸鱼前 48 小时,填妥 IOTC 转载申报书并传送给卸鱼地所在国主管当局。

5. 上述各条提及的港口国和卸载国应采取适当措施,核实信息的正确性,并与该 LSTV 船旗 CPC 合作确保卸鱼量与各渔船所报渔获物数量相符。核实工作应在渔船所受的干扰及不便最小的情况下进行,并避免渔获物质量下降。

6. 每一 LSTV 船旗 CPC 每年向 IOTC 提交的年度报告中,应包括其所属渔船转载的详细情况。

附件 2　免除报告要求的马尔代夫籍运输船名单

序号	船名	登记号	总吨数
1	Randhi 19	C1366A-03-10T	40
2	Randhi 22	C1368A-03-10T	40
3	Randhi 23	C1369A-03-10T	27
4	Randhi 24	C1373A-03-10T	27
5	Randhi 25	C1376A-03-10T	27
6	Randhi 26	C1378A-03-10T	27
7	Randhi 27	C1371A-03-10T	60
8	Randhi 29	C1362A-03-10T	45
9	Randhi 30	C1360A-03-10T	45
10	Mahaa Kalminja	C6307A-04-10T	285
11	Kalaminja 402	C6308A-04-10T	570
12	Kalaminja 403	C6306A-04-10T	570
13	MIFCO 101	C8376A-01-10T	150
14	HF107	C67122A-01-10T	89
15	HF108	C6472A-01-10T	94
16	HF110	C6350A-01-10T	67
17	HF109	C6349A-01-10T	62
18	Oivaali 108	C8407A-01-10T	499

附件 3　IOTC 转载申报书

运输船	渔船
船名及无线电呼号:	船名及无线电呼号:
船旗:	船旗
船旗国许可证号:	船旗国许可证号:
国家登记号（若有）:	国家登记号（若有）:
IOTC 登记号（若有）:	IOTC 登记号（若有）:

续表

	日	月	时	年		代理商名称	LSTV 船长姓名	转载船船长姓名	
离港				自					
返港				至		签名	签名	签名	
转载									

以千克或使用的单位（如箱、筐）表示重量，以及卸下的重量：＿＿＿＿千克

转载地点：＿＿＿＿＿＿＿＿＿

鱼种	港口	洋区	产品类型							
			全鱼	去内脏	去头	切片				

如在海上转载，IOTC 观察员的姓名及签名：

附件 4　IOTC 区域性观察员计划

1. 每一 CPC 应要求其列入 IOTC 运输船名单并获准在 IOTC 管辖区域接收转载的运输船，每次在 IOTC 管辖区域转载作业期间搭载一名 IOTC 观察员。

2. IOTC 执行秘书应指派观察员，并安排其登临核准在 IOTC 管辖区域实施 IOTC 观察员计划的缔约方和合作非缔约方所属的 LSTLV 转载的运输船。

观察员指派

3. 被指派的观察员应具有完成以下任务的能力：

a）识别物种和渔具的足够经验；

b）熟悉 IOTC 养护和管理措施；

c）准确观察和记录信息的能力；

d）熟悉接受观察的船舶船旗国的语言。

观察员义务

4. 观察员应：

a）完成 IOTC 指南要求的技术培训；

b）尽可能不是接收运输船船旗国的国民；

c）有能力执行下列第 5 条规定的职责；

d）列入 IOTC 秘书处维护的观察员名单；

e）不是 LSTLV 的船员或 LSTLV 公司的员工。

5. 观察员任务应该特别包括：

a）在打算转载给运输船的渔船上，观察员在转载前应

核查渔船在 IOTC 管辖区域捕捞金枪鱼和类金枪鱼及鲨鱼鱼种的授权或许可证的有效性；

核查并记录船上的总渔获量及将转到运输船的渔获量；

核查渔船监测系统（VMS）是否正常运行并检查渔捞日志；

核查船上是否有任何从他船转移过来的渔获物，并检查这类转移的文件；

如有迹象表明有任何与渔船有关的违规行为，立即向运输船船长报告违规情况；

在观察员报告中报告在渔船上执行任务的结果。

b）在运输船上，

监视运输船遵守委员会通过的有关养护和管理措施的情况，观察员尤其应

i）记录和报告进行的转载活动；

ii）核对船舶进行转载时的位置；

iii）观测和估计所转载的产品；

iv）核对和记录有关 LSTLV 的船名及其 IOTC 注册号；

v）核对转载申报书上的数据；

vi）确认转载申报书上的数据；

vii）签名确认转载申报书；

viii）每天发布运输船转载活动的报告；

ix）根据本条收集的信息撰写总结报告，并给船长提供在报告中补充相关信息的机会；

x）在观测期结束后 20 天内，向 IOTC 秘书处提交前面提及的总结报告；

xi）执行委员会规定的任何其他职责。

6. 观察员应将有关 LSTLV 和 LSTLV 船东捕捞作业的所有信息视为机密，并以书面形式接受这一要求作为观察员派遣的一项条件。

7. 观察员应遵守被指派船旗国法律法规对其管辖船舶行使管辖权规定的要求。

8. 观察员应尊重适用于所有船员的一般行为规则，如果该规则不干涉本计划下的观察员职责及本计划第 9 条所规定的船员义务。

运输船船旗国的义务

9. 运输船船旗国和船长对观察员的责任尤其应包括下列内容：

a）应允许观察员接近船员，查看渔具和设备。

b）如观察员有要求，应允许其使用下列设备（如船上有的话），以便于其执行第 5 点规定的职责：

i）卫星导航设备；

ii）使用的雷达显示屏；

iii）电子通信工具。

c）应为观察员提供与职务船员待遇相同的膳宿，包括住所、膳食和适当的卫生设备。

d）应在驾驶室或引航员室为观察员提供适当的空间以便其进行文书工作，在甲板上提供适当的空间以便其执行观察员职责。

e）船旗国应确保船长、船员和船东不妨碍、恐吓、干涉、影响观察员履行其职责，以及不贿赂或企图贿赂观察员。

10. IOTC 执行秘书，按照与任何适用的保密要求相一致的方式，应于执法分委会会

议召开前 4 个月，向在其管辖范围转载的运输船船旗国和 LSTLV 船旗 CPC，提供有关该航次所有获得的原始数据、总结和报告的副本。

转载期间 LSTLV 的义务

11. 如天气状况允许，应允许观察员参观该渔船，并准许其接近船员或进入渔船有关区域，履行第 5 点规定的职责。

12. IOTC 执行秘书应向执法分委会和科学分委会提交观察员报告。

观察员费用

13. 执行本观察员计划的费用应由希望进行转载的 LSTLV 船旗 CPC 支付。费用应按计划总经费计算，并应存入 IOTC 秘书处的特别账号，IOTC 执行秘书应管理执行本计划的账户。

14. 未根据前述第 13 条支付费用的 LSTLV，不得参加海上转载计划。

附件 5　被授权海上转载的印度尼西亚籍运输船

序号	木质运输船船名	总吨数
1	Hiroyoshi 2	142
2	Hiroyoshi 17	171
3	Mutiara 36	189
4	Abadi Jaya 101	174
5	Mutiara 12	120
6	Mutiara 18	92
7	Mutiara 20	102
8	Gemini	110

决议第 18/07 号：关于未履行 IOTC 报告义务适用的措施

印度洋金枪鱼委员会（IOTC），

鉴于依据 IOTC 协定第 9 条，缔约方同意向委员会提供为实现本协定的目的可能需要的统计和其他数据与信息，每年 6 月 30 日前向 IOTC 秘书处提交上一年度的名义渔获量数据、渔获量和捕捞努力量数据、体长数据和集鱼装置数据等；

忆及 IOTC 通过的有关数据提交截止日期、数据提交程序和统计报告义务等决议，特别是第 15/02、15/01、14/05、12/04、10/11（由 16/11 取代）、11/04、10/08 和 01/06 号决议；

认识到发展中 CPC 可从委员会获得资金，以改进其数据收集和提交能力；

考虑到科学分委会（IOTC-2015-SC18-R）关注到 CPC 提交的 IOTC 各物种的总渔获量、捕捞努力量和体长数据信息不足，尽管提交此类数据是强制性要求；鉴于 IOTC 数据库可用信息的缺口，以及基础渔业数据在评估资源状况和提供可靠管理建议方面的重要性，要求 CPC 遵守 IOTC 数据要求；

考虑到科学分委会建议委员会通过执法分委会制定处罚机制，以促进目前未遵守第 15/01 和 15/02 号决议规定提交基础渔业数据的 CPC 改善遵守情况；

注意到不完整报告或无数据报告，以及尽管通过了许多旨在解决这一问题的措施，对于科学分委会和委员会来说，不遵守报告义务仍是一个问题；

注意到有许多物种仍未进行资源评估，而另一些物种的资源评估则存在很大的不确定性，这将导致一些 IOTC 物种枯竭的重大风险及对生态系统的负面影响；

进一步注意到为了使所有 IOTC 渔业都按照预防性做法的原则进行管理，有必要采取措施消除或减少不报告或误报。

依据 IOTC 协定第九条第 1 款的规定，决议如下。

1. CPC 应在其年度报告（实施报告）中包括履行所有 IOTC 渔业报告义务采取的行动方面的信息，包括 IOTC 相关渔业捕捞的鲨鱼物种，特别是为改善收集直接和偶捕物种数据采取的步骤。

2. CPC 按照第 1 条采取的行动，应每年由 IOTC 执法分委会审议。

3. 在执法分委会进行审议后，委员会应在年会上根据所附的指南（附件 1），并适当考虑所涉 CPC 提供的相关信息后，根据第 15/02 号决议（或任何后续修订）第 2 条的规定，对那些没有在某一年份报告一个或多个物种的名义渔获量数据（专门的），包括零渔获量报告的 CPC，可考虑从缺乏或不完整报告年份的下一年度起，禁止其留存此类物种，直到 IOTC 秘书处收到数据为止。应优先考虑重复不遵守该规定情况的 CPC。任何因内战而无法履行报告义务的 CPC，这项措施应豁免。有关 CPC 应与 IOTC 秘书处合作，利用 FAO 建立的数据收集方法，确定和实施可能的数据收集取代方法。

4. 为便于依照本决议附件 1 第 1 项的要求报告零渔获量，应采用下列步骤。

a）作为用于报告名义渔获量的 IOTC 1RC 电子形式的一部分，秘书处应根据"关于 IOTC 管辖区域渔船记录渔获量和努力量"的第 15/01 号决议（或任何后续取代决议）和本决议附件 2 规定格式的 IOTC 渔具类型，制定一个包括 IOTC 物种和最常被捕捞的板鳃类物种的矩阵；

b）作为总渔获数据报告的一部分，CPC 应该用数值"1"或"0"填写矩阵中的每一单元格，填写"1（1）"表示 CPC 有特定物种/渔具类型的渔获量（正数渔获量），填写"0（0）"则表明 CPC 没有特定物种/渔具类型的渔获量（零上岸＋零丢弃）；

c）电子表格 1RC 的"渔获量栏"部分应只包括正捕获量的报告。

5. 委员会可考虑扩大该矩阵，以便酌情包括 IOTC 管辖范围内及种群/渔具组合的额外物种。

6. 本决议取代关于未履行 IOTC 报告义务时的适用措施的第 16/06 号决议。

附件 1　便于第 3 条应用的指南

委员会将根据下列设定的时间表和步骤，指导本决议第 3 条的应用。

年度数据审议（2016 年开始，其后每年一次）	自禁止留存决定后
1. CPC 根据 15/02 号决议和科学分委会的模板，向秘书处提交总渔获量数据，包括零渔获量 2. IOTC 秘书处与科学分委会协商后，将在履约报告（合规报告）中，分物种或种群详细说明每一 CPC 的数据提交状况（如完整、不完整或缺失） 3. 执法分委会将根据 IOTC 执行秘书、科学分委会和 CPC 提供的任何其他相关信息，对报告进行审议。执法分委会根据此审议，在其报告中确定那些没有提交规定要求数据（即数据缺失或不完整）的 CPC，并通知他们可能从下一年度开始，相关渔业被委员会禁止在船上留存有关物种/资源，直到数据提供给秘书处 4. 执法分委会还可考虑是否应建议采取与本决议一致的任何其他行动	1. 被发现提交数据"缺失"或"不完整"的 CPC，不得留存这些物种的渔获物 2. 这些 CPC 应尽快将缺失的数据发送给 IOTC 执行秘书，以纠正这种情况 3. 在必要和适当的情况下，IOTC 执行秘书将与执法分委会和委员会主席进行磋商，及时审议新提交的数据，以确定是否完整。如果数据看来是完整的，秘书处将立即通知所涉CPC，可恢复保留相关渔业有关物种/资源 4. 在休会期间提供数据和允许恢复保留的决定后的年度会议上，执法分委会审议这一决定。若认为数据仍不完整，执法分委会将再次采取前一栏第 3 条和第 4 条中规定的行动

附件 2　零渔获量矩阵的例子—由 IOTC 秘书处进一步调整

T1 "零产量矩阵"					渔具类型						
物种组	物种代码	中文名	拉丁名	种群	手钓	竿钓	延绳钓	围网	曳绳钓	刺网	其他
温带金枪鱼	ALB	长鳍金枪鱼	*Thunnus alalunga*	IO							
	SBT	南方蓝鳍金枪鱼	*Thunnus maccoyii*	IO							
热带金枪鱼	BET	大眼金枪鱼	*Thunnus obesus*	IO							
	SKJ	鲣鱼	*Katsuwonus pelamis*	IO							
	YFT	黄鳍金枪鱼	*Thunnus albacares*	IO							

续表

T1 "零产量矩阵"				种群	渔具类型						
物种组	物种代码	中文名	拉丁名		手钓	竿钓	延绳钓	围网	曳绳钓	刺网	其他
浅海性金枪鱼	LOT	青干金枪鱼	*Thunnus tonggol*	IO							
	KAW	鲔	*Euthynnus affinis*	IO							
	FRI	扁舵鲣	*Auxis thazard*	IO							
	BLT	双鳍舵鲣	*Auxis rochei*	IO							
	COM	康氏马鲛	*Scomberomorus commerson*	IO							
	GUT	斑点马鲛	*Scomberomorus guttatus*	IO							
旗鱼类	BUM	大西洋蓝枪鱼	*Makaira nigricans*	IO							
	BLM	印度枪鱼	*Makaira indica*	IO							
	MLS	条纹四鳍旗鱼	*Tetrapturus audax*	IO							
	SFA	平鳍旗鱼	*Istiophorus platypterus*	IO							
	SWO	剑鱼	*Xiphias gladius*	IO							
第 15/01 号决议要求的特定渔具的其他物种（灰色部分不要求）	SSP	尖吻四鳍旗鱼	shortbill spearfish（*Tetrapturus angustirostris*）	IO							
	BSH	大青鲨	blue shark（*Prionace glauca*）	IO							
	MAK	鲭鲨类	mako sharks（*Isurus* spp.）	IO							
	POR	鲨鼠	porbeagle shark（*Lamna nasus*）	IO							
	SPN	双髻鲨类	hammerhead sharks（*Sphyrna* spp.）	IO							
	FAL	镰状真鲨	silky shark（*Carcharhinus falciformis*）	IO							
	MZZ	其他硬骨鱼类	other bony fishes	IO							
	SKH	其他鲨鱼	other sharks	IO							
	THR	长尾鲨类	thresher sharks（*Alopias* spp.）	IO							
	OCS	长鳍真鲨	oceanic whitetip shark（*Carcharhinus longimanus*）	IO							
	TIG	鼬鲨	tiger shark（*Galeocerdo cuvier*）								
	PSK	拟锥齿鲨	crocodile shark（*Pseudocarcharias kamoharai*）								
	WSH	噬人鲨	great white shark（*Carcharodon carcharias*）								
	MAN	蝠鲼	mantas and devil rays（Mobulidae）								
	PLS	紫魟	pelagic stingray（*Pteroplatytrygon violacea*）								
		其他鳐类	other rays								

决议第 18/08 号：关于 FAD 管理计划程序，包括限制 FAD 数量、更详细的 FAD 网次渔获报告规范及开发改进 FAD 结构减少非目标物种的缠绕

印度洋金枪鱼委员会（IOTC），

牢记《执行 1982 年 12 月 10 日〈联合国海洋法公约〉有关养护和管理跨界鱼类种群和高度洄游鱼类种群的规定的协定》[《联合国鱼类种群协定》（UNFSA）]，鼓励沿海国和公海捕鱼国及时收集和分享有关捕鱼活动完整及准确的数据，尤其是船舶位置、目标鱼种和非目标物种捕获量和捕捞努力量数据；

注意到联合国大会关于可持续渔业的第 67/79 号决议，呼吁各国各自、共同或通过区域渔业管理组织的安排，收集必要的数据以评估和严密监控大型集鱼装置及其他装置的使用，并酌情评估其对金枪鱼资源、金枪鱼行为及关联种和依附种的影响，以改善管理程序来监控此类装置的数量、类型和使用，并减缓其对生态系统可能造成的负面影响，包括对幼鱼和误捕的非目标物种，特别是鲨鱼和海龟的影响；

注意到联合国粮农组织（FAO）《负责任渔业行为守则》规定各国应汇总与区域和分区域渔业管理组织涵盖的鱼类种群有关的渔业相关数据和其他科学支撑数据，并及时向区域和分区域渔业管理组织提供这些数据；

承认所有为捕捞 IOTC 管辖区域资源投放的渔具均应接受管理，以确保捕捞作业的可持续性；

考虑到补给船的活动和 FAD 的使用是围网船队捕捞努力量的一个组成部分；

意识到委员会承诺采取养护和管理措施，降低由 FAD 捕捞努力量造成的大眼金枪鱼和黄鳍金枪鱼幼鱼的死亡率；

忆及第 12/04 号决议确定，委员会应在其 2013 年年会审议科学分委会关于开发改进 FAD 结构减少非目标鱼种缠绕事件的建议，包括使用生物降解材料及考虑社会经济因素，以便采取进一步措施，在 IOTC 协定涵盖的渔业中减缓与海龟的相互作用；

忆及第 13/08 号决议（由第 15/08 号决议取代，再由第 17/08、18/08 号决议取代）确定的关于 FAD 管理计划程序，包括 FAD 数量限制、更详细的 FAD 网次渔获报告规范及开发改进 FAD 结构以减少非目标物种缠绕事件；

注意到 IOTC 科学分委会向委员会建议，为防止鲨鱼、海龟及其他物种的缠绕，应只能设计和投放非缠绕的 FAD，包括漂流或锚定的；

注意到 IOTC 科学分委会向委员会建议，研究 FAD 暂定禁渔区及其他措施的可行性，以及对印度洋渔业和资源的影响；

忆及 IOTC 协定的目标是通过适当管理，确保协定区鱼类种群的养护和最佳利用，并鼓励基于此类资源的渔业可持续发展，并把兼捕降低到最低程度；

根据 IOTC 协定第九条第 1 款的规定，决议如下。

1. 本决议适用于在 IOTC 海域拥有围网渔船和使用漂流集鱼装置（DFAD）捕鱼，为以聚集目标金枪鱼为目的配备卫星声呐浮标的 CPC。

2. 本决议定义的卫星声呐浮标为，具有清晰可辨认的识别编号、并配有卫星追踪系统监控其位置的浮标。其他浮标，如 DFAD 使用的无线电浮标，与此定义不符，应自 2017 年 1 月 1 日起逐步淘汰。

3. 本决议将任何一艘围网渔船在任何时间激活和追踪的卫星声呐浮标数量的上限设定为 350 个，激活数量亦即一艘围网渔船实际操控的浮标数量。每艘围网渔船每年可取得的卫星声呐浮标数量不得超过 700 个。当卫星声呐浮标的开关打开并投放，就认为该卫星声呐浮标被激活。激活卫星声呐浮标要在渔捞日志或 FAD 渔捞日志上记录，并写明浮标编号和激活时的地理坐标。卫星声呐浮标只有当其实物在所属的围网船上或其补给船或支持船上时才能被激活。

4. CPC 对悬挂其旗帜的船舶，可采取低于第 3 条设定的下限。此外，任何 CPC 对在其专属经济区内投放的 DFAD，可采取低于第 3 款设定的下限。CPC 应审议所采用的数量限制，确保该限制没有超过委员会规定的限额。

5. CPC 应确保自本决议生效之日起，所属的每一艘作业围网渔船的卫星声呐浮标数量不超过第 3 款设定的上限。

6. 尽管委员会要求的任何研究已完成，包括根据第 15/09 号决议确定的 FAD 工作组进行的研究，委员会仍会审议第 3 款规定的卫星声呐浮标的最大数量。

7. 船旗国应确保：

每艘相关渔船在任何时间海上激活的卫星声呐浮标不超过 350 个，具体可通过诸如电信账单等措施进行核实；

每一艘渔船每年可获得的卫星声呐浮标不超过 700 个。

8. CPC 应要求悬挂其旗帜且使用 DFAD 捕捞的船舶，根据第 12/02 号决议（或任何后续取代的决议）规定的保密规则，在 2016 年 1 月 1 日前提交其围网渔船 2016 年卫星声呐浮标暂定采购订单。

9. CPC 应要求悬挂其旗帜且使用 DFAD 捕捞的船舶，根据第 12/02 号决议（或任何后续取代的决议）规定的保密规则，在 2016 年底前提交其围网渔船于 2016 年每季所激活、停用和使用中的卫星声呐浮标数量。

10. 所有 CPC 应确保第 1 款所述所有渔船使用附件 1（DFAD）和附件 2（AFAD）"FAD 日志"一节中特定数据要素记录与 FAD 相关的捕鱼活动。

11. 有渔船使用 FAD 作业的 CPC，应每年向委员会提交第 1 款包括的每一艘围网渔船使用 FAD 的管理计划。由于其使用者、投放数量、船舶类型、使用的渔具渔法及建造材料等方面的特性，漂流 FAD（DFAD）和锚定 FAD（AFAD）的管理计划和报告应按本决议要求分别填写。该计划至少应与附件 1 和附件 2 规定的每一 CPC 的 FAD 管理计划准备指南一致。为实现本决议的目的，FAD 一词是指以聚集目标金枪鱼为目的投放的 DFAD 或锚定漂浮或水下物体。

12. 管理计划应由 IOTC 执法分委会分析。

13. 管理计划应包括尽可能减少捕捞与 FAD 作业有关的大眼金枪鱼、黄鳍金枪鱼和非目标物种幼鱼的计划或调查研究。管理计划还应包括尽可能预防 FAD 遗失或遗弃的指南。为减少鲨鱼、海龟或任何其他物种的缠绕，FAD 的结构和投放应根据附件 3 规定的原则从 2014 年开始逐步实施。自 2015 年起，CPC 应在年会召开前 60 天向委员会提交一份关于 FAD 管理计划进展的报告，包括对其最初提交的管理计划的审议，以及对附件 3 规定原则的应用审议。

14. 自 2016 年起，CPC 应向委员会提交附件 1 和附件 2 中所述的数据元素，并与 IOTC 关于渔获量和努力量数据规定的标准保持一致，这些数据应依照第 10/02 号决议（或任何后续取代决议）设定的数据汇集水平及遵照第 12/02 号决议（或任何后续取代决议）设定的保密规则的基础上提供给 IOTC 科学分委会分析。IOTC 科学分委会将适时分析这些数据，并在 2016 年年会前，向委员会提供 FAD 管理附加选项的科学建议供委员会考虑，包括 FAD 使用数量、新的或改进的 FAD 使用的生物降解材料，以及逐步淘汰不能阻止鲨鱼、海龟和其他物种被缠绕的 FAD 设计等。在评估 FAD 对目标鱼类种群和随附物种的动态和分布的影响及对生态系统的影响时，IOTC 科学分委会将应用所有可获得的有关遗弃 FAD 数据（即没有信标的 FAD 或漂流到捕捞区域以外的 FAD）。

15. 自 2016 年 1 月起，CPC 应要求所有悬挂其旗帜的渔船在 IOTC 水域投放的或改进的人造 FAD，按照详细的标识方案进行标示，如包括 FAD 标识或信标标识码。应 IOTC 委员会要求，根据科学分委会建议，2016 年委员会会议将制定并考虑通过此标识方案。标识方案应至少考虑下列内容：

a）所有人造 FAD 应根据委员会通过的特定编号系统和格式，用一个独特的标识码标示；

b）在渔船操作人员使用任何有关人造 FAD 活动前（如投放人造 FAD、回收人造 FAD、维护人造 FAD、围绕 FAD 捕鱼），标识应容易识别，但如因任何原因（时间、气候等）无法目视，渔船操作人员应确保尽快获得独特的人造 FAD 识别码；

c）标识应易于应用于人造 FAD，但不应以无法判读或与人造 FAD 分离的方式进行标识。

16. 本决议取代“关于 FAD 管理计划程序，包括限制 FAD 数量、更详细的 FAD 网次渔获报告规范及开发改进 FAD 结构减少非目标物种的缠绕”的第 17/08 号决议。

附件 1　准备漂浮集鱼装置（DFAD）管理计划指南

为支持有渔船在 IOTC 水域进行 DFAD 作业的 CPC 向 IOTC 秘书处提交 FAD 管理计划（DFAD-MP）的义务，DFAD-MP 应包括以下内容。

1. 目的。

2. 范围。

说明适用范围：

船舶类型及支持和补给船；

投放的 DFAD 数量及 DFAD 信号浮标数量；

报告投放 DFAD 的程序；

误捕减少及利用政策；

考虑与其他类型渔具的相互影响；

监控和回收遗失 DFAD 的计划；

"DFAD 所有权"的声明或政策。

3. DFAD 管理计划的法律安排。

法律责任；

批准 DFAD 和（或）DFAD 信号浮标投放的申请程序；

船东和船长关于 DFAD 和（或）DFAD 信号浮标投放和使用的责任；

DFAD 和（或）DFAD 信号浮标替换的政策；

报告义务。

4. DFAD 制作规格及要求。

DFAD 结构特点（描述）；

DFAD 标示及识别标志，包括 DFAD 信号浮标；

发光的要求；

雷达反射器；

能见距离；

无线电浮标（要求有序号）；

卫星接收器（要求有序号）。

5. 适用水域。

任何禁用区域或时间，如领海、航线、邻近手工渔业区域等的详细说明。

6. DFAD-MP 的适用期。

7. DFAD-MP 的监控和实施评估方法。

8. DFAD 日志。

DFAD 网次渔获报告（与第 15/02 号决议规定的渔获量和努力量数据报告标准一致），包括：

a）任何探访 DFAD*；

b）每次探访 DFAD，无论是否下网作业：

i）位置；

ii）日期；

iii）DFAD 识别标志（即 DFAD 标示或信号浮标识别码或任何识别 DFAD 拥有者的信息）；

iv）DFAD 类型（漂浮的天然 FAD、漂浮的人造 FAD）；

v）DFAD 结构特点（水面上浮动部分及水下悬挂结构的尺寸和材料）；

vi）探访类型（投放、下网作业、回收、遗失、干扰电子设备）。

c）若访问后下网作业，网次渔获结果分别按主捕和兼捕记录。

*海上遇到的其他 FAD 应该按照每一 CPC 的国内渔业法规监控。

附件 2　准备锚定集鱼装置（AFAD）管理计划指南

为支持有渔船在 IOTC 水域进行 AFAD 作业的 CPC 履行向 IOTC 秘书处提交 FAD 管理计划（AFAD-MP）的义务，AFAD-MP 应包括以下内容。

1. 目的。

2. 范围。

有关应用的说明：

a）船舶类型；

b）投放的 AFAD 数量和（或）AFAD 信号浮标数量（每类 AFAD）；

c）报告投放 AFAD 的程序；

d）AFAD 之间的距离；

e）误捕减少及利用政策；

f）考虑与其他渔具的相互影响考虑；

g）建立投放的 AFAD 目录清单，按本附件第 4 点要求详列 AFAD 识别标志、每一个 AFAD 的特点和设备、AFAD 锚定位置坐标，设置、遗失和重新设置的日期。

h）监控和回收遗失 AFAD 的计划；

i）"AFAD 所有权"声明或政策。

3. AFAD 管理计划的法律安排。

a）法律责任；

b）适用于 AFAD 设置和使用的规定；

c）AFAD 维修及维护规定和替换政策；

d）数据收集系统；

e）报告义务。

4. AFAD 制作规格及要求。

a）AFAD 结构特点（描述漂浮结构及水下结构，特别强调使用的任何网片材料）；

b）用来锚定的锚具；

c）AFAD 标示及标识符，包括 AFAD 信号浮标（如有）；

d）发光要求（若有）；

e）雷达反射器；

f）能见距离；

g）无线电浮标（要求序号）；

h）卫星传送器（要求序号）；

i）回声测深仪。

5. 适用范围。

a）锚定位置坐标，如可能；

b）任何禁用区域的详细说明，如航线、海洋保护区、保留地等。

6. AFAD-MP 的监控和实施评估方法。

AFAD 日志

AFAD 网次渔获报告（与第 15/02 号决议规定的渔获量和努力量数据报告标准一致），包括：

a）对 AFAD 的任何访问；

b）每次访问 AFAD，无论是否进行放网或其他作业：

ⅰ）位置；

ⅱ）日期；

ⅲ）AFAD 识别标志（即 AFAD 标识或信号浮标识别码或任何可识别所有人的信息）。

c）如访问后下网作业或进行其他生产，网次渔获结果分别按主捕和兼捕记录。

附件 3　设计及布放 FAD 的原则

1. FAD 不应被覆盖表面结构，或仅由非网状材料覆盖。

2. 若使用水下结构，则不应由网片制成，而应使用非网状材料，如绳索或帆布片。

为减少海洋中人造垃圾的数量，应提倡漂流 FAD 使用天然或可生物降解材料（如粗麻帆布、麻绳等）。

决议第 18/09 号：关于 IOTC 渔业社会经济数据和指标的范围界定研究

印度洋金枪鱼委员会（IOTC），

考虑到 IOTC 协定第五条规定的委员会的目标，促进其成员间的合作，以确保通过适当的管理实现本协定所包括的种群的养护和最佳利用，并鼓励基于这些种群的渔业的可持续发展；

进一步考虑到 IOTC 协定第五条 2.d）项规定，委员会有责任根据本协定所包括的种群，特别是考虑沿海发展中国家的利益，不断对渔业的经济和社会方面进行审议；

进一步考虑到委员会的目标是，永久高概率地保持种群不低于能够产生最大持续产量的水平，以符合相关的环境和经济因素，包括 IOTC 管辖区域内发展中国家的特殊要求；

承认《执行 1982 年 12 月 10 日〈联合国海洋法公约〉有关养护和管理跨界鱼类种群和高度洄游鱼类种群的规定的协定》（UNFSA）第 24 条发展中国家，特别是小岛屿发展中国家的特殊要求；

忆及 IOTC 科学分委会第 20 次会议的报告（IOTC-2017-SC20-R）第 75 条：

"75. SC 同意建立生态系统报告卡是发展该措施的第一步。开发和监测简单的指标启动流程，然后将这些指标与管理目标和行动联系起来，是一个迭代的过程，在这一过程中数据收集和研究活动是基于委员会更高层次的指导。SC 指出，在 IOTC 协定中特别提到了社会经济维度的考虑，因此科学附属机构也被要求就这些问题开展工作"；

忆及 IOTC 协定第五条 2.d）项规定：

"2. 为了实现这些目标，委员会应根据《联合国海洋法公约》有关条款规定的原则，具有下列职能和职责：d）根据本协定所包括的种群，特别是考虑沿海发展中国家的利益，不断对渔业的经济和社会方面进行审议"；

根据 IOTC 协定第九条第 1 款的规定，决议如下。

1. 关于 IOTC 渔业社会经济数据和指标范围界定研究的职责范围，见附件 1。

2. 根据本协定第十二条第 5 款，委员会应审议范围界定研究的结果，并在 2019 年第 23 次会议上确定，是否需要一个永久性的渔业社会经济工作小组。

3. IOTC 秘书处应协助顾问或咨询公司的招聘过程，以便按照附件 1 的规定进行范围界定研究。委员会要求秘书处寻找预算外资金来源，以支持提议的工作。

4. 为实现本研究目的，CPC 应根据各自国家的法律，尽最大努力与顾问合作。

附件 1 关于 IOTC 渔业社会经济数据和指标范围界定研究的职责范围

目标

1. 为描述渔业的经济和社会方面，特别是考虑沿海发展中国家的利益，并确定描述各 CPC 渔业的经济和社会方面的数据与社会经济指标的可获得性，包括但不限于：对渔业的社会经济贡献、对渔业资源的经济依赖；出口收入；船队之间的就业状况和相互作用；渔业资源租金的影响，包括与第三方签订渔业协议在收入、投资和就业方面对当地经济的影响。

2. 评估和记录 CPC 或其他公共领域组织已经收集和当前在收集的有关已在公共领域的 IOTC 渔业社会经济数据。

3. 评估和记录已被 CPC 或其他组织收集和目前正在收集，但未放在公共领域的 IOTC 渔业的社会经济数据（根据国内法将其放在公共领域是可行的）。

4. 评估：①数据是否以可行的和一致性的方式收集，②是否足以计算所提议的指标。在可行的情况下，这应包括讨论数据本身、数据质量、时间期限和覆盖率。

5. 考虑现有数据情况对有关指标提出建议，就数据要求和协调提出建议；以及

6. 就有关数据管理、报告和相关费用向 IOTC 提出建议。

7. 顾问应考虑聚焦渔业社会经济的重要性的现行举措，包括在适用情况下，日本海外渔业协力财团（OFCF）在渔业社会经济方面的试点项目，以避免任何重复。

产出

8. 在 2019 年第 23 次 IOTC 年会（S23）召开前 120 天，提供咨询报告草案。

9. CPC 应负责对咨询报告草案进行审议，并在第 23 次 IOTC 年会（S23）召开前 60 天，通过 IOTC 秘书处提供反馈意见。

10. 根据 IOTC 议事规则（2014 年），最终咨询报告应于 2019 年 IOTC 第 23 次年会召开前 30 天内，提交给 IOTC 秘书处。

11. 最终咨询报告应提交 2019 年委员会会议审议，会议期间由咨询顾问作陈述，并回答 CPC 提出的任何问题。

决议第 18/10 号：关于 IOTC 管辖区域船只租赁

印度洋金枪鱼委员会（IOTC），

承认根据 IOTC 协定，缔约方应希望合作，以确保印度洋金枪鱼和类金枪鱼的养护和促进其最佳利用；

忆及根据 1982 年 12 月 10 日《联合国海洋法公约》第 92 条，船舶航行应仅悬挂一国的旗帜，且除相关国际文书另有规定外，在公海上应受该国的专属管辖；

承认所有国家发展其捕鱼船队的需要和利益，以便使它们能够充分利用在相关 IOTC 养护和管理措施下可获得的捕鱼机会；

承认租赁船舶对印度洋可持续渔业发展的重要贡献；

注意到租船协议的惯例，渔船不改变其国旗，可能会严重损害 IOTC 制定的养护和管理措施的有效性，除非受到适当的管制；

关注确保租船协议不促进 IUU 捕捞活动或不损害 IOTC 养护和管理措施；

认识到 IOTC 有必要适当考虑所有相关因素，对租船协议进行监管；

认识到 IOTC 有必要制定租船协议的程序；

根据 IOTC 协定第九条第 1 款的规定，制定下列措施。

第一节　定　　义

船舶租赁：一艘悬挂缔约一方旗帜的渔船在不改变国旗的情况下，由另一缔约方的经营者承包确定的一段期限的协议或安排。为实现本决议的目的，"租赁 CP"（租船缔约方）是指持有配额分配或捕捞机会的 CP（缔约方），而"船旗 CP"指注册租赁船舶的 CP（缔约方）。

第二节　目　　标

租船协议可以被允许，主要是作为租船国渔业发展的第一步。租船安排的期限应当与租船国的发展时间表一致。

第三节　一　般　条　款

租船协议应包括下列条件：

1. 船旗缔约方以书面形式同意租船协议。

2. 租船协议下的捕鱼作业合计时间在任何一个公历年度不超过 12 个月。

3. 要被租赁的渔船应在负责任的缔约方和合作非缔约方注册，这些缔约方和合作非缔约方明确同意实施 IOTC 养护和管理措施，并在其船舶上实施。相关的所有船旗缔约方或合作非缔约方，应有效行使管理其渔船的职责，确保 IOTC 养护和管理措施得到遵守。

4. 要被租赁的渔船，应根据 IOTC 第 15/04 号决议（或任何后续取代的修订决议），在关于经核准在 IOTC 管辖海域作业的 IOTC 船舶名单中注册。

5. 根据各自权利、义务和符合国际法的管辖权，在不影响租船 CP 职责的情况下，船旗 CP 应确保被租赁的渔船遵守租赁缔约方及船旗缔约方或合作非缔约方须遵守的 IOTC 制定的相关养护和管理措施。如果租船缔约方允许租赁的船去公海捕鱼，那么船旗缔约方将依照租船合同负责管理该船在公海的捕鱼活动。租赁船舶应向 CP（租赁缔约方和船旗缔约方）和 IOTC 秘书处报告 VMS 数据和渔获物数据。

6. 根据租船协议，捕获的所有渔获物，包括兼捕渔获物和海上丢弃渔获物，以及观察员覆盖率，应计算到租船缔约方的配额或捕鱼机会。

7. 租船缔约方应按照本决议第三节详细说明的租船通知计划，向 IOTC 报告所有渔获物，包括兼捕渔获物和海上丢弃渔获物，以及 IOTC 要求的其他信息。

8. 根据相关 IOTC 养护和管理措施，为使渔业管理、船舶监测系统（VMS）有效，以及地区分捕鱼区域的手段，应酌情使用如鱼类标记或标识。

9. 根据第 11/04 号决议（或任何后续的取代决议）第 2 款规定的方式，对于租赁渔船，观察员覆盖率应至少达到捕捞努力量的 5%。第 11/04 号决议的所有其他条款比照适用于租赁船舶的情况。

10. 租赁船只应有租船 CP 颁发的捕鱼许可证，不应列入根据 IOTC 第 17/03 决议（被 18/03 号决议取代）"关于建立被认为在 IOTC 海域从事非法、不报告和不管制捕捞活动的船舶名单"（或任何后续取代决议）确定的 IOTC IUU 名单上，和（或）其他区域渔业管理组织的 IUU 名单中。

11. 租赁船舶在根据租船合同作业时，在可能的情况下，不得被授权使用该船旗缔约方或合作非缔约方的配额（如有的话）或权利。在任何情况下，租赁渔船都不能同时被授权在一份以上的租船协议下捕鱼。

12. 除非在租船协议中明确规定，并符合相关国内法律法规，租船渔获物应全部在租船缔约方的港口卸货或在其直接监督下卸货，以确保租赁船只的活动不损害 IOTC 的养护和管理措施。

13. 租赁船在任何时候都应携带一份第四节 1.所述文件的副本。

第四节 租船通知计划

根据租赁协议开始捕鱼活动之前 15 天内，或无论如何，72 小时之前：

1. 租船缔约方应根据本决议规定，向 IOTC 执行秘书提交（如可能，以电子方式提交）任何认定被租赁的船只的下列有关信息。

a）被租赁船的船名（本国名称和拉丁字母名称）和注册号、国际海事组织（IMO）注册号（如符合条件）；

b）船舶受益所有人的姓名和联系地址；

c）船舶描述，包括总长、船舶类型和根据租赁协议使用的作业方法；

d）租船合同的副本，发放给该船的任何捕捞授权或捕捞许可证，特别包括分配给该船的配额或捕鱼机会，以及租船安排的时期；

　　e）同意租船协议；以及

　　f）实施这些条款采取的措施。

　　2. 船旗 CP 或合作非缔约方应向 IOTC 执行秘书提供下列信息：

　　a）同意租船协议；

　　b）实施这些条款采取的措施；以及

　　c）同意遵守 IOTC 的养护和管理措施。

第五节　秘书处的工作

　　1. 收到上述第三节规定的信息后，IOTC 执行秘书应在 5 个工作日内，通过 IOTC 通知方式，将所有信息发送给所有缔约方或合作非缔约方。

　　2. 租船缔约方和船旗缔约方或合作非缔约方应立即通知 IOTC 执行秘书租船协议确定的捕捞作业的开始、暂停、恢复和终止时间。

　　3. IOTC 执行秘书应在 5 个工作日内，通过 IOTC 通知方式，将有关终止租船协议的所有信息发送给所有缔约方或合作非缔约方。

　　4. 租船 CP 应在每年 2 月 28 日前向 IOTC 执行秘书报告上一年度根据本决议签订的船舶租赁协议及实施的详细情况，包括以符合 IOTC 数据保密要求的方式，有关租赁船捕捞的渔获物和捕捞努力量，以及完成的观察员覆盖率等信息。

　　5. IOTC 执行秘书应每年向委员会提交一份关于上一年度发生的所有租船协议的总结，委员会应在其年度会议上根据 IOTC 执法分委会的建议，审议本决议的遵守情况。

决议第 17/02 号：实施养护和管理措施工作小组

印度洋金枪鱼委员会（IOTC），

忆及本协定（第五条）的目标是根据第九条，在科学证据的基础上通过养护和管理措施，以确保本协定所管理的资源的养护，并促进其在整个海域得到最佳利用；

认识到每年在 IOTC 管辖区域内非法、不报告和不管制（IUU）捕捞的预估价值不低，迫切需要 IOTC 授权更好地管理金枪鱼和类金枪鱼；

也认识到委员会决定设立必要的附属机构，以监督 CPC 执行本协定和委员会的养护和管理措施，协助 CPC 提升履约能力，以及在可持续水平上保护金枪鱼和类金枪鱼的捕捞水平和相关生态系统；

考虑到执法分委会的工作已增加到无法在其年会期间得到充分解决的水平，特别是支持 CPC 实施 CMM 的技术评估和规划要素；

根据 IOTC 协定第九条第 1 款的规定，决议如下。

1. 根据本协定第十二条第 5 款，委员会设立一个实施养护和管理措施工作小组（WPICMM），作为委员会的一个咨询机构。

2. WPICMM 的职权范围如附件 1 所列。

3. 本决议应在下次修订 IOTC 议事规则时纳入。

4. 本决议取代 IOTC 第 16/12 号"关于实施养护和管理措施工作小组（WPICMM）"的决议。

附件 1 实施养护和管理措施工作小组的职权范围

1. WPICMM 的管理程序，应参照委员会议事规则决定。

目标

2. WPICMM 的目标为：

a）减轻执法分委会的技术讨论、工作量和时间压力，使其在委员会的工作中侧重更高级别地履约实施策略；

b）增强缔约方（成员）和合作非缔约方（CPC）的技术能力，以了解和实施 IOTC 养护和管理措施（CMM）；

c）确定优先实施的议题，制定操作标准供 CPC 使用。

组成

3. 根据 IOTC 议事规则，WPICMM 应由 CPC 的渔业执法官员（或其他相关官员）、科学家、渔业管理者、渔业界代表、行政管理者及其他有兴趣的利益攸关方组成。

任务

4. 检查 CPC 实施 CMM 的各个方面，并提出提高实施水平的方法。

5. 检查监测、控制和监督（MCS）技术问题，以便向执法分委会提供加强 MCS 的选项。

6. 审议 CMM 中包含的报告要求，以便协调和简化。

7. 确立一种方法，用于评估 CPC 的实施情况，以编撰每年向执法分委会和船旗国提供的国家履约报告。

8. 审议和评估委员会通过的实施 CMM 的有效性和实践性环节，以确认 CPC 面临的缺失和实施限制，并推荐修订选项。

9. 提议解决实施缺失的行动。

10. 制定实施 CMM 的最低区域标准。

11. 制定一个统一的评估标准，以确认被认为从事 IUU 捕捞活动的船舶。

12. 监控被认为从事 IUU 捕捞活动的 IOTC 船舶名单的确立和建议进一步的行动，包括在执法分委会或所涉 CPC 要求时，审议出示的证据（若 WPICMM 能获得这些证据）。

13. 根据海上转载监控计划派遣的观察员的记录，监控被认为违反 IOTC CMM 的大型金枪鱼延绳钓渔船（LSTLV）/运载船名单的确立和建议行动。

14. 向执法分委会提供建议，协助 CPC 设计和运行国家 MCS。

15. 向执法分委会提供建议，协助 CPC 设计和实施执法行动，确保 IOTC CMM 的实施。

16. 确立区域能力建设机制，协助 CPC 满足区域最低限度条件和实施 CMM 的条件或标准。

17. 提供加强 CMM 实施和能力建设活动的建议，包括履约支持任务、区域/国家层面的培训班和研讨会，由能力建设专项基金或预算外捐款资助。

18. 制定关于处罚未履行 IOTC CMM 时间表的建议和指南，供 CPC 和委员会考虑。

19. 审议 CPC 数据报告义务的履行情况，并建议实施行动。

20. 执法分委会或委员会指派的其他工作。

21. WPICMM 将每年召开一次会议，并与执法分委会会议连续，向执法分委会报告其工作。

决议第 17/04 号：关于禁止 IOTC 管辖区域围网渔船丢弃捕获的鲣鱼、黄鳍金枪鱼、大眼金枪鱼及非目标鱼种

印度洋金枪鱼委员会（IOTC），

认识到 IOTC 需要采取行动，确保 IOTC 管辖区域的鲣鱼、黄鳍金枪鱼和大眼金枪鱼的养护和管理目标的实现；

认识到国际社会在若干国际文书和声明中从道德伦理和政策两方面均关注对渔获物的丢弃，包括联合国大会决议［A/RES/49/118（1994）、A/RES/50/25（1996）、A/RES/51/36（1996）、A/RES/52/29（1997）、A/RES/53/33（1998）、A/RES/55/8（2000）和 A/RES/57/142（2002）］，《执行 1982 年 12 月 10 日〈联合国海洋法公约〉有关养护和管理跨界鱼类种群和高度洄游鱼类种群的规定的协定》［《联合国鱼类种群协定》（UNFSA）］，1995 年 3 月 14～15 日 FAO 渔业部长级会议通过的《世界渔业罗马共识》《负责任渔业行为守则》和 FAO《鲨鱼养护和管理国际行动计划》《生物多样性公约》；

忆及《联合国鱼类种群协定》，强调了通过诸如 IOTC 等区域渔业管理组织的行动，确保高度洄游鱼类种群的养护和最佳利用的重要性，并规定"各国应尽量减少…丢弃…非目标物种渔获物，包括鱼类和非鱼类物种，以及对附属种和依赖种的影响，尤其是濒危物种…"；

忆及 1995 年 3 月 14～15 日 FAO 渔业部长级会议通过的《世界渔业罗马共识》，规定"各国应…减少兼捕、丢弃鱼类…"；

忆及 FAO《负责任渔业行为守则》规定"各国应采取适当措施尽可能减少浪费，丢弃…收集丢弃数据…考虑丢弃（在预防性做法中）…开发尽量减少丢弃的技术…使用选择性渔具将丢弃减到最少"；

忆及委员会通过的"关于执行预防性做法"的第 12/01 号决议；

关注印度洋金枪鱼围网渔业表现出来的丢弃金枪鱼及非目标物种此类在道德上无法接受的浪费和不可持续的捕捞方式对海洋环境的影响；

考虑到印度洋金枪鱼围网渔业丢弃的金枪鱼和非目标物种数量可观；

考虑到千禧年发展目标，特别是第 2 项目标致力于"消除饥饿，实现粮食安全和改善营养，促进可持续农业"。

根据 IOTC 协定第九条第 1 款的规定，决议如下。

目标金枪鱼类的留存

1. 缔约方和合作非缔约方应要求其所有围网渔船在可行范围内在船上保留捕获的所有大眼金枪鱼、鲣鱼和黄鳍金枪鱼，但如 4.b）ii）定义的不适合人类食用的鱼类除外。

非目标物种的保留

2. 缔约方和合作非缔约方应要求所有围网船在切实可行的情况下在船上保留下列非目标鱼种或鱼种组：其他金枪鱼类、纺锤鲕（双带鲹）、鲯鳅（鬼头刀）、鳞鲀、旗鱼、刺鲅和舒科，然后上岸；但 4.b）ii）定义的不适合人类食用的鱼类和（或）国内立法和国际

义务禁止保留的物种除外。

3. 缔约方和合作非缔约方使用本决议第 1 条和第 2 条未规定的其他渔具，在 IOTC 管辖区域主捕金枪鱼及类金枪鱼的，应鼓励其他船舶：

a）采取一切合理步骤，在考虑船员安全的同时，尽可能确保捕获时活的非目标物种的安全释放；

b）在船上保留所有死亡的非目标物种，但 4.b）ii）规定的不适合人类食用和（或）国内立法和国际义务禁止保留的除外。

4. 执行全部保留要求的程序如下。

a）当围网括纲完全聚拢且网具已绞收一半以上时，围网渔船不得丢弃捕获的大眼金枪鱼、鲣鱼、黄鳍金枪鱼和第 2 条提到的其他非目标物种。但若因设备故障影响起网过程以致无法遵守这一规定时，船员必须努力尽快释放金枪鱼和非目标物种。

b）针对上述规则，下列两点例外应被允许：

i）当渔船船长断定所捕如第 2 条所指的金枪鱼（大眼金枪鱼、鲣鱼或黄鳍金枪鱼）和非目标鱼种不适于人类食用，应符合下述定义。

"不适合人类食用"的鱼类是指

刺在网目中或被网具压坏的鱼，或

因咬食受损的鱼，或

因故障无法正常收绞网具和渔获物，也无法释放活鱼，以致鱼死在网内并已变质；

"不适合人类食用"的鱼类并不包括

在鱼体大小、适销性或鱼种组成方面认为是不可取的，或

渔船船员的行为不当或疏失导致鱼变质或遭污染。

ii）当船长确定第 2 条所指的金枪鱼（大眼金枪鱼、鲣鱼或黄鳍金枪鱼）和非目标鱼种是该航次的最后一网捕捞，且船上没有足够的鱼舱空间存放该网次捕获的所有金枪鱼（大眼金枪鱼、鲣鱼或黄鳍金枪鱼）和非目标鱼种。这些鱼可能只能被丢弃，如果

船长和船员努力尽快释放活的金枪鱼（大眼金枪鱼、鲣鱼或黄鳍金枪鱼）；且

丢弃之后，渔船在卸鱼或转载（大眼金枪鱼、鲣鱼或黄鳍金枪鱼）前没有再进行捕捞作业。

不保留

5. 如果船长决定根据 4.b）i）和 ii）规定不在船上保留的渔获物，该船长应在相关渔捞日志上记录此事件，包括丢弃鱼类的估计吨数和种类组成、该网次保留的渔获物估计吨数和种类组成。

审议

6. IOTC 科学分委会、IOTC 热带金枪鱼工作组与 IOTC 生态系统和兼捕工作组应优先：

根据第 18 次 IOTC 科学分委会会议报告的建议采取行动，审议保留非 IOTC 决议禁止的非目标物种渔获物的好处，并在第 22 次委员会年会提出建议。这项工作应考虑所有主要渔具（如围网、延绳钓和刺网）通常丢弃的所有物种，应考虑公海和沿海国水域的渔业，以及保留在船上和上岸后加工的可行性。

执行

7. 本决议应于 2018 年 1 月 1 日生效，并将根据 IOTC 科学分委会对热带金枪鱼工作组（针对大眼金枪鱼、鲣鱼或黄鳍金枪鱼）及生态系统和兼捕工作组（针对非目标鱼种）的结果进行审议后的建议予以修订。

8. 本决议取代第 15/06 号"关于禁止围网渔船丢弃在 IOTC 水域捕获的鲣鱼、黄鳍金枪鱼、大眼金枪鱼及非目标鱼种"的决议。

决议第 17/05 号：关于养护 IOTC 管理渔业捕捞的鲨鱼

印度洋金枪鱼委员会（IOTC），

认识到第 12/01 号决议"关于实施预防性做法"呼吁 IOTC 缔约方和合作非缔约方（CPC）根据《联合国鱼类种群协定》第五条采取预防性做法；

关注 IOTC 的 CPC 继续不能按照现有 IOTC 决议提交完整、准确和及时的鲨鱼捕捞记录；

认识到需要改进特定物种的捕获、丢弃和贸易数据的收集方式，以此作为改进鲨鱼种群养护和管理的基础，并意识到当鱼鳍被从鱼体（尸体）上移除时，很少有机会识别出鲨鱼物种；

忆及联合国大会自 2007 年以来每年经协商一致通过的有关可持续渔业的决议（62/177、63/112、64/72、65/38、66/68、67/79、68/71、69/109、70/75 和 A/RES/71/123），呼吁有关各国立即采取一致行动，以改善实施和遵守区域渔业管理组织关于管理鲨鱼渔业和鲨鱼兼捕的措施或安排，尤其是禁止或限制仅为获取鲨鱼鳍的渔业的措施，并在必要时考虑采取其他适当措施，如要求所有鲨鱼上岸时鳍和鱼体自然相连；

进一步忆及粮农组织"鲨鱼国际行动计划"（译者注：是"鲨鱼养护及管理国际行动计划"的简称）呼吁各国鼓励充分利用死的鲨鱼，以促进改进特定物种渔获和上岸数据，并监测鲨鱼捕获物，以及识别和报告特定物种生物学数据和贸易数据；

意识到尽管有禁止鲨鱼割鳍抛体的区域协议，船上仍继续割除鲨鱼鳍，并将鱼体弃于海中；

强调最近 IOTC 和 WCPFC 科学分委会的建议，使用鱼鳍鱼体重量比并不是一个可以验证的确保根除鲨鱼割鳍抛体的方法，而且在实施、执行和监控方面已经被证明是无效的；

注意到东北大西洋渔业委员会（NEAFC）通过的第 10:2015 号建议"关于养护东北大西洋渔业委员会管理的相关渔业捕捞的鲨鱼"，以及西北大西洋渔业组织养护和执行措施（NAFO-CES）第 12 条规定鳍连身政策是确保 NEAFC 和 NAFO 渔业禁止鲨鱼割鳍抛体的唯一选项；

根据 IOTC 协定第九条第 1 款的规定，决议如下。

1. 本措施适用于所有悬挂缔约方或合作非缔约方（CPC）旗帜，且在 IOTC 船舶名单上或授权捕捞 IOTC 管理的金枪鱼或类金枪鱼的所有渔船。

2. CPC 应采取必要措施，要求其渔民充分利用鲨鱼渔获物，但 IOTC 禁止的鲨鱼除外。充分利用鲨鱼被定义为渔船抵达首个卸鱼点时，船上保留除鱼头、内脏和鱼皮以外的所有部分。

3. a）新鲜鲨鱼上岸：CPC 应禁止在船上割除鲨鱼鱼鳍。CPC 应要求其所属渔船在抵达首个卸鱼点前，禁止船上卸下、保留、转载和载运没有和鱼体连接的鲨鱼鳍。

b）冷冻鲨鱼上岸：所有鲨鱼渔获不适用 3.a）款的 CPC，应要求其所属渔船在抵达首个卸鱼点前，船上保留的鱼鳍重量不超过船上鲨鱼鱼体重量的 5%。目前不要求在第一个卸鱼点将鱼鳍和鱼体一起卸下的 CPC 应采取必要措施，通过观察员的核证和监视，或其他适当措施，确保符合 5%的比例。

c）鼓励 CPC 考虑对所有卸下的鲨鱼逐步实施 3.a）款所述的措施。根据科学分委会的建议，委员会将在 2019 年的年度会议上，使用可获得的最佳科学及其他 CPC 禁止在船上割鳍的案例研究，重新审议第 3 款。

4. 对于鲨鱼为非需求鱼种的渔业，CPC 应尽可能鼓励释放活鲨鱼，特别是那些误捕且不用于食物和（或）生计的幼鲨和怀孕的鲨鱼。CPC 应要求渔民了解并使用鱼种识别指南（如 IOTC 印度洋渔业中的鲨鱼和鳐类识别）和处理方法。

5. 在不影响第 3 款的情况下，为便于船上储存，鲨鱼鳍可部分被切割并和鲨鱼鱼体进行折叠，但至首个卸鱼点前不得将其从鱼体上移走。

6. CPC 应根据第 15/02 号"关于对 IOTC 缔约方和合作非缔约方强制性统计报告要求"（或任何以后被取代的决议）的 IOTC 数据报告规定与程序，于次年 6 月 30 日前报告鲨鱼渔获数据，包括可获得的所有历史数据、丢弃的估计量及其状态（死或活）和体长频率。

7. CPC 应禁止购买、出售和销售违反本决议在船上移除的，保留在船上、转载或卸下的鲨鱼鳍。

8. 委员会应在 2017 年年会上制定和考虑采用的机制，鼓励 CPC 遵守对鲨鱼的报告要求，特别是 IOTC 科学分委会确定的最脆弱的鲨鱼种类。

9. IOTC 科学分委会应要求 IOTC 生态系统和兼捕工作组继续识别和监测鲨鱼状态，直至对所有相关鲨鱼物种/组都可能进行全面评估。尤其是，IOTC 的生态系统和兼捕工作组将为委员会建立一个 IOTC 长期鲨鱼项目的授权调查范围，目的是确保收集对关键鲨鱼物种或种群进行可靠资源评估所需的数据。此项目将包括：

a）确定 IOTC 关键鲨鱼物种的数据缺口；

b）收集相关数据，包括与 CPC 行政管理部门、研究机构和利益攸关方进行直接接触；

c）其他任何有助于改善对 IOTC 关键鲨鱼物种进行资源评估所需的数据收集的活动。

IOTC 科学分委会将把该项目的结果纳入鲨鱼报告中，且将根据取得的进展提出对关键鲨鱼物种进行资源评估的时间表。鼓励 CPC 为该计划的实施提供资金支持。

10. IOTC 科学分委会应每年审议 CPC 根据本决议报告的信息，并在必要时向委员会提出建议，以加强 IOTC 管辖渔业内鲨鱼养护和管理的方法。

11. CPC 应着手研究，以：

a）确定使渔具更具选择性的方法，在适当的时候，包括研究禁止使用钢丝引线的有效性；

b）提高对关键鲨鱼物种的主要生物学/生态学参数、生命史和行为特征、洄游模式的认识；

c）确定鲨鱼交配、繁殖和索饵的主要区域；以及

d）改进对活体鲨鱼的处理方法，以最大限度地提高释放后的存活率。

12. 委员会应考虑给予发展中 CPC 适当协助，以便于其识别鲨鱼物种/组和收集鲨鱼渔获数据。

13. 本决议取代"关于养护 IOTC 管理渔业捕捞的鲨鱼"的第 05/05 号决议。

决议第 17/07 号：关于禁止在 IOTC 管辖海域使用大型流网[1]
［收到反对意见（巴基斯坦）：不适用于巴基斯坦］

印度洋金枪鱼委员会（IOTC），

忆及联合国大会（UNGA）第 46/215 号决议呼吁禁止全球公海大型流网捕捞和 IOTC 第 12/12 号决议（被第 17/07 号决议取代）禁止在 IOTC 公海使用大型流网，同时两份文件都认识到这种渔具的负面影响；

注意到有大量船只在专属经济区（EEZ）和近海水域从事大型流网捕鱼；

考虑到大型流网渔业对 IOTC 管辖区域的生态系统有重大影响，有能力捕捞 IOTC 关注的物种，而且可能破坏 IOTC 养护和管理措施的有效性；

考虑到现有科学信息和建议，尤其是 IOTC 科学分委会的结论，认为旗鱼类和马鲛类已被过度捕捞；

注意到在 EEZ 内使用的大型流网，长度经常超过 4000 米（最长达 7000 米），在 EEZ 内使用的这些流网有时会漂到公海上，违反了 IOTC 第 12/12 号决议（被第 17/07 号决议取代）；

此外，注意到科学分委会重申其以前的建议，即委员会应考虑禁止大型流网是否也适用于 EEZ 内，考虑到在海洋哺乳动物和海龟经常出没区域的大型流网对生态造成的负面影响。

根据 IOTC 协定第九条第 1 款的规定，决议如下。

1. 本决议适用于在 IOTC 船舶名单上登记，并在 IOTC 管辖区域使用流网主捕金枪鱼和类金枪鱼的船舶。

2. 禁止在 IOTC 管辖区域的公海使用大型流网。自 2022 年 1 月 1 日起，IOTC 管辖的全部水域禁止使用大型流网。

3. 每一缔约方和合作非缔约方（CPC）应采取一切必要措施，禁止其渔船在 IOTC 管辖区域公海使用大型流网。各 CPC 应采取一切必要措施，禁止其渔船自 2022 年 1 月 1 日起在 IOTC 管辖的全部水域内使用大型流网。

4. 如果一艘悬挂 CPC 旗帜的渔船被发现在 IOTC 管辖区域公海作业并已配置使用大型流网，该渔船将被推定为已在 IOTC 管辖区域公海使用大型流网。

5. 为监督本决议的实施，CPC 必须自 2020 年 12 月 31 日起通知秘书处，在其 EEZ 内使用大型流网的任何 CPC 渔船。

6. CPC 应在其年度执行报告中包括关于监测、控制和监督 IOTC 管辖区域公海大型流网捕捞行动的总结。

7. 委员会应定期评估是否应采取和实施额外措施，确保大型流网不会在 IOTC 管辖区域使用和考虑科学分委会的最新建议。第 1 次评估应在 2023 年进行。

8. 本决议不应阻止 CPC 采取更严厉的措施来监管大型流网的使用。

9. 本决议取代第 12/12 号"关于禁止在 IOTC 管辖区域公海使用大型流网"的决议。

---

[1]"大型流网"定义为长度超过 2.5 千米的刺网或其他网具或网具的组合，通过在水面和（或）在水体中漂移，达到罹网、陷入或缠绕鱼类的目的

决议第 16/02 号：关于 IOTC 管辖区域鲣鱼捕捞控制规则
[收到反对意见（澳大利亚）：不适用于澳大利亚]

印度洋金枪鱼委员会（IOTC），

注意到 IOTC 协定第五条第 2.c）款，根据第九条并基于科学证据采取养护和管理措施，确保本协定所涵盖种群得到养护；

留意到 IOTC 协定第十六条有关沿海国权利，《联合国海洋法公约》第 87 条和第 116 条有关公海捕捞权利，以及《执行 1982 年 12 月 10 日〈联合国海洋法公约〉有关养护和管理跨界鱼类种群和高度洄游鱼类种群的规定的协定》（UNFSA）第 24 条承认发展中国家的特殊需求；

承认"关于实施预防性做法"的第 12/01 号决议，呼吁印度洋金枪鱼委员会根据《执行 1982 年 12 月 10 日〈联合国海洋法公约〉有关养护和管理跨界鱼类种群和高度洄游鱼类种群的规定的协定》第 6 条，实施和应用预防性做法；

认识到正在进行的关于分配的讨论，有必要避免损害委员会未来的决定；

进一步考虑到联合国大会第 70/75 号决议呼吁各国在确立、通过和实施养护和管理措施时，提高对科学建议的信赖程度，并考虑发展中国家的特殊需求，包括在《小岛屿发展中国家快速行动方式》[又名萨摩亚途径（SAMOA）] 所强调的小岛屿发展中国家（SIDS）的特殊需求；

考虑到 2009 年 6 月 23 日至 7 月 3 日在西班牙圣塞瓦斯蒂安召开的神户系列第二次会议上通过的建议，即在适当情况下针对不同渔业实施冻结渔业捕捞能力，且这种冻结不应限制沿海发展中国家进入和发展可持续金枪鱼渔业，并从中获益；

考虑到有必要尊重各方利益，符合国际法规定的所有成员的权利和义务，特别是发展中国家的权利和义务；

忆及 UNFSA 第 6 条第 3.b）项呼吁各国使用现有最佳科学信息实施预防性做法，使用特定种群的参考点，并概述如果超出这些参考点将采取的行动；

进一步忆及粮农组织《负责任渔业行为守则》第 7.5.3 条也建议实施特定种群的目标参考点和限制性参考点，尤其是基于预防性做法的目标参考点和限制性参考点；

承认实施事先商定的捕捞策略，包括捕捞控制规则（HCR），被认为是现代渔业管理和国际渔业管理最佳实践的关键组成部分；

进一步注意到捕捞控制规则包含一套清楚定义、事先商定的规则或行动，用来决定管理行动，回应有关参考点的种群状况指标的变动；

注意到科学分委会在第 17 次会议上向委员会建议考虑采用另一种方法来确定生物量限制性参考点，如当基于 MSY 的参考点难以估算时，改用以资源量消耗水平为基础的参考点，如果可以对基于 MSY 的参考点进行可靠的估计，那么限制性参考点可能是基于 MSY 的；

进一步注意到科学分委会还曾建议，如果不能对基于 MSY 的参考点进行可靠的估算，则生物量限制性参考点设为未捕捞水平的 20%（$B_{LIM} = 0.2B_0$）；

承认 IOTC 科学分委会已启动了一个委员会要求的过程，向管理策略评估（MSE）过程方向发展，以改进提供关于 HCR 的科学建议；

忆及第 12/02 号、第 15/01 号、第 15/02 号和第 15/10 号决议规定的义务和安排；

根据 IOTC 协定第九条第 1 款的规定，决议如下。

目标

1. 保持 IOTC 鲣鱼资源量永远处在不低于能够产生最大持续产量的水平。该水平由相关环境和经济因素确定，包括 IOTC 管辖区域内沿海发展中国家和小岛屿发展中国家的特殊需求，并考虑第 15/10 号决议（或后续取代决议）确定的一般目标。

2. 利用事先商定的捕捞控制规则（HCR）确保鲣鱼资源量处在或超过第 15/10 号决议（或后续取代决议）确定的目标参考点（TRP），远高于该决议（或后续取代决议）确定的限制性参考点（LRP）水平。

参考点

3. 根据第 15/10 号决议第 2 条，生物学限制性参考点 B_{LIM} 应为资源未开发时产卵群体生物量的 20%（即 $0.2B_0$）。

4. 根据第 15/10 号决议第 3 条，生物学目标参考点 B_{TARG} 应为资源未开发时产卵群体生物量的 40%（即 $0.4B_0$）。

5. 第 6～12 条描述的捕捞控制规则（HCR），试图在保持鲣鱼种群生物量处在或高于目标参考点的同时，避免限制性参考点。

捕捞控制规则

6. 鲣鱼资源评估应每 3 年进行一次，下一次评估在 2017 年进行。对第 7 条 a)～c)的估计应从基于模型的资源评估中获得，该资源评估已被热带金枪鱼工作组审议，并由科学分委会向委员会建议并获得通过。

7. 鲣鱼 HCR 应使用每一鲣鱼资源评估时估计的以下 3 个值来建议一个年总渔获量（限额）。对每一个数值，应使用科学分委会向委员会建议的参考案例中报告的中值：

a）当前产卵群体生物量（B_{curr}）的估计值；

b）未开发时的产卵群体生物量（B_0）的估计值；

c）与维持资源在 B_{TARG} 水平相关的平衡开发率（E_{targ}）的估计值。

8. HCR 应有如下 5 个控制参数：

a）临界水平（B_{thresh}），以 B_0 的百分比表示，生物量低于该临界水平时，需要减少捕捞死亡率，$B_{thresh} = 40\% B_0$，如果评估生物量低于该临界水平，根据 HCR 结果，将降低捕捞死亡率；

b）最大捕捞强度，以 E_{targ} 的百分比表示，当资源状况处于或高于临界水平 $I_{max} = 100\%$ 时应用，当资源处于或高于该临界水平时，则捕捞强度（I）$= I_{max}$；

c）安全水平，用 B_0 的百分比表示，当生物量低于该水平时，非生计渔业[1]捕捞产量设为零，即非生计渔业接近于 $B_{safety} = 10\% B_0$；

---

1 根据 FAO 捕捞渔业数据日常收集准则，生计渔业是捕到的鱼由渔民家庭直接消费的渔业，而不是由中间人购买并在更大型的市场销售。FAO 渔业技术论文 382 号。罗马，FAO。1999。113p

d）最高渔获量限额（C_{max}），建议的最高渔获量限额为 900 000 吨。为避免因资源评估不准确带来的负面影响，HCR 建议的渔获量限额不超过 C_{max}，该渔获量限额是根据 2014 年鲣鱼资源评估估计的 MSY 范围上限设定的；

e）渔获量限额的最大改变（D_{max}），渔获量限额的最大调整/改变范围为 30%，即为加强资源管理的稳定性，HCR 建议的渔获量限额不应超过或低于上述最高渔获量限额水平的 30%。

9. 建议的年渔获量限制确定如下：

a）如果估计的当前产卵群体生物量（B_{curr}）处在或高于其临界值，即 $B_{curr}>0.4B_0$，则渔获量限额应设为 $I_{max} \times E_{targ} \times B_{curr}$；

b）如果估计的当前产卵群体生物量（B_{curr}）低于其临界值，即 $B_{curr}<0.4B_0$，但高于其安全水平，即 $B_{curr}>0.1B_0$，那么渔获量限制应设为 $I \times E_{targ} \times B_{curr}$，各 B_{curr}/B_0 对应的捕捞强度（I）值，见附件 1；

c）如果估计的当前产卵群体生物量（B_{curr}）处在或低于其安全水平，即 $B_{curr}<0.1B_0$，那么除生计渔业外，其他渔业应关闭；

d）在 a）或 b）的情况下，建议捕捞限额不应超过最高捕捞限额（C_{max}），不应超过先前捕捞限额的 30% 以上或减少 30% 以上；

e）在 c）情况下，捕捞限额应永久为零，无论以前设定的捕捞限额为多少。

10. 第 8 条 a）～e）所述的 HCR 建立的资源状况（相对于资源未开发时的产卵群体生物量水平）和捕捞强度（相对于目标开发率的开发率水平）之间的关系如下（具体数值见附件 1）。

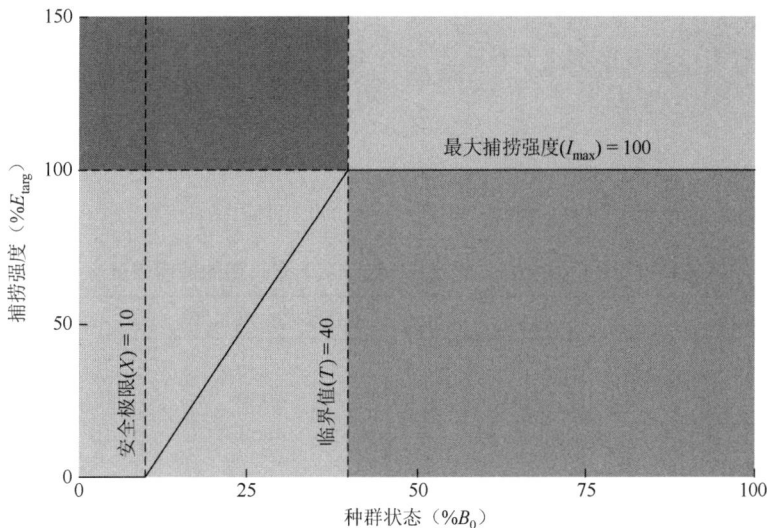

捕捞控制规则概念图

11. 在默认的情况下，捕捞限额应根据委员会同意的鲣鱼分配方案执行。如没有分配方案，HCR 应按如下实施：

a）如果资源处在或高于临界水平，即 $B_{curr} \geqslant 0.4B_0$，则 HCR 应设立总渔获量限额；

b）如果资源低于临界水平，即 $B_{curr} < 0.4B_0$，渔获量超过 HCR 确定值 1% 的 CPC，应适当考虑沿海发展中国家和小岛屿发展中国家的愿望和特殊需求，按比例减少捕捞死亡率；

c）本段内容不应预先阻止或影响未来的分配谈判。

审议和特殊情况

12. 包括控制参数在内的 HCR，最迟应于 2021 年（即实施后 5 年）通过进一步的管理策略评估（MSE）进行审议。根据审议结果，现行 HCR 可进一步修订完善或被其他 HCR 取代。

13. 如果估计的产卵群体生物量低于限制性参考点，将对现行 HCR 进行审议，并考虑由更合适的 HCR 来取代，以满足委员会建议的资源恢复计划。

14. 如上文第 11 条所述，HCR 建议的年渔获总量应连续不断地应用，除非遇到特殊情况，如遇到严重的环境扰动。在这种情况下，科学分委会就应提出采取适当措施的建议。

科学建议

15. IOTC 科学分委会应：

a）在今后鲣鱼资源评估中，把 LRP 和 TRP 作为资源评估的一部分，并进行分析；

b）每 3 年进行新一轮的鲣鱼资源评估，并向委员会报告，下一次鲣鱼资源评估在 2017 年进行；

c）按第 12 条要求制订工作计划，进一步精炼鲣鱼渔业管理策略评估，包括但不限于

i）改进"操作模型"，

ii）测试不同的管理过程，

iii）改进评价指标。

最终条款

16. 如果有理由或有证据表明鲣鱼资源有突破 LRP 的危险，委员会应在 2019 年年会上审议本措施，或之前审议。

附件 1

HCR 提出的不同资源状态（即 B_{curr}/B_0）需采用的捕捞强度水平

资源状况（B_{curr}/B_0）	捕捞强度（I）/%	资源状况（B_{curr}/B_0）	捕捞强度（I）/%
0.40 以上	100.0	0.31	70.0
0.39	96.7	0.30	66.7
0.38	93.3	0.29	63.3
0.37	90.0	0.28	60.0
0.36	86.7	0.27	56.7
0.35	83.3	0.26	53.3
0.34	80.0	0.25	50.0
0.33	76.7	0.24	46.7
0.32	73.3	0.23	43.3

资源状况（B_{curr}/B_0）	捕捞强度（I）/%	资源状况（B_{curr}/B_0）	捕捞强度（I）/%
0.22	40.0	0.15	16.7
0.21	36.7	0.14	13.3
0.20	33.3	0.13	10.0
0.19	30.0	0.12	6.7
0.18	26.7	0.11	3.3
0.17	23.3	0.10 或以下	0
0.16	20.0		

决议第 16/03 号：第二次绩效评估后续行动

印度洋金枪鱼委员会（IOTC），

考虑到 2007 年 1 月于神户召开的 5 个区域金枪鱼渔业管理组织会议上同意的行动方针，尤其是每个区域金枪鱼渔业管理组织采取绩效评估以强化组织效力的承诺；

注意到 2014 年 6 月 IOTC 第 18 次年会决定进行第二次 IOTC 绩效评估；

考虑到委员会在 2016 年 5 月于留尼汪（法属）召开的第 20 次年会上分析的第二次 IOTC 绩效评估小组（PRIOTC02）的报告；

承认 PRIOTC02 报告提出的一些建议可由个别缔约方推动，包括通过供委员会审议的决议草案，而其他倡议可能会受益于委员会相关分委员会的审议；

进一步考虑 PRIOTC02 建议本协定需要修订或替换，以便与现代渔业管理原则，如预防性做法、基于生态系统的方法、IOTC 渔业捕捞的高度洄游鱼类种群、保护海洋生物多样性、减少捕捞对海洋环境的有害影响，以及允许所有捕鱼者的全面参与相结合；

注意到 PRIOTC02 确认的不足和差距，或有可能成为委员会有效运作的主要障碍，阻碍委员会依据其示范性渔业管理文书通过并实施长期养护和持续利用资源的措施；更重要的是，这些缺陷可能会阻碍委员会实现其基本目标。

考虑到 2016 年委员会第 20 次会议提交的第二次绩效评估小组报告中提出的 24 项建议；

依据 IOTC 协定第九条第 1 款的规定，决议如下。

1. 委员会认可小组报告的建议（附件 1）。

2. 为改善 IOTC 的运作并解决其缺失，包括可能需要修订 IOTC 协定，将成立一个绩效评估技术分委会（职权范围见附件 2），其目标是准备一个有关建议的具体行动工作计划，包括优先议题顺序、预定时间表、预算及新协定的可能文本。绩效评估技术分委会应依其职权范围在 2019 年 10 月前完成工作。

3. 技术分委会的工作计划草案和建议将由科学分委会、执法分委会、行政与财务常设分委会审议。在审议之后，委员会将考虑该工作计划。

4. IOTC 绩效评估应每 5 年进行一次，与神户进程的建议一致。

5. 本决议取代第 09/01 号关于"绩效评估后续行动"的决议。

附件 1　第二次 IOTC 绩效评估小组提出的建议

（段落编号参照第二次 IOTC 绩效评估报告：IOTC-2016-PRIOTC02-R）

参考编号#	建议	责任	更新/状态	时间表	优先项
PRIOTC02.01（第 81 段）	**对照其他国际文书分析 IOTC 协定，注意第 80 条，**PRIOTC02 建议委员会基于以下范围，建立 IOTC 协定现代化特别工作小组： a）为考虑现代渔业管理原则的 IOTC 协定确立建议的文字	委员会及特别小组	未定	待定	待定

参考编号#	建议	责任	更新/状态	时间表	优先项
PRIOTC02.01 （第 81 段）	b）制定多年工作计划，用第二次绩效评估会议报告附件 3 所含法律分析列出要讨论的具体优先议题，供工作小组审议	委员会及特别小组	未定	待定	待定
	c）建议能使所有与 IOTC 有直接利益的捕鱼者参与	委员会及特别小组	未定	待定	待定
	d）所有 CPC 均应参加该工作小组，且提供经费以支持沿海发展中国家参加会议	委员会及特别小组	未定	待定	待定
	e）工作小组至少每年举行一次会议，在休会期间尽可能以电子方式使工作取得进展	委员会及特别小组	未定	待定	待定
PRIOTC02.02 （第 86 段）	**海洋生物资源状况** PRIOTC02 建议： a）在继续改进数据收集和报告工作的同时，科学分委会应继续对现有数据有限的物种，运用定性评估方法，包括基于生态风险的方法，支持开发和改进数据缺乏的资源评估技术，确定资源状态	科学分委会	未定	待定	决定
	b）需要明确界定保密条款和有关科学家获取数据的问题，和（或）在必要时加以修订，以能复制资源评估分析	委员会	未定	待定	待定
	c）科学分委会和各工作小组主席和副主席与 IOTC 秘书处合作，制订提交研究报告的指导原则，确保报告与各工作小组和（或）科学分委会的工作计划直接相关，并由委员会批准。同时，仍鼓励提出新的和正在出现的问题	科学分委会及工作组主席和副主席	未定	待定	待定
	d）正在进行的同行评议和外部科学专家的投入，应作为工作小组的标准最佳实践纳入，并列入委员会的日常预算	科学分委会及委员会	未定	待定	待定
PRIOTC02.03 （第 96 段）	**数据收集和报告** PRIOTC02 建议： a）委员会进一步投资于数据收集和目标能力建设，这对于进一步改进数据提交和质量以支持委员会的目标，以及确定数据不确定性的来源，并减少这种不确定性，是必要的	委员会	未定	待定	待定
	b）虽然有预算方面的影响，IOTC 秘书处专门从事数据收集和数据能力建设活动的全职职员应从 3 名增加到 5 名	委员会	未定	待定	待定
	c）IOTC 秘书处应促进与非 CPC 沿海国和在 IOTC 管辖海域从事捕捞活动的其他非 CPC 之间的讨论，以形成长期策略，将数据提交给 IOTC 秘书处，包括所有相关历史数据	IOTC秘书处	未定	待定	待定
	d）应采取步骤取得精细尺度数据，以便在联合分析中使用，并充分保护其机密性	IOTC秘书处	未定	待定	待定
	e）在预算和其他资源允许的情况下，鼓励在资源评估审议会议（工作小组）之前召开数据准备会议	科学分委会	未定	待定	待定
	f）应探索创新和（或）替代的数据收集和报告方式，并在适当情况下实施，包括向所有船队收集数据和报告电子化的发展方向	科学分委会	未定	待定	待定
PRIOTC02.04 （第 102 段）	**遵守数据收集和报告要求** 委员会需要通过执法分委会，加强对有关数据提交及时性和准确性的合规监测。为此目的，PRIOTC02 建议： a）委员会审议执法分委会的合规监测计划，包括确定优先义务（如及时准确报告数据、渔获量和努力量限制、提供注册渔船信息的准确性等）	委员会及执法分委会	未定	待定	待定
	b）合规监测计划审议所有优先义务，并按义务和 CPC 审议合规情况，委员会将按义务和 CPC 发布每一 CPC 的合规报告。所有合规任务的报告都应附在相关 CPC 合规报告中，在 CPC 已确定行动计划的情况下，则不对该义务进行评估	执法分委会	未定	待定	待定

参考编号#	建议	责任	更新/状态	时间表	优先项
	c）委员会制定[依据 IOTC 议事规则（2014）附录 5 第 3.b）iv）条]制定应对方案，优先处理未遵守领域的有关事项，包括编制 CPC 实施行动计划，概述 CPC 如何在一段时间内履行义务和对严重违反 IOTC CMM 的行为做出其他反应，并考虑到粮农组织关于船旗国履约自愿准则。对合规监测计划的改革应包括发展中国家识别（通过确定实施行动计划）能力和寻求对其目前未遵守的义务的援助，包括请求能力援助、能力建设和资源等，使其能在一段时间后履行其义务	委员会及执法分委会	未定	待定	待定
	d）为促进对合规情况的全面审议，委员会应投资开发和实施综合电子报告计划。这应包括将 CPC 报告的数据自动整合到 IOTC 秘书处数据库，自动交叉引用义务和各种义务的报告，特别是有关提供科学数据的义务	委员会及执法分委会	未定	待定	待定
PRIOTC02.05（第 104 段）	**能力建设（资料收集）** PRIOTC02 建议： a）委员会扩大现行数据支持和数据合规的任务，应授予 IOTC 秘书处更高自主权寻求和吸引外部捐赠基金支持委员会批准的工作，包括来自适合 2 个以上 CPC 的合规任务的支持行动和（或）能力建设倡议	委员会	未定	待定	待定
	b）IOTC 应继续举办旨在连接 IOTC 科学和管理程序的系列研讨会，其目标应为：①增进 IOTC CPC 对科学程序如何影响 IOTC 物种管理和基于生态系统管理程序的管理理解水平；②增加 IOTC 缔约方对基于严密科学建议制定的 IOTC 养护和管理措施规定的义务的了解；③改善 IOTC 决策程序；和④为起草养护和管理措施提案提供直接帮助	委员会及秘书处	未定	待定	待定
PRIOTC02.06（第 106 段）	**非目标物种** PRIOTC02 建议，委员会应继续改进与 IOTC 渔业有关的非 IOTC 物种的数据收集和报告机制	委员会及科学分委会	未定	待定	待定
PRIOTC02.07（第 112 段）	**科学建议的质量和提供** PRIOTC02 建议： a）科学分委会应继续开展自 PRIOTC01 以来的良好工作，并努力进一步改进其向委员会传递有关资源状态和资源未来前景信息的方式	科学分委会及工作小组	未定	待定	待定
	b）如果 IOTC 科学被认为符合最佳实践，并保持高标准的质量保证，那么就应该实施独立的同行评审程序（和预算机制）	科学分委会及委员会	未定	待定	待定
	c）科学分委会应通过其生态系统和兼捕工作小组，寻求生态系统模型架构的应用	科学分委会及生态系统和兼捕工作小组	未定	待定	待定
	d）继续通过管理策略评估，发展和采用强有力的目标参考点和限制性参考点，以及特定物种或渔业的捕捞控制规则，指出这一过程已开始于几个鱼种，并在第 15/10 号决议"关于目标参加点、限制性参考点及决策架构"中规定。强制性的"关于加强渔业科学家和管理者之间的对话"的第 14/03 号决议（由 16/09 号决议取代），将受益于科学分委会与委员会间的沟通更为正式，促进对话以增进理解并为决策提供信息	科学分委会及委员会	未定	待定	待定
	e）委员会及其附属机构继续确保将会议日程和活动合理化，以便考虑到所涉各方已经繁重的工作量和预算限制因素	委员会及科学分委会	未定	待定	待定
	f）委员会充分执行"关于实施预防性做法"的 12/01 号决议，以便按照国际上商定的相关标准，特别是 UNFSA 提出的指导方针，应用预防性做法，确保根据 IOTC 协定第五条规定的渔业资源的可持续利用，包括确保缺少信息或数据收集/资源评估的不确定性增加，不能用来作为推迟采取管理措施以确保 IOTC 物种和受 IOTC 渔业影响的物种的可持续性的理由	委员会	未定	待定	待定

参考编号#	建议	责任	更新/状态	时间表	优先项
PRIOTC02.07（第112段）	g）虽然有预算方面的影响，IOTC 秘书处专门从事科学分析的全职科学人员应由 2 名增加至 4 名	委员会	未定	待定	待定
PRIOTC02.08（第123段）	**养护和管理措施的通过** PRIOTC02 建议： a）委员会认识到管理小型和数据缺乏的渔业的内在困难，继续努力采取适当渔业管理安排，并协助沿海发展中国家克服实施 CMM 的制约因素	委员会	未定	待定	待定
	b）由于 IOTC 已经面临在其权限中仅通过管理捕捞努力量来管理主要目标鱼种的局面，应探索其他方法，如第 05/01 号和第 14/02 号决议设想的方法，包括捕捞限额、总允许可捕量（TAC）或总允许努力量（TAE）	委员会及科学分委会	未定	待定	待定
	c）加强科学管理对话，以加强对现代渔业管理方法的理解，包括通过使用管理策略评估来实施捕捞策略。委员会应在规定的时间内制定和实施捕捞策略的正式程序	委员会及科学分委会	未定	待定	待定
PRIOTC02.09（第129段）	**捕捞能力管理** PRIOTC02 建议： a）IOTC 应建立更强有力的捕捞能力政策，以防止或消除所有过剩的捕捞能力，包括作为暂定措施冻结捕捞能力水平的选项，同时考虑其他管理措施。由于现行捕捞能力限制是通用性的，适用于所有船队，其管理特定物种渔获量的能力有限，因此应考虑替代管理措施，其中可能包括时空区域关闭、配额分配等	委员会	未定	待定	待定
	b）委员会采取正式程序制定捕捞能力转让给沿海发展中国家，特别是转让给最不发达国家的机制，以期在可持续的水平上实现他们的船队发展愿望	委员会	未定	待定	待定
PRIOTC02.10（第133段）	**管理措施的兼容** PRIOTC02 建议，如有需要，CPC 可寻求其他 CPC 的帮助，或按照 PRIOTC02.01（第 81 条），寻求秘书处协助其评估有效实施 IOTC CMM 的法律需求，并指出这一过程已经在一些 IOTC 缔约方开始	秘书处及CPC	未定	待定	待定
PRIOTC02.11（第136段）	**捕捞分配和机会** PRIOTC02 建议，IOTC 通过已建立的配额分配标准技术分委会（TCAC）进程，制定配额分配标准或任何其他相关措施作为一项急迫工作，包括考虑如何计算当前非 CPC 的渔获量。这一进程不应拖延根据科学分委会建议制定和通过其他管理措施	委员会及配额分配标准技术分委会	未定	待定	待定
PRIOTC02.12（第139段）	**船旗国责任** PRIOTC02 建议，IOTC 协定的任何修订或取代都应包括关于成员作为船旗国职责的具体规定，参考 UNFSA 的相关条文，并适当注意 FAO 关于船旗国表现的准则	委员会	未定	待定	待定
PRIOTC02.13（第144段）	**港口国措施** PRIOTC02 建议： a）由于港口国措施对管理 IOTC 水域内外的捕捞是关键的，CPC 应采取行动批准 FAO 港口国措施协定。委员会应探索可能的方法，在应用 IOTC 制定的港口国措施方面，将那些位于 IOTC 水域以外并已知接收 IOTC 渔获物的港口纳入	委员会	未定	待定	待定
	b）委员会通过其港口国措施培训，包括来自 FAO 和其他捐助者的支持，支持实施 FAO PSMA 和 IOTC 第 10/11 号决议（被 16/11 号决议取代）"关于预防、阻止和消除非法、不报告和不管制捕捞的港口国措施"	委员会	未定	待定	待定

续表

参考编号#	建议	责任	更新/状态	时间表	优先项
PRIOTC02.14 （第 149 段）	**监测、控制和监督（MCS）** PRIOTC02 建议： a）IOTC 应继续通过实施已生效的措施，和通过新的措施和手段，如可能的渔获物文书计划，来发展综合性的 MCS 系统，并注意到 FAO 目前的进程	委员会及执法分委会	未定	待定	待定
	b）优先审议 IOTC 的 MCS 措施、系统和程序，以便为改善不同方法的整合、确定差距提供建议和指南，并考虑其他 RFMO 的经验，建议如何向前推进。该审议应作为加强 MCS 的基础，以提高委员会制止不遵守规定和 IUU 捕捞的能力	委员会及执法分委会	未定	待定	待定
PRIOTC02.15 （第 153 段）	**违规的后续行动** PRIOTC02 建议： a）IOTC 应建立一套有关 CPC 未履行义务的应对方案，并责成执法分委会进一步制定针对违规案件的结构性方案	委员会及执法分委会	未定	待定	待定
	b）进一步开发在线报告工具，以方便 CPC 报告，并通过自动识别未履约情况来支持 IOTC 秘书处	委员会及执法分委会	未定	待定	待定
	c）应鉴别不遵守的原因，包括是否与措施本身有关、是否需要能力援助、是否是故意的且是重复的不遵守，以及执法分委会在有高比例的 CPC 未遵守规定的情况下提供关于履行义务的技术建议	委员会及执法分委会	未定	待定	待定
PRIOTC02.16 （第 159 段）	**发现和阻止不遵守的合作机制** PRIOTC02 建议，委员会考虑加强休会期间的决策，在 CPC 不回复的情况下，做出有效运行合作机制的决定，委员会鼓励 CPC 更多参与决策过程，以使委员会能最大可能地与其他 RFMO 合作	委员会	未定	待定	待定
PRIOTC02.17 （第 163 段）	**市场相关措施** PRIOTC02 建议： a）委员会考虑加强市场相关措施（第 10/10 号"关于市场相关措施"的决议），使其更有效力	委员会	未定	待定	待定
	b）委员会考虑邀请收受 IOTC 渔获物的主要非 CPC 关键市场国以观察员身份参加会议，以期达成合作安排	委员会	未定	待定	待定
PRIOTC02.18 （第 169 段）	**捕捞能力** PRIOTC02 建议，委员会考虑将不遵守捕捞能力相关措施作为应对不遵守行为计划的优先措施，以确保可持续利用 IOTC 相关物种	委员会及执法分委会	未定	待定	待定
PRIOTC02.19 （第 175 段）	**决策** PRIOTC02 建议，利用休会期间程序（如通过正式或非正式的附属机构，或通过便利的电子工作小组），使提交给委员会的提案由所有 CPC 辩论和审议	委员会	未定	待定	待定
PRIOTC02.20 （第 198 段）	**与非合作非缔约方（Non-CPC）的关系** PRIOTC02 建议，IOTC 继续加强其对 Non-CPC 沿海国的行动，使所有这些沿海国纳入其职责范围，建议缔约方向在 IOTC 管辖海域有实际作业渔船的非 CPC 沿海国派遣外交使团	委员会	未定	待定	待定
PRIOTC02.21 （第 204 段）	**与其他 RFMO 的合作** PRIOTC02 建议： a）IOTC 应进一步确立与其他 RFMO 相互承认并探索共同建立 IUU 名单的可能性，以打击全球范围的 IUU 活动	委员会及执法分委会	未定	待定	待定
	b）IOTC 应确立合作机制，如谅解备忘录，以应对共同感兴趣的问题的协调工作，尤其是对非目标物种和生态系统方法，与其他 RFMO，特别是 SIOFA 的合作机制	委员会	未定	待定	待定

续表

参考编号#	建议	责任	更新/状态	时间表	优先项
PRIOTC02.22（第 211 段）	**发展中国家的特殊需求** PRIOTC02 建议： a）继续并优化 IOTC 参会基金（MPF），纳入 IOTC 正常预算，MPF 用于所有符合条件的缔约方参会，以在委员会的科学和非科学会议上创造更均衡的出席率	委员会	未定	待定	待定
	b）IOTC 秘书处与开发机构和组织建立伙伴关系，应制定一个为期 5 年的区域渔业能力发展计划，以确保跨区域协调能力建设活动	秘书处及委员会	未定	待定	待定
PRIOTC02.23（第 228 段）	**IOTC 活动的资源可得性及效率与成本效益** PRIOTC02 建议： a）IOTC 继续加强对未缴费缔约方的行动，包括通过外交渠道与未缴费缔约方接洽鼓励其缴费，并探索收回未付款项（欠款）的其他机制，并与 FAO 合作确定收回未付款项方面所面临的困难	委员会	未定	待定	待定
	b）与最佳实践治理程序一致，委员会： i）将修改或取代 IOTC 财务条例（1999）作为一项急迫事项，以增加缔约方和秘书处对所有预算要素的控制，包括预算的人员成本，符合最佳实践治理程序 ii）应将成本回收制度看作是为新的活动和（或）正在进行的活动的一种可能筹资机制 iii）应尽快实施对组织的年度外部财务审计，并将重点放在 IOTC 是否高效和有效地管理其人力和财务资源，包括 IOTC 秘书处的资源 iv）制定接受预算外资金的准则，以承担委员会或其附属机构工作计划的主要内容 v）探索提高财政捐款效率的机会，包括预算外资金，以支持委员会的工作计划，包括尽量减少项目维持经费的可能性 vi）制定并实施职员发展、绩效和问责的评估程序，以纳入 IOTC（2014）议事规则	委员会及行政与财务常设分委会	未定	待定	待定
	c）作为急迫事项，委员会决定继续留在 FAO 架构内（如第十四条的组织）是否提供有效实现 IOTC 目标的最适当手段	委员会	未定	待定	待定
PRIOTC02.24（第 233 段）	**FAO** PRIOTC02 建议，IOTC 作为独立实体将更为合适。因此，作为最优先事项，委员会应决定 IOTC 是否继续留在 FAO 架构内，或成为单独的法律实体，并在必要时开始与 FAO 就这一问题进行磋商	委员会	未定	待定	待定

附件 2　绩效评估技术分委会的职权规范

1. 根据绩效评估小组报告的建议，准备一份含有具体行动的工作计划，包括优先事项、建议期限、预算。

2. 根据第二次绩效评估（2PRP）的建议并基于下列范围，制定 IOTC 协定新文本：

a）考虑现代渔业管理原则，为制定 IOTC 协定拟议文字；

b）制定一项多年工作计划，列出使用本报告所含法律分析要讨论的具体优先事项，以通知技术分委会审议；

c）提出建议，能使 IOTC 所有捕鱼者参加；

d）所有希望参加的 CPC 应参与此技术分委会，应提供基金支持沿海发展中国家参加会议；

e）技术分委会至少应每年召开一次会议，并在休会期间利用电子方式尽可能使工作取得进展。

3. 向委员会提出建议，以决定 IOTC 是否应继续留在 FAO 架构内，或成为一个单独的法律实体，并在必要时作为最优先事项，开始与 FAO 磋商。若必要和适当，为通过独立法律实体的协定，技术分委会可依据现有协定第二十二条，提议终止 IOTC 协定。

4. 向委员会报告第 09/01 号决议（已被第 16/03 号决议取代）关于绩效评估后续行动的进展，并酌情提出建议。

5. 在制定对现有协定的修订提案和提出建议草案时，应考虑 IOTC 缔约方、合作非缔约方和其他 IOTC 捕鱼参与方的意见。

6. 技术分委会应依据下列工作计划，履行其工作。

2016～2017	2017～2018	2018～2019
年会休会期间开会讨论提案的协定修订，包括草拟文本，并向委员会提议，决定 IOTC 是否应继续留在 FAO 框架内，或在 2018 年年度会议上成为独立法人实体	年会休会期间开会继续讨论提案的协定修订，并形成统一的协定提案文本，作为未来会议谈判的文本	在年会休会期间，若可能，开会确定提案的协定修订。提交最终的协定修订文本供审议通过

决议第 16/04 号：关于实施促进 IOTC 区域性观察员计划的试点项目

印度洋金枪鱼委员会（IOTC），

考虑到有必要增加科学信息，特别是向 IOTC 科学分委会提供工作材料，以改进在印度洋捕捞的金枪鱼和类金枪鱼的管理；

重申船旗国责任，确保其船只以负责任的方式从事渔业活动，充分遵守 IOTC 养护和管理措施；

考虑到需要采取行动确保 IOTC 目标的有效性；

考虑到所有 IOTC 缔约方和合作非缔约方（CPC）充分遵守 IOTC 养护和管理措施的义务；

意识到 CPC 有必要持续努力确保 IOTC 养护和管理措施的执行，以及需要鼓励非 CPC 遵守此类措施；

强调通过本措施的目的是促进执行第 11/04 号"关于区域性观察员计划"的决议；

考虑到 2015 年 11 月 23～27 日在印度尼西亚巴厘岛举行的 IOTC 第 18 次科学分委会会议的审议，尤其是鉴于 IOTC 数据库现有可用信息的差距及基础渔业数据在评估资源状态和提供可靠管理建议方面的重要性，CPC 应遵守第 15/01 号和第 15/02 号决议规定的 IOTC 数据要求，即关于 IOTC 管辖区域渔船记录渔获量和努力量及对 IOTC CPC 强制性统计报告要求；

依据 IOTC 协定第九条第 1 款的规定，决议如下。

1. 建立一个试点项目，旨在加强第 11/04 号决议"关于区域性观察员计划"的实施，提升执行关于 IOTC 管辖区域渔船记录渔获量和努力量的第 15/01 号决议及"关于对 IOTC 缔约方和合作非缔约方强制性统计报告要求"的第 15/02 号决议的遵守水平。

2. 本试点项目将通过 IOTC 预算和（或）自愿捐款提供资金。本试点项目将考虑下列因素：

a）确定和选择自愿参与的 CPC，参与的 CPC 应指定其参与本试点项目的渔船；

b）职责范围和科学观察员的选择，根据第 11/04 号、第 15/01 号和第 15/02 号决议的条文规定进行；

c）定义观察员工作的行动计划，包括直接陈述的工作日历和活动范围；

d）中期审议和期终审议，后者应包括如何将本试点项目的经验和结果扩大到所有 IOTC 管辖海域的建议；

e）参与试点项目 CPC 之间的合作协调机制；

f）对现有区域性观察员计划行动的补充。

3. IOTC 科学分委会将起草关于观察员职责范围（ToR）和工作的指南，以及委员会 2017 年批准的指示性预算。本计划将重点放在发展中国家，优先促进小岛屿发展中国家和最不发达国家的区域性观察员计划的实施。

4. 缔约方应在向 IOTC 执行秘书递交项目草案的一个月内，按照科学分委会的要求提供评述和建议。

5. 修订后的建议草案，包括预算明细，将提交执法分委会和行政与财务常设分委会审议，并提交委员会 2017 年年会审议批准。

6. 本试点项目将探索港口电子观察和观测的可能性。

7. 科学分委会将评估港口电子观察或观测是否可用于收集符合 IOTC 标准的数据。科学分委会还将提出实施电子观察系统的最低标准，以及如何利用其提高印度洋渔业观察员的覆盖率水平。

8. 本试点项目将不会损害任何缔约方或合作非缔约方和各自船队已经实施的区域性观察员计划行动。

附件 1　观察员最低标准

科学观察员

1. 在不损及科学分委会建议的任何特定培训和任职资格的情况下，指派的观察员应具备下列任职条件来完成其任务：

a）非常了解 IOTC 养护和管理措施；

b）准确观测和记录信息的能力；

c）非常了解所观察船舶船旗国的语言；

d）有足够的经验来识别物种和渔具；

e）证明已接受海上安全和求生培训。

2. 观察员应：

a）记录和报告所进行的捕鱼活动；

b）观察和估计渔获量，并检查与渔捞日志记录数据是否一致；

c）注意渔船从事捕鱼活动时的位置；

d）开展科研工作，如收集 IOTC 强制性统计信息和完成渔捞日志；

e）在观察员报告中报告在渔船上执行任务的结果，并向船旗国渔业主管机构报告；

f）在观测期结束后 30 日内将观察员报告提交给船旗国主管机构；

g）将渔船捕鱼和转载作业相关的所有信息视为机密，并以书面形式接受这一要求作为指派观察员的条件；

h）遵守对观察员派驻渔船具有管辖权的船旗国的法律法规；

i）只要所有船员的等级制度和一般行为规范不妨碍本项目观察员的任务和船员的义务，观察员应尊重这些等级制度和行为规范。

船长的义务

3. 船长应允许观察员：

a）如天气状况许可，访问渔船，接近船员、渔具和设备，但不得干扰船上设备；

b）可使用下列设备（若派驻的船舶上有），以便于执行其任务，这应在请求的基础上进行。这些设备包括

i）卫星导航设备（仅协商），

ii）使用中的雷达显示屏（仅协商），

iii）电子通信工具；

c）应提供观察员食宿，包括等同于职务船员待遇的住处、食物及适当的卫生设施；

d）应在驾驶台或引水员室为观察员文书工作提供足够空间，并在甲板上留出足够空间供其执行观察任务。

船旗国义务

4. 船旗国应确保船长、船员和船东不妨碍、威胁、干涉、影响、贿赂或试图贿赂观察员履行其职责。

5. 应不迟于观察员航次结束后两个月，将观察员报告递交给 IOTC 秘书处。秘书处应以符合 IOTC 保密要求的方式，管理和保存上述观察员报告，并向科学分委会提交观察员报告的副本。

6. 在任何沿海国专属经济区收集的数据，也应按照前段所述的相同期限和条件，向沿海国提供观察员报告。

观察员的相互承认

遴选的参与本试点项目的观察员应被所有参与本项目的 CPC 认可。

决议第 16/05 号：关于无国籍船舶

印度洋金枪鱼委员会（IOTC），

认识到无国籍船舶在没有治理和监督的情况下作业；

关注无国籍船舶在 IOTC 管辖海域捕鱼，损害了 IOTC 协定的目标和委员会的工作；

注意到《联合国海洋法公约》第 92 条和第 94 条有关船舶的地位和船旗国义务；

忆及粮农组织理事会通过的预防、阻止和消除非法、不报告和不管制捕鱼的国家行动计划，并建议有关国家对涉及公海 IUU 捕捞的无国籍船舶，采取符合国际法的措施；

重申 IOTC 第 11/03 号决议（被 17/03 号决议取代）第 1.i 条规定，无国籍渔船在 IOTC 管辖海域捕捞金枪鱼和类金枪鱼被认为已经从事 IUU 捕捞；

依据 IOTC 协定第九条第 1 款的规定，决议如下。

1. 无国籍船舶是指根据国际法没有资格悬挂任何国家旗帜的船舶，或根据《联合国海洋法公约》第 92 条规定，悬挂两国或两国以上旗帜航行并视方便而换用旗帜的船舶。

2. 无国籍船舶在 IOTC 管辖海域捕鱼，破坏 IOTC 协定和委员会所通过的养护和管理措施，并参与了 IUU 捕捞活动。

3. 鼓励缔约方（成员）和合作非缔约方（CNCP）依据国际法采取有效措施，包括在适当情况下采取执法行动，打击正在或已经在 IOTC 管辖海域从事捕捞或捕捞相关活动的无国籍船舶，并禁止此类船舶卸下或转载渔获物和鱼类产品，或使用港口服务，除非此类船舶进港对于船员安全或健康或船舶安全是必要的。

4. 鼓励缔约方和 CNCP 采取必要措施，包括相关国内立法，允许他们采取第 3 条规定的有效行动，防止和制止无国籍船舶在 IOTC 管辖海域从事捕捞或捕捞相关活动。

5. 鼓励缔约方和 CNCP 分享涉嫌无国籍船舶的信息，帮助澄清此类船舶的地位，并分享有关无国籍船舶活动的信息，以便告知采取有关行动的决定，以防止和阻止此类船舶在 IOTC 管辖海域从事捕捞或捕捞相关活动。目击到任何涉嫌或确认可能在 IOTC 管辖海域公海从事捕鱼活动的无国籍船舶，应通过目击船舶或航空器的缔约方（成员）或 CNCP 的适当机构，尽快向 IOTC 秘书处报告。IOTC 秘书处应尽快将此信息发送给所有缔约方和 CNCP，并向执法分委会年会提供所有此类信息的报告。

6. 鼓励缔约方和 CNCP 与所有船旗国合作，加强其法律、行动和制度能力，对悬挂其旗帜并已在 IOTC 管辖区域从事捕捞或捕捞相关活动的船舶采取行动，包括实施适当制裁，如作为一个替代方案，将此类船舶除籍，使此类船舶无国籍。

决议第 16/07 号：关于使用人造灯光吸引鱼类

印度洋金枪鱼委员会（IOTC），

意识到委员会致力于采取养护和管理措施，以减少由集鱼装置捕捞努力量所造成的大眼金枪鱼和黄鳍金枪鱼幼鱼死亡率；

忆及 IOTC 协定的目标是通过适当的管理，确保上述协定涵盖的资源的养护和最适利用，并鼓励基于此类资源的渔业可持续发展，并将兼捕水平降至最小；

认识到所有用于捕捞 IOTC 管辖资源的渔具都应纳入管理，以确保捕捞作业的可持续性；

念及联合国大会第 67/79 号有关可持续渔业的决议，呼吁各国单独、共同或通过区域渔业管理组织和安排，收集必要的数据，以评估和密切监控大型集鱼装置和其他装置的使用，并视情况评估和密切监控其对金枪鱼种群和行为以及对相关种和附属种的影响，以改进监测此类装置的数量、类型和使用的管理程序，并减轻其对生态系统可能产生的负面影响，包括对于幼鱼和非目标物种的兼捕，特别是鲨鱼和海龟；

忆及 1995 年 3 月 14～15 日在罗马召开的粮农组织渔业部长级会议上通过的《世界渔业罗马共识》，提出"各国应…减少兼捕、丢弃鱼类…"；

依照 IOTC 协定第九条第 1 款的规定，决议如下。

1. 禁止悬挂 IOTC 缔约方或合作非缔约方（CPC）旗帜的渔船和其他船舶，包括补给、支持和辅助船，在其领海以外以聚集金枪鱼和类金枪鱼为目的使用、安装或操作水上或水下人工灯光。在漂流集鱼装置（DFAD）上使用灯光也已经被禁止。

2. CPC 应禁止其挂旗船舶，在 IOTC 管辖海域故意在配备人工灯光吸引 IOTC 管辖的金枪鱼和类金枪鱼的船舶或 DFAD 的周围或附近，从事捕鱼活动。

3. 在 IOTC 管辖海域作业渔船遇到配备有人工灯光的 DFAD，应尽可能将其移除并带回港内。

4. 尽管第 1 条规定，目前仍有渔船使用这种人工灯光来聚集金枪鱼和类金枪鱼的 CPC，在 2017 年 12 月 31 日之前，可以允许这类船舶继续使用这种灯光。希望应用本规定的 CPC，应在本决议通过后 120 天内向秘书处报告。

5. 航行灯光和为确保安全工作环境所必要的灯光，不受本决议影响。

6. 本决议取代"关于使用人造灯光吸引鱼类"的 15/07 号决议。

决议第 16/08 号：关于禁止使用航空器和无人机作为捕鱼辅助工具

印度洋金枪鱼委员会（IOTC），

忆及《执行 1982 年 12 月 10 日〈联合国海洋法公约〉有关养护和管理跨界鱼类种群和高度洄游鱼类种群的规定的协定》（UNFSA）第 5 条第 C 款，确定应用预防性做法作为健全渔业管理的一般原则；

注意到委员会通过的第 09/01 号决议中，绩效评估工作小组第 37 和 38 项建议指出，在修订或取代 IOTC 协定以纳入现代渔业管理原则之前，委员会应实施 UNFSA 提出的预防性做法；

认识到为了粮食安全、生计、经济发展、多鱼种相互影响及其决定对环境的影响，需要确保金枪鱼和类金枪鱼渔业的可持续性；

考虑到"关于实施预防性做法"的 12/01 号决议，根据国际商定的相关标准，特别是 UNFSA 制定的指导方针，确保 IOTC 协定第五条规定的渔业资源可持续利用；

忆及 IOTC 协定的目标是通过适当管理，确保该协定所涵盖的种群的养护和最佳利用，并鼓励基于此类种群的渔业的可持续发展；

认识到所有用来捕捞 IOTC 管辖资源的渔具都应纳入管理，以确保捕捞作业的可持续性；

考虑到"航空器"是指用于航行或在空中飞行的发明物，特别包括但不限于飞机、直升机和任何允许一个人离开地面飞行或盘旋的装置。"无人机"是指任何能够在空中飞行的装置，它可在无人的情况下以遥控、自动或其他方式驾驶，包括但不限于无人飞机；

认识到使用航空器和无人机作为捕鱼/搜索辅助工具，通过增加鱼群探测能力，显著提高了金枪鱼渔船的捕捞努力量；

根据 IOTC 协定第九条第 1 款的规定，决议如下。

1. IOTC 缔约方或合作非缔约方（CPC）应禁止悬挂其船旗的渔船、补给船和支持船使用航空器或无人机作为捕鱼辅助工具。

2. 尽管有第 1 条规定，目前仍有渔船使用航空器和无人机作为捕鱼辅助工具的 CPC，可允许这类船只在 2017 年 12 月 31 日之前继续使用。希望应用本条款的 CPC，应在本决议通过后 120 天内向秘书处提出报告。

3. 在 IOTC 管辖海域出现任何使用航空器或无人机捕鱼作业的情况，应向船旗国和 IOTC 执行秘书报告，并通报执法分委会。

4. 用于科研或 MCS 目的的航空器或无人机，不受本措施第 1 条禁令的限制。

决议第 16/09 号：关于设立管理程序技术分委会

印度洋金枪鱼委员会（IOTC），

负有可持续利用印度洋金枪鱼和类金枪鱼的责任；

认识到需要行动，确保实现 IOTC 管辖海域金枪鱼资源的养护和管理目标；

忆及《执行 1982 年 12 月 10 日〈联合国海洋法公约〉有关养护和管理跨界鱼类种群和高度洄游鱼类种群的规定的协定》（UNFSA）第 6 条第 3 款，关于加强现有组织和安排；

忆及 IOTC 科学分委会已启动一项导致管理策略评估过程的流程，以改进所提供的有关捕捞控制规则（HCR）的科学建议；

进一步忆及 IOTC 已经开始了 14/03 号决议（由 16/09 号决议取代）商定的关于加强渔业科学家和管理人员之间对话的过程，要求 2014～2017 年举行 3 次科学与管理对话系列专题研讨会；

注意到科学分委会表示有必要加强和委员会在管理策略评估（MSE）过程中的沟通，以促进对需要由委员会认可的 MSE 有关要素的考虑；

认识到科学分委会建议委员会考虑建立一个正式的科学与管理对话沟通渠道，以便通过专门的管理程序技术分委会（SC18.18）来加强决策；

依据 IOTC 协定第九条第 1 款的规定，决议如下。

1. 设立管理程序技术分委会（TCMP），由委员会主席（或指派人员）和科学分委会主席（或指派人员）担任共同主席，如有可能，由一位独立专家协助。目标是解决"关于加强渔业科学家和管理者之间的对话"的第 14/03 号决议和"关于目标参考点、限制性参考点及决策架构"的 15/10 号决议，或任何解决管理策略评估和管理程序的后续决议所确认的优先事项。

2. TCMP 的目标应为：

a）加强委员会应对有关管理程序的决策，包括对科学分委会的建议；

b）加强科学分委会和委员会在管理程序问题方面的沟通、促进对话和相互理解；

c）协助委员会获取科学资源和信息，并促进其有效利用。

3. TCMP 应在委员会年会之前并结合年会召开会议，以促进 CPC 的充分参与。

4. TCMP 的结果应由委员会年会在为此目的的常设议程下审议，以及通过关于管理程序的提案进行审议。

5. TCMP 应侧重报告和交换委员会可能考虑通过的管理程序所必需的结果和信息。报告结果应使用标准格式，便于非技术性的听众了解内容。

6. TCMP 议程应将重点放在每一个需要委员会做出决定的管理程序的要素上。管理程序的通过是一个反复互动的过程，随着工作的进展以及对涉及要素的了解，允许进行调整。

7. TCMP 应着手开展下列工作。

a）确定、评估和讨论有助于满足 IOTC 协定目标的 IOTC 渔业管理程序，包括委员会确定的社会经济、粮食安全等，基于生态系统方法的渔业和预防性做法，供委员会考虑，特别要考虑下列内容：

ⅰ）指导 IOTC 渔业管理程序发展的总体管理目标，

ⅱ）关于暂定目标参考点、限制性参考点和决策架构的 15/10 号决议（或任何后续修订）规定的目标参考点和限制性参考点，

ⅲ）捕捞控制规则（HCR），包括：HCR 实现管理目标的程度；实现目标参考点、避免限制性参考点或恢复的可能性；渔业和资源在此限制性参考点和目标参考点下的风险；特别是，允许执行"关于目标参考点、限制性参考点及决策架构"的 15/10 号决议（或任何后续修订）要求的预防性做法；

b）考虑到当前有关管理程序的科学建议，以及需要更多科学建议来支持委员会对管理程序的考虑；

c）规范委员会及其分委会的角色和责任要求，特别是科学分委会及其工作小组，阐明彼此之间可能的互动和反馈，对管理程序的每一步发展过程（例如，从工作小组/科学分委会的技术工作发展到委员会的决策过程）；

d）考虑数据监控系统和管理程序的执行机制，以确保商定的任何管理程序的有效性。

8. 管理程序技术分委会延续的需求，应不迟于在委员会 2019 年年会中审议。

9. 本决议取代"关于加强渔业科学家和管理者之间的对话"的第 14/03 号决议。

决议第 16/10 号：促进执行 IOTC 养护和管理措施

印度洋金枪鱼委员会（IOTC），

认识到改进养护和管理措施一致性、诠释性和可及性的愿望；

关注 IOTC 缔约方和合作非缔约方（CPC），特别是发展中 CPC，在实施 IOTC 已通过的养护和管理措施方面遇到的困难；

注意到除其他外，这一情况的主要原因似乎是由于：

-缺乏人力和财力来实施 CMM，

-频繁增加此类新决议和对现行决议进行修订，

-IOTC 通过的 CMM 结构复杂，

-同一议题重复的 CMM；

考虑到简化 IOTC 工作和加强能力建设对大力促进 CMM 的实施是必要的；

依据 IOTC 协定第九条第 1 款的规定，决议如下。

能力建设专项基金

1. 委员会应维持一项能力建设专项基金，确保 IOTC 通过的 CMM 得到遵守。这一专项基金应由自愿捐款和 IOTC 正式预算部分提供资金。IOTC 秘书处应与国际组织、捐助机构和非政府组织联系，寻求自愿捐款。

2. 能力建设专项基金未来五年（2017～2021 年）的使用，尤其应聚焦于改善发展中 CPC 数据收集和开发实施 CMM 的能力。

3. 委员会应在 2021 年年会上，决定 2022～2026 年的下一个优先领域。

提交提案的安排和考虑提案数量的限制

4. 为进一步改进委员会在年会考虑新的和（或）修订的养护和管理措施提案形成过程中的协调性，鼓励缔约方至少在每次年会前 60 天，提交一个暂定标题、发起提案的缔约方和提案联络点（包括电子邮箱地址），使所有缔约方有机会确定其他 CPC 正在制定的提案，并酌情在讨论提案的年会前合作制定提案。可能时，应避免重复，并在年会前就有争议的问题达成共识，从而提高年会的效率。不论是否举行此类磋商，提案应至少在委员会会议召开前 30 天提交。除根据执法 CoC 和 SCAF 的建议的提案外，如果委员会同意，截止日期后收到的提案应由委员会审议。

5. 委员会可考虑限制在一次全体会议上审议的新提案数量。

决议的简化

6. 委员会应考虑通过下列方式简化现有 CMM：

a）废除过时的 CMM，并将仍然需要充分实施的关键内容合并到新的 CMM 中；

b）将多个 CMM 合并为和一个广泛主题有关、由许多章节组成的单独 CMM。

7. 本决议取代"关于促进执行 IOTC 已通过的养护和管理措施"的第 12/10 号决议。

决议第 16/11 号：关于预防、阻止和消除非法、不报告和 不管制捕捞的港口国措施

印度洋金枪鱼委员会（IOTC），

深度关注 IOTC 管辖区域非法、不报告和不管制（IUU）捕捞的继续发生，其对鱼类资源、海洋生态系统和合法渔民生计的不利影响，特别是对小岛屿发展中国家，以及对本区域正在增加的粮食安全需求；

意识到港口国在采取有效措施促进海洋生物资源的可持续利用和长期养护方面的作用；

认识到打击 IUU 捕捞应建立在船旗国的主要责任和根据国际法规定的所有司法权，包括港口国措施、沿海国措施、市场相关措施和确保其国民不支持或不从事 IUU 捕捞的措施；

认识到港口国措施为预防、阻止和消除 IUU 捕捞提供一个强有力的具有成本效益的手段；

意识到需要加强区域和区域间协调，通过港口国措施打击 IUU 捕捞；

认识到需要帮助发展中国家，特别是小岛屿发展中国家，采取和实施港口国措施；

注意到 2009 年 11 月在 FAO 构架内通过并开放签字的打击 IUU 捕捞的港口国措施协定具有约束力，并希望在 IOTC 辖区以有效方式实施这一协定；

考虑到 IOTC 缔约方和合作非缔约方（CPC）在对位于其领土的港口行使主权时，可采取更严格的措施；

忆及 1982 年 12 月 10 日《联合国海洋法公约》（以下简称公约）的有关条款；

忆及 1995 年 12 月 4 日《执行 1982 年 12 月 10 日〈联合国海洋法公约〉有关养护和管理跨界鱼类种群和高度洄游鱼类种群的规定的协定》的条款，1993 年 11 月 24 日《促进公海渔船遵守国际养护和管理措施的协定》（译者注：通常称为《联合国挂旗协定》），以及 1995 年 FAO《负责任渔业行为守则》；

认识到最近在制定的 "关于预防、阻止和消除非法、不报告和不管制捕捞的港口国措施" 第 10/11 号决议（被第 16/11 号决议取代）附件 4 规定的计算机化通信系统[称为电子港口国措施（e-PSM）软件]，以及应用该系统提交国家培训计划的成就；

确保采纳并逐渐过渡到完全使用电子港口管理系统 e-PSM，以促进遵守本决议；

根据 IOTC 协定第九条第 1 款的规定，决议如下。

第一节 总 则

1. 术语的使用。

为本决议的目的：

a）"鱼" 是指 IOTC 协定包括的所有高度洄游鱼类种群；

b）"捕鱼" 是指寻找、吸引、定位、捕捉、捕捞或获取鱼，或从事任何可以合理预期导致吸引、定位、捕捉、捕捞或获取鱼的活动；

c）"捕鱼相关活动"是指任何支持或准备捕鱼的行动，包括上岸、包装、加工、转载或运输在以前港口没有卸载的鱼类，和在海上提供人员、燃油、渔具和其他物资补给；

d）"非法、不报告和不管制捕捞"是指 09/03 号决议（由 11/03 号决议取代，然后由 17/03 号决议取代）第 1 条规定的活动；

e）"港口"包括离岸码头和其他用于卸载、转运、包装、加工、加油或再补给的设施；以及

f）"船舶"是指任何用于、装备用于或打算用于捕鱼或捕鱼相关活动的船舶、其他类型船舶或船只。

2. 目标。

本决议的目标是通过有效实施港口国措施，管理 IOTC 水域鱼类的渔获量，从而预防、阻止和消除 IUU 捕捞，确保这些资源和海洋生态系统的长期养护和可持续利用。

3. 应用。

3.1　作为港口国，每个 CPC 应当对寻求进入其港口或已在其港口停泊的没有悬挂其旗帜的船舶采用本协定，但下列船舶除外：

a）为生存从事手工捕鱼的邻国船舶，如果该港口国和船旗国进行合作确保这些船舶不从事 IUU 捕捞或支持此类捕鱼的相关活动；

b）没有携带鱼的集装箱船，或如携带鱼，仅是以前上岸的鱼，如果无明确理由怀疑这类船只从事了支持 IUU 捕捞的相关捕鱼活动。

3.2　实施本决议应以公平、透明和非歧视方式进行，符合国际法。

3.3　每一 CPC 可应用 IOTC 网站提供的 e-PSM 系统实施本决议。允许一个为期 3 年的试验期，从 2016 年开始，将提供一个完整的培训计划，并进一步完善和发展；CPC 应鼓励所有利益相关方（船舶代表、港口国和船旗国）尽可能应用 e-PSM 应用程序来遵守本决议，并在 2020 年 1 月 1 日之前为其开发应用提供反馈和投入。第 16 次执法会议应对本应用程序的成功进行评估，并考虑是否强制性应用和规定的实施期。在此日期之后，根据第 6 条规定以手动方式提前提交进港请求的可能性仍将保留，以防因任何原因不能进入互联网。

4. 国家层面的整合和协调。

每一 CPC 应尽最大可能：

a）将渔业相关港口国措施与更广泛的港口国监管体系相结合或协调；

b）将港口国措施与预防、阻止和消除 IUU 捕捞活动的其他措施相结合，并酌情考虑 2001 年 FAO 预防、阻止和消除 IUU 捕捞的国际行动计划；以及

c）采取措施，在相关国家机构之间交换信息，并协调这些机构在执行本养护和管理决议方面的活动。

第二节　进　　港

5. 港口的指定。

5.1　每一 CPC 应根据本决议指定并公布船舶可要求进入的港口。每一 CPC 应在 2010

年 12 月 31 日前向 IOTC 秘书处提供其指定港口的清单，并在 IOTC 秘书处网站上公布。

5.2 每一 CPC 应尽最大可能，确保根据第 5.1 项指定和公布的每个港口均有足够的能力根据本决议进行检查。

6. 进港事先要求。

6.1 每一 CPC 在允许船舶进港前，都应要求其提供附件 1 要求的信息。

6.2 每一 CPC 都应要求船舶在进港之前至少 24 小时提供 6.1 项规定的相关信息，或在捕鱼作业结束后立即提供（如果距离到港时间不足 24 小时）。对于后者，港口国必须有足够的时间核实这些信息。

7. 进港、授权或拒绝。

7.1 在收到根据第 6 款要求提供的相关信息，以及用来确定申请进港船舶是否已从事 IUU 捕捞，或支持 IUU 捕捞的相关捕鱼活动的其他可能需要的信息后，每一 CPC 应决定是否批准或拒绝船舶进港，并将这个决定告知船舶或其代表。

7.2 如准许进港，应要求船长或船舶代表在船舶抵达港口时，向 CPC 主管部门出示进港授权书。

7.3 如拒绝其进港，每一 CPC 应将其根据第 7.1 项所做的决定告知该船的船旗国。并视情况尽可能告知相关沿海国和 IOTC 秘书处。如 IOTC 秘书处认为此事件有助于全球打击 IUU 捕捞活动，可将该决定告知其他区域渔业管理组织秘书处。

7.4 在不影响到第 7.1 项的情况下，当 CPC 有充分证据证明，寻求进港的船舶从事了 IUU 捕捞或支持此类捕捞的相关捕鱼活动，特别是该船舶已被某一区域渔业管理组织按照其规则程序和国际法列入 IUU 捕捞或从事相关捕捞活动的船舶名单内，该 CPC 应拒绝该船舶进港。

7.5 尽管有第 7.3 和 7.4 项规定，CPC 可允许这些船舶以接受检查为目的进入其港口，采取符合国际法，并至少与拒绝船舶进港等效的其他适当措施，预防、阻止和消除 IUU 捕捞和支持此类捕捞的相关捕鱼活动。

7.6 如因任何原因，第 7.4 或 7.5 项所述的船舶在港停靠，CPC 应拒绝该船利用其港口上岸、转运、包装和处理渔获物及港口其他服务，尤其包括补充材料、补给、维修和干坞等。第 9 点的 9.2 和 9.3 项适用这种情况。拒绝使用港口的这种行为符合国际法。

8. 不可抗力或海险。

本决议不影响船舶根据国际法因不可抗力或遇险原因进港，或阻止港口国允许专门向处于危险或遇难中的人员、船舶或航行器以提供援助为目的的进港。

第三节　港口的使用

9. 港口的使用。

9.1 如果船舶已进入缔约方某一港口，CPC 应根据其法律法规和国际法，包括本养护和管理决议，拒绝该船舶利用其港口卸下、转运、包装和处理以前尚未卸完的渔获物，以及其他港口服务，尤其包括加油和补给、维修和干坞，如果：

a）CPC 发现该船没有船旗国规定的从事捕鱼或捕鱼相关活动的有效且适用的授权；

b）CPC 发现该船舶没有沿海国规定的在该国管辖区域从事捕鱼或捕鱼相关活动的有效且适用的授权；

c）CPC 收到明显证据表明，船上获取的渔获物违反沿海国管辖区域的适用要求；

d）船旗国没有根据港口国要求在合理的时间内确认船上渔获物是根据有关区域渔业管理组织适用规定要求捕获的；或

e）CPC 有合理理由相信，该船只以某种方式从事 IUU 捕捞或支持此类捕捞的相关捕鱼活动，包括支持 7.4 项所指的船舶，除非该船舶能够证实：

ⅰ）其行为方式符合 IOTC 相关决议，或

ⅱ）如在海上提供人员、燃料、渔具和其他补给，在供应时，接受供应的船舶并不是 7.4 项所指的船舶。

9.2 尽管有 9.1 项规定，下列情况下 CPC 不应拒绝该项所指船舶使用其港口服务：

a）如有充分证据证明，对船员的安全或健康，或船舶的安全至关重要；或

b）在适当的情况下，为拆解该船舶。

9.3 如果 CPC 根据本节规定拒绝某船舶使用其港口，应立即将此决定通知该船船旗国，并酌情通知有关沿海国、IOTC 或其他相关区域渔业管理组织及其他相关国际组织。

9.4 CPC 应撤回根据 9.1 项拒绝船舶使用其港口的决定，如果有充分证据显示拒绝该船舶使用其港口的决定依据不足或不适当，或这些依据已不再适用。

9.5 如果 CPC 根据 9.4 项撤回其拒绝的决定时，应立即通知根据 9.3 项通知的有关各方。

第四节 检查和后续行动

10. 检查级别和重点。

10.1 每一 CPC 在每个报告年度,应对其港口的至少 5%的上岸量或转载量进行检查。

10.2 检查应包括对整个卸货或转运的监测，并包括对上岸前通知中记录的物种数量和上岸或转运物种数量之间进行交叉核对。当完成上岸或转运后，检查人员应核实和注意船上留存的鱼的数量。

10.3 国家检查人员应尽一切努力避免不适当地耽搁船舶，并确保船只受到的干扰和不便最少，以避免鱼品质量下降。

10.4 港口 CPC 可邀请其他 CPC 的检查人员陪同自己的检查人员，观察对悬挂另一CPC 旗帜的渔船所捕获的渔业资源的上岸或转运作业的检查。

11. 进行检查。

11.1 每一 CPC 应确保其检查人员履行附件 2 所列各项职能，作为最低标准。

11.2 每一 CPC 在其港口进行检查时，应：

a）确保检查是由经授权的合格的检查人员进行的，特别是第 14 款的规定；

b）确保检查人员在检查前，必须向船长出示有效证件，以确定其检查人员身份；

c）确保检查人员检查船只的所有相关区域、船上的鱼、网具和任何其他渔具、设备，以

及船上任何与核查遵守有关养护和管理决议有关的文件或记录；

d）要求船长向检查人员提供所有必要的协助和信息，并提供必要的相关材料和文件，或证明副本；

e）如与船旗国有适当安排，邀请船旗国参加检查；

f）尽一切可能避免造成船舶不恰当的延误，把对船只的干扰和不便降到最低，包括不必要的检查人员在场，并避免对船上的鱼品质量造成不利影响的行动；

g）尽一切可能促进与船长或职务船员之间的沟通，包括在可行和需要的情况下，检查人员由翻译陪同；

h）确保以公正、透明和非歧视方式进行检查，不构成对任何船舶的骚扰；和

i）不干涉船长的能力，符合国际法规定，与船旗国当局沟通。

12. 检查结果。

作为最低标准，每一CPC应在每份检查结果的书面报告中包括附件所列的信息。

13. 检查结果的传送。

13.1　港口国CPC应在完成检查后的3个工作日内，通过电子方式将检查报告的副本，和经要求，报告原件或核证无误的副本传输给被检船只的船长、船旗国和IOTC秘书处，以及视情况，提供给：

a）任何把渔获物转至受检船的船旗国；

b）有关CPC和国家，包括那些通过检查证明其船舶在其国家管辖区域内从事IUU捕捞，或从事支持此类捕捞的相关捕鱼活动的国家；和

c）船长为该国国民的国家。

13.2　IOTC秘书处应立即将检查报告传送给有关区域渔业管理组织，并在IOTC网站上公布。

14. 检查人员的培训。

每一CPC应考虑附件5检查人员培训指南，确保其检查人员得到适当培训。CPC应在这方面寻求合作。

15. 港口国检查后的行动。

15.1　在检查后，如果有明确理由相信，一艘船舶从事了IUU捕捞或支持此类捕捞的相关捕鱼活动，进行检查的CPC应：

a）将发现的结果立即通知船旗国、IOTC秘书处，以及根据情况，通知有关沿海国、区域渔业管理组织和该船船长的国籍国；和

b）拒绝船只利用港口卸下、转运、包装或处理以前尚未卸载的鱼类，或使用其他港口服务，尤其是，包括加油和补给、维修和入坞等，如果尚未对该船舶采取此类行动，以与本养护和管理决议一致的方式进行。

15.2　尽管有15.1项，但CPC不应拒绝在该项提到的船舶因船员安全或健康，或船舶安全，必须使用其港口服务的要求。

15.3　本决议没有任何规定阻止CPC除了采取第15.1和15.2项规定的措施外，采取符合国际法的措施，包括船舶的船旗国已明确要求或已同意的措施。

16. 关于港口国追索的信息。

16.1　CPC 应维护公众可获得的相关信息，若有书面请求，向船舶船东、经营者、船长或船舶代表提供关于该 CPC 按照其国家法律法规，以及根据本决议第 7、9、11 或 15 条采取的港口国措施的任何追索权的此类信息，包括与此目的有关的公共服务机构或司法机构的信息，以及关于是否有权根据其国家法律法规，在任何因该 CPC 指控不当的结果，遭受损失或损害的情况下，寻求赔偿的信息。

16.2　CPC 应酌情将追索权的结果通知船旗国、船东、船舶经营者、船长或其代表。如果其他缔约方、国家或国际组织已被告知先前根据第 7、9、11 或 15 款所做的决定，则 CPC 应告知其决定的任何变化。

第五节　船旗国的作用

17. CPC 船旗国的作用。

17.1　每一 CPC 应要求悬挂其旗帜的船舶与港口国合作，根据本决议进行检查。

17.2　当 CPC 有明确理由相信，悬挂其旗帜的船舶已从事 IUU 捕捞或支持此类捕捞的相关捕鱼活动，并正在寻求进入另一国家的港口或正在另一国家的港口停泊，应酌情请求该国对该船舶进行检查或采取与本决议相符的其他措施。

17.3　每一 CPC 应鼓励悬挂其旗帜的船舶，在根据本决议或符合本决议方式行事的国家的港口卸下、转运、包装和处理渔获物，并使用其他港口服务。鼓励各 CPC 制定公正、透明和非歧视性的程序，以确定任何可能不按照本决议或以符合本决议的方式行事的国家。

17.4　港口国检查后，如果某船旗国 CPC 收到的检查报告表明，有明确理由相信悬挂其旗帜的船舶从事了 IUU 捕捞或支持此类捕捞的相关捕鱼活动，应立即全面调查此事，一旦获得充分证据，应立即按照其法律法规采取执法行动。

17.5　每一 CPC 应在船旗国的能力范围内，向其他 CPC、相关港口国，并视具体情况，向其他有关国家、区域渔业管理组织和粮农组织，报告对悬挂其旗帜，且根据本决议执行港口国措施被确定从事了 IUU 捕捞或支持此类捕捞的相关捕鱼活动的船舶所采取的行动。

17.6　每一 CPC 应确保适用于悬挂其旗帜船舶的措施和适用于 3.1 项提及的船舶的措施，在预防、制止和消除 IUU 捕捞和支持此类捕捞的相关捕鱼活动方面至少一样有效。

第六节　发展中国家的要求

18. 发展中国家的需求。

18.1　CPC 应充分认识到发展中国家 CPC 在执行本决议方面的特殊要求。为此，IOTC 应向发展中国家 CPC 提供援助，尤其是，为了：

a）加强其能力，尤其是其中最不发达国家和小岛屿发展中国家，确立其有效执行港口国措施的法律基础和执法能力；

b）帮助其参加旨在促进有效确立和实施港口国措施的任何国际组织的活动；以及

c）提供技术援助，促使其与相关国际机制协调，以加强港口国措施的制定和实施。

18.2　IOTC 应充分考虑发展中港口国 CPC 的特殊要求，尤其是最不发达国家和小岛屿发展中国家的特殊要求，以确保不向其直接或间接地转移实施本决议所产生的不成比例的负担。如果证明出现了不成比例的负担转移，CPC 应当合作，促进相关 CPC 发展中国家履行本决议规定的具体义务。

18.3　IOTC 应评估 CPC 发展中国家实施本决议的特殊需要。

18.4　IOTC CPC 应合作建立适当筹资机制，帮助 CPC 发展中国家执行本决议。这些机制应特别针对以下方面：

a）开发和加强能力，包括监测、控制和监督，以及在国家和区域一级的港口管理人员、检查人员、执法和法律人员的培训；

b）与港口国措施有关的监测、控制和监督及履约活动，包括获得技术和设备；和

c）列出发展中国家 CPC，以及其根据本决议采取行动，在解决争端的任何诉讼中产生的费用。

第七节　IOTC 秘书处职责

19. IOTC 秘书处职责。

19.1　IOTC 秘书处应立即在 IOTC 网站上发布：

a）指定的港口名单；

b）每一 CPC 确定的预先通知期；

c）每一港口国 CPC 指定的主管机构的信息；

d）IOTC 港口检查报告形式的空白副本。

19.2　IOTC 秘书处应立即在 IOTC 网站的加密区张贴港口国 CPC 传送的所有港口检查报告副本。

19.3　所有与具体的卸鱼或转载有关的表格都应张贴在一起。

19.4　IOTC 秘书处应立即将检查报告传送给有关区域渔业管理组织。

20. 此决议将适用于 IOTC 管辖区域内的 CPC 港口。IOTC 管辖区域外的 CPC 应努力应用此决议。

21. 本决议取代"关于预防、阻止和消除非法、不报告和不管制捕捞的港口国措施"的第 10/11 号决议。

附件1　要求进港船只事先提供的信息

1. 目的港	
2. 港口国	
3. 预计抵达日期和时间	
4. 目的	

续表

5. 最后停靠的港口和日期				
6. 船名				
7. 船旗国				
8. 船舶类型				
9. 国际无线电呼号				
10. 船舶联系信息				
11. 船东				
12. 注册证书号码（ID）				
13. 国际海事组织船舶识别号（ID）（如有）				
14. 外部识别码（如有）				
15. IOTC 识别码				

16. VMS	编号	是：国家	是：RFMO	类型：

17. 船舶尺寸	长度	型宽	吃水

18. 船长姓名和国籍	

19. 有关捕鱼授权

识别码	发证单位	有效期	捕鱼区	鱼种	渔具

20. 有关转载授权

识别码		发证单位		有效期	
识别码		发证单位		有效期	

21. 有关供货船舶的转载信息

日期	位置	船名	船旗国	识别号	鱼种	产品	捕鱼区	数量

22. 船上总渔获量				23. 待卸渔获量
种类	产品形式	捕鱼区	数量	数量

附件 2　港口国检查程序

检查人员应：

a）尽可能核实船上船舶身份证明文件和船东有关信息是否真实、完整和正确，必要时可以通过与船旗国适当联系或通过船舶的国际记录进行查询；

b）核实船只的船旗和识别标志（如船名、外部注册号、国际海事组织船舶识别号、国际无线电呼号和其他标识、主尺度）与文件中所载信息是否相符；

c）尽可能核实有关捕鱼和捕鱼相关活动的授权是否真实、完整、正确，和附件 1 所提供的信息是否相符；

d）审议船上所有其他相关文件和记录，尽可能包括船旗国或 IOTC 秘书处或其他相关区域渔业管理组织（RFMO）提供的电子形式的相关文件和记录，以及船舶监测系统（VMS）数据。相关文件可能包括渔捞日志、渔获量、转载和贸易文件、船员名单、装载计划和图纸、鱼舱说明及《濒危野生动植物种国际贸易公约》所要求的文件；

e）尽可能检查船上所有相关的渔具，包括视线外存放的任何渔具及相关设备，尽可能核实它们是否与授权的条件相符。还应尽可能对渔具进行核查，确保诸如网具、笼壶和耙具等网目大小、网线直径、设备和附件及尺寸和结构，钓钩大小和数量等特征均符合适用的规定，以及标识和渔船授权的一致；

f）尽可能确定船上的鱼是否按照适用的授权捕获；

g）检查渔获物，包括通过取样，确定其数量和组成，为此，检查员可打开装有事先包装好渔获物的货柜，并移动渔获物或货柜以确定鱼舱的完整性，这种检查可包括检查产品类型和确定标称重量；

h）评估是否有明确的证据证明一艘船参与了 IUU 捕捞或支持此类捕捞的相关捕鱼活动；

i）向船长提供包含检查结果的报告，包括可能采取的措施，由检查人员和船长签字，船长在报告上签字仅作为收到报告副本的确认，船长应有机会在报告中添加任何评论或反对意见，并在适当情况下，与船旗国有关当局联系，尤其是船长在理解报告内容存在严重困难的情况下，应向船长提供一份报告副本；

j）在必要和可能的情况下，安排相关文件的翻译。

附件 3　IOTC 港口检查报告表

1. 检查报告编号				2. 港口国		
3. 检查机关						
4. 主要检查员姓名				识别号		
5. 检查港口						
6. 开始检查		年（YYYY）	月（MM）	日（DD）	时（HH）	
7. 结束检查		年（YYYY）	月（MM）	日（DD）	时（HH）	
8. 收到预先通知			是			否
9. 目的	卸鱼	转载	加工	其他（具体说明）		
10. 最后一次停靠港、国家和日期				年（YYYY）	月（MM）	日（DD）
11. 船名						
12. 船旗国						
13. 船舶类型						
14. 国际无线电呼号						

续表

15. 注册识别号				
16. 国际海事组织船舶识别号（如有）				
17. 外部识别号（如有）				
18. 注册港				
19. 船东				
20. 船舶受益船东（如已知不同于船东）				
21. 船舶经营者（如不同于船东）				
22. 船长姓名和国籍				
23. 渔捞长姓名和国籍				
24. 船舶代理				

25. VMS	编号	是：国家	是：RFMO	类型：

26. 在 IOTC 辖区的状况，包括任何 IUU 渔船名单

渔船识别号	RFMO	船旗国	列入授权渔船名单	列入 IUU 渔船名单

27. 相关捕鱼授权

识别号	发证单位	有效期	捕鱼区域	鱼种	渔具

28. 相关转载授权

识别号	发证单位	有效期
识别号	发证单位	有效期

29. 与供货船舶有关的转载信息

船名	船旗国	识别号	鱼种	产品类型	捕鱼区	数量

30. 卸载渔获物评价（数量）

鱼种	产品类型	捕鱼区	申报数量	卸载数量	申报数量与确定数量之间的差异（如有）

31. 留在船上的渔获物（数量）

鱼种	产品类型	捕鱼区	申报数量	保留数量	申报数量与查明数量之间的差异（如有）

32. 检查渔捞日志和其他文件	是	否	说明
33. 遵守适用的渔获物文书计划	是	否	说明
34. 遵守适用的贸易信息计划	是	否	说明

续表

35. 使用的渔具类型			
36. 根据附件 2 e）项检查的渔具	是	否	说明

37. 检查人员发现

38. 注意到的明显违规情况，包括提到的有关法律文件

39. 船长的意见

40. 采取的行动

41. 船长签字

42. 检查员签字

附件 4　港口国措施信息系统

在实施本养护和管理决议时，每一 CPC 应：

a）寻求建立计算机化的通信系统；

b）在可能的情况下，创建网站，公布根据本决议 5.1 项指定的港口名单，和根据本养护和管理决议相关条款采取的行动；

c）在尽可能大的范围内，通过一个由港口国 3 个字母代号和签发机构识别码组成的唯一参考编号，确定每一份检查报告。

d）尽可能采用附件 1 和附件 3 所列的国际编码系统，并将任何其他编码系统转化为国际系统。

国家/领地：ISO-3166 3 个字母的国家代码

鱼种：ASFIS 3 个字母代码（为粮农组织 3 个字母代码）

渔船类型：ISSCFV 代码（为粮农组织字母代码。译者注：ISSCFV 是渔船国际统计

分类标准的英文缩写）

渔具类型：ISSCFG 代码（为粮农组织字母代码。译者注：ISSCFG 是渔具国际统计分类标准的英文缩写）

附件 5　检查人员培训指南

港口国检查员培训计划的内容应至少包含以下方面：

1. 职业道德；

2. 健康、安全和保障问题；

3. 适用的国家法律法规、IOTC 的管辖区域及养护和管理决议、适用的国际法；

4. 证据的收集、评估和保存；

5. 一般检查程序，如报告撰写和采访技术；

6. 信息分析，如航海日志、电子文件和船舶历史（船名、船东和船旗国）等，用于核实船长提供的信息；

7. 船舶登临检查，包括船舱检查和舱容计算；

8. 核查和确认有关船上卸下、转运、加工和存留鱼的信息，包括使用不同鱼种和产品之间的转换系数；

9. 鱼种识别、体长和其他生物参数的测定；

10. 船舶和渔具识别，渔具检查和测量技术；

11. 渔船监测系统（VMS）和其他电子追踪系统的设备与操作；以及

12. 检查工作后采取的行动。

决议第 15/01 号：关于 IOTC 管辖区域渔船记录渔获量和努力量

印度洋金枪鱼委员会（IOTC），

忆及缔约方根据 IOTC 协定第五条做出的承诺，继续审议种群利用状况和趋势，收集、分析和传播科学信息，统计渔获量和努力量，以及与种群养护和管理有关的数据及基于本协定涵盖种群渔业有关的其他数据；

考虑到"关于对 IOTC 缔约方和合作非缔约方强制性统计报告要求"的第 10/02 号决议（或后续任何取代决议）规定的条款，特别是第 3 款，确定表层渔业、延绳钓渔业和沿海渔业的渔获量和努力量报告要求；

认识到 IOTC 科学分委会反复强调缔约方及时提交准确数据的重要性；

也忆及 2006 年 11 月 6～10 日在塞舌尔维多利亚召开的第 9 次科学分委会会议的结果，即同意标准化渔捞日志是有利的，同意 IOTC 辖区作业的所有围网渔船和竿钓渔船船队的最低数据要求，以协调数据收集，为所有 IOTC 的 CPC 进行科学分析提供一个共同依据；

进一步回顾 2010 年 6 月 23～25 日在澳大利亚布里斯班举行的神户系列第二次会议兼捕工作小组会议通过的建议，特别是 RFMO 应考虑采用统一标准收集兼捕数据，至少可以让这些数据在评估兼捕物种种群状况和兼捕措施的有效性方面发挥作用，并且应该允许 RFMO 使用这些数据评估渔业与兼捕物种之间相互影响的程度；

进一步考虑到科学分委会 2007 年 11 月在塞舌尔召开的第 10 次会议上创立的小型特别小组的工作，以便使各个船队目前使用的各种数据格式和 IOTC 科学分委会同意的关于所有围网、延绳钓和流网船队的最低数据标准要求及制定的渔捞日志模板相协调；

进一步考虑到 2010 年 12 月 6～10 日在塞舌尔维多利亚召开的第 13 次科学分委会会议的审议意见，提出 3 个建议选项，其中之一是按照渔捞日志中修订的鲨鱼种类清单强制性报告数据改善 IOTC 辖区内鲨鱼数据的收集和统计；

进一步考虑到 2011 年 12 月 12～17 日在塞舌尔马埃岛召开的第 14 次科学分委会会议的审议意见，提出一份适用于所有渔具的鲨鱼种类清单，并建议 IOTC 管辖海域内的手钓和曳绳钓渔具的最低数据记录要求；

进一步考虑到 IOTC 第 17 次会议关于兼捕的建议；

进一步考虑到联合国大会关于可持续渔业的第 67/79 号决议，呼吁各国单独、共同或通过区域渔业管理组织安排收集必要的数据以评估和密切监控大型集鱼装置和其他装置的使用，并酌情评估其对金枪鱼资源、金枪鱼行为及关联种和依附种的影响，以改善管理程序来监控此类装置的数量、类型和使用，并减轻其对生态系统可能造成的负面影响，包括对幼鱼和意外兼捕的非目标物种，特别是鲨鱼和海龟；

根据 IOTC 协定第九条第 1 款的规定，决议如下。

1. 每一 CPC 应确保悬挂其旗帜授权捕捞 IOTC 管理鱼种的所有围网、延绳钓、刺网、竿钓、手钓及曳绳钓渔船，遵守渔获数据记录制度。

2. 本措施应适用于所有在 IOTC 管辖区域内作业船长超过 24 米的渔船，或船长不到

24 米但在其船旗国专属经济区外作业的围网、延绳钓、刺网、竿钓、手钓及曳绳钓渔船。在沿海国家专属经济区内作业船长不到 24 米的发展中 CPC 的渔船，其渔获数据记录制度根据第 11 款和第 12 款的要求进行。在专属经济区内作业船长不到 24 米的发达 CPC 的渔船，渔获数据记录应按照本措施进行。

3. 所有渔船应有装订成册的渔捞日志或电子渔捞日志记录数据。数据记录的最低要求，应包括附件 1 至附件 3 所列的渔捞日志的信息和数据。

4. 各船旗国应于 2016 年 2 月 15 日前向 IOTC 执行秘书提交一份按照附件 1 至附件 3 记录数据的官方渔捞日志模板，在 IOTC 网站上公布，以促进监控管理活动。使用电子渔捞日志系统的 CPC，可提供一份该 CPC 规定实施电子渔捞日志系统的副本、一套屏幕截图及认证软件的名称。如渔捞日志模板 2016 年 2 月 15 日后有变化，应提交更新的模板。

5. 如渔捞日志不是使用 IOTC 规定的两种官方语言之一填写，则 CPC 应提供使用 IOTC 两种语言之一介绍的完整渔捞日志栏字段描述，同时附上渔捞日志样本。IOTC 执行秘书应在 IOTC 网站上公布渔捞日志样本和栏目的字段描述。

6. 附件 1 包括围网、延绳钓、刺网和竿钓有关的渔船、航次和渔具配置方面的信息。每一航次只需填写一次，除非渔具配置有变化。

7. 附件 2 包含围网、延绳钓、刺网、竿钓的作业和渔获信息，每次投放渔具后应完成。

8. 附件 3 包含手钓和曳绳钓的渔具规格。

9. 渔捞日志应由渔船船长填写并提交给船旗国政府，如果渔船在沿海国专属经济区内作业，还应提交给该沿海国政府，应仅提供在该专属经济区内作业的渔捞日志部分。

10. 船旗国和接收信息的国家，应于次年 6 月 30 日前向 IOTC 秘书处提供上一年汇总数据。第 12/02 号"关于数据保密政策和程序"决议的规定应予适用。

11. 注意到发展中 CPC 实施渔船渔获数据记录制度有困难，在其专属经济区内作业船长不到 24 米的渔船，渔获数据记录制度将于 2014 年 7 月 1 日起逐步实施。

12. 委员会应考虑确立一个特别计划，促进发展中国家执行本决议。此外，鼓励发达 CPC 和发展中 CPC 合作，寻找能力建设机会，有助于本决议的长期实施。

13. 本决议取代第 12/03 号"关于在 IOTC 水域渔船渔获量和努力量记录"的决议。

附件 1　每航次记录一次（除非渔具结构变更）

报告信息
1. 渔捞日志提交日期。
2. 报告人姓名。
渔船信息
1. 渔船船名及（或）登记号。
2. 国际海事组织（IMO）注册号（如有的话）。
3. IOTC 编号。
4. 国际无线电呼号：若无，应使用其他唯一的识别码，如渔船许可证号。

5. 渔船大小：总吨数和总长（以米计）。

航次信息

多天数作业记录：

1. 离港日期（你所在位置）与港口。

2. 返港日期（你所在位置）与港口。

其他需要的信息

延绳钓（渔具结构）：

1. 平均支绳长度（米）：鱼钩至支绳与干绳连接处的直线长度（如图所示）。

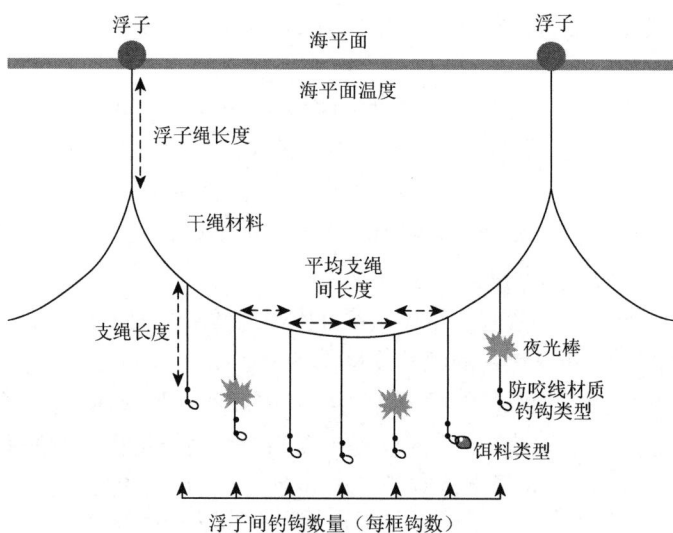

浮子　　　　　　　　海平面　　　　　　　浮子

海平面温度

浮子绳长度

干绳材料

平均支绳
间长度

支绳长度

夜光棒

防咬线材质
钓钩类型

饵料类型

浮子间钓钩数量（每框钩数）

延绳钓渔具作业结构示意图

延绳钓（渔具结构）：平均支绳长度（米）（钓钩至支绳与干绳连接处的直线长度）。

2. 平均浮标绳的长度（米）：浮球至支绳与干绳连接处的直线长度。

3. 平均支绳间距（米）：连续两支绳间干绳的直线长度。

4. 干绳材料可分为 4 类：

a）粗绳（cremona rope）；

b）细绳（聚乙烯或其他材料）；

c）尼龙编线；

d）尼龙单丝。

5. 延绳钓支绳末端连接［接钩绳（leader）/钓钩引线（trace）］材料分为 2 类：

a）尼龙单丝；

b）其他（如钢丝）。

围网（渔具结构）：

1. 围网网具长度。

2. 围网网具高度。

3. 每航次投放的 FAD 总数：参见第 13/08 号决议"关于 FAD 管理计划程序，包括详细的 FAD 网次渔获报告规范及开发改进 FAD 结构减少非目标物种的缠绕"。

寻鱼信息：

1. 寻鱼天数。

2. 使用的探鱼飞机（是/否）。

3. 使用的支持船（是/否），若是，请填支持船的船名及注册号。

刺网（渔具结构）：

1. 网具总长度（米）：记录船上网具的总长度。

2. 网目大小（毫米）：记录航次使用网具的网目大小（两对角结节之间的拉紧长度）。

3. 装配后网具深度（米）：网具高度。

4. 网片材料：即尼龙编线、尼龙单丝等。

竿钓（渔具结构）：

船员数量。

附件 2　每次下钩/网次/作业记录一次

注意：对于本附件中的所有渔具，使用下列格式填写日期和时间。

日期：记录下钩/放网/作业日期时记录年/月/日。

时间：以 24 小时制记录，可用当地时间或格林尼治标准时间或船旗国时间，要清楚注明记录的是什么时间。

作业

延绳钓：

1. 下钩日期。

2. 经纬度位置：中午时间位置，或开始投绳位置，或作业区域代码（如塞舌尔专属经济区、公海等）均可选择使用。

3. 开始下钩的时间。

4. 两浮子间钓钩数量：若两浮子间使用的钓钩数不相同，则记录最具代表性（平均）的钓钩数量。

5. 这次下钩的总钓钩数量。

6. 这次下钩使用的发光棒数量。

7. 这次下钩使用的饵料种类：如鱼、鱿鱼等。

8. 可自行选择，中午时的表层水温（××.×℃），小数点后保留 1 位。

围网：

1. 投网日期。

2. 事件类型：放网捕鱼作业或布放新的 FAD。

3. 事件的经纬度位置及时间，或如当日无事件，则中午的位置。

4. 如放网捕鱼作业，注明该网次是成功、失败或良好；鱼群类型[浮水鱼群或 FAD 随附群，如 FAD 随附群，注明类型（例如，流木或其他自然物体、漂流 FAD、锚定 FAD，等等）]。参见第 13/08 号决议"关于 FAD 管理计划程序，包括详细的 FAD 网次渔获报告规范及开发改进 FAD 结构减少非目标物种的缠绕"。

5. 可自行选择，记录中午时的表层水温（××.×℃），小数点后保留 1 位。

刺网：

1. 放网日期：记录海上每天放网的日期（无下网天数）。

2. 网具总长（米）：每一网次使用的浮子纲长度。

3. 开始捕捞时间：记录每一次开始放网的时间。

4. 开始和结束的经纬度位置：记录能代表渔具开始放网和结束作业的区域的经纬度位置。或如当日没有作业时，记录中午的位置。

5. 网具设置深度（米）：刺网设置的大概深度。

竿钓：

1. 作业日期：记录到天。

2. 中午的经纬度位置。

3. 当天使用的钓竿数量。

4. 开始捕捞时间（捕捞饵料鱼结束，渔船驶向海洋捕捞时，马上记录时间。若多天航次，则应记录开始寻鱼时间）和结束捕捞时间（最后鱼群的钓捕作业结束后，马上记录时间）。若多天航次，则结束捕捞时间是停止捕捞最后鱼群的时间）。

5. 鱼群类型：FAD 随附群和（或）浮水群。

渔获量

按本附件"物种"介绍的种类及加工形式，分网次/投钩/捕鱼事件，记录每种鱼的渔获重量（千克）或尾数：

a）延绳钓记录尾数和重量；

b）围网记录重量；

c）刺网记录重量；

d）竿钓记录重量或尾数。

物种

延绳钓：

主要物种		其他物种	
名称	FAO 代码	名称	FAO 代码
南方蓝鳍金枪鱼（*Thunnus maccoyii*）	SBF	尖吻四鳍旗鱼（*Tetrapturus angustirostris*）	SSP
长鳍金枪鱼（*Thunnus alalunga*）	ALB	大青鲨（水鲨）（*Prionace glauca*）	BSH
大眼金枪鱼（*Thunnus obesus*）	BET	鲭鲨类（马加鲨）（*Isurus* spp.）	MAK
黄鳍金枪鱼（*Thunnus albacares*）	YFT	鼠鲨（鼠鲛）（*Lamna nasus*）	POR
鲣鱼（*Katsuwonus pelamis*）	SKJ	双髻鲨类（*Sphyrna* spp.）	SPN
剑鱼（*Xiphias gladius*）	SWO	其他硬骨鱼（other bony fish）	MZZ
条纹四鳍旗鱼（红肉旗鱼）（*Tetrapturus audax*）	MLS	其他鲨类（other sharks）	SKH

续表

主要物种		其他物种	
名称	FAO 代码	名称	FAO 代码
蓝枪鱼（黑旗）（*Makaira nigricans*）	BUM	海鸟（记录数量）[1]	
印度枪鱼（立翅旗鱼）（*Makaira indica*）	BLM	海洋哺乳类（记录数量）（marine mammals）	
平鳍旗鱼（*Istiophorus platypterus*）	SFA	海龟（记录数量）（marine turtles）	
		长尾鲨类（狐鲛）（*Alopias* spp.）	THR
		长鳍真鲨（*Carcharhinus longimanus*）	OCS
		非必须记录物种	
		虎鲨（鼬鲨）（*Galeocerdo cuvier*）	TIG
		拟锥齿鲨（鳄鲨）（*Pseudocarcharias kamoharai*）	PSK
		大白鲨（*Carcharodon carcharias*）	WSH
		蝠鲼科（Mobulidae）	MAN
		紫魟（*Pteroplatytrygon violacea*）	PSL
		其他魟类（other rays）	

围网：

主要物种		其他物种	
名称	FAO 代码	名称	FAO 代码
长鳍金枪鱼（*Thunnus alalunga*）	ALB	海龟（记录数量）（marine turtles）	TTX
大眼金枪鱼（*Thunnus obesus*）	BET	海洋哺乳类（记录数量）（marine mammals）	MAM
黄鳍金枪鱼（*Thunnus albacares*）	YFT	鲸鲨（记录数量）（*Rhincodon typus*）	RHN
鲣鱼（*Katsuwonus pelamis*）	SKJ	长尾鲨类（狐鲛）（*Alopias* spp.）	THR
其他 IOTC 鱼种		长鳍真鲨（*Carcharhinus longimanus*）	OCS
		非必须记录物种	
		镰状真鲨（silky sharks）	FAL
		蝠鲼科（Mobulidae）	MAN
		其他鲨类（other sharks）	SKH
		其他魟类（other rays）	
		其他硬骨鱼（other bony fish）	MZZ

---

[1] 如果一 CPC 完全实施观察员计划，则提供海鸟信息是选项

刺网：

主要物种		其他物种	
名称	FAO 代码	名称	FAO 代码
长鳍金枪鱼（*Thunnus alalunga*）	ALB	尖吻四鳍旗鱼（*Tetrapturus angustirostris*）	SSP
大眼金枪鱼（*Thunnus obesus*）	BET	大青鲨（水鲨）（*Prionace glauca*）	BSH
黄鳍金枪鱼（*Thunnus albacares*）	YFT	鲭鲨类（马加鲨）（*Isurus* spp.）	MAK
鲣鱼（*Katsuwonus pelamis*）	SKJ	鼠鲨（鼠鲛）（*Lamna nasus*）	POR
青干金枪鱼（*Thunnus tonggol*）	LOT	双髻鲨类（*Sphyrna* spp.）	SPN
扁舵鲣（*Auxis thazard*）	FRI	其他鲨类（other sharks）	SKH
双鳍舵鲣（*Auxis rochei*）	BLT	其他硬骨鱼（other bony fish）	MZZ
鲔（*Euthynnus affinis*）	KAW	海龟（记录数量）	TTX
康氏马鲛（*Scomberomorus commerson*）	COM	海洋哺乳类（记录数量）	MAM
斑点马鲛（*Scomberomorus guttatus*）	GUT	鲸鲨（记录数量）（*Rhincodon typus*）	RHN
剑鱼（*Xiphias gladius*）	SWO	海鸟（记录数量）[1]	
平鳍旗鱼（*Istiophorus platypterus*）	SFA	长尾鲨类（狐鲛）（*Alopias* spp.）	THR
旗鱼（*Tetrapturus* spp.，*Makaira* spp.）	BIL	长鳍真鲨（*Carcharhinus longimanus*）	OCS
南方蓝鳍金枪鱼（*Thunnus maccoyii*）	SBF	可选择记录的种类（optional species）	
		虎鲨（鼬鲨）（*Galeocerdo cuvier*）	TIG
		拟锥齿鲨（鳄鲨）（*Pseudocarcharias kamoharai*）	PSK
		蝠鲼科（Mobulidae）	MAN
		紫魟（*Pteroplatytrygon violacea*）	PSL
		其他魟类（other rays）	

竿钓：

主要物种		其他物种	
名称	FAO 代码	名称	FAO 代码
长鳍金枪鱼（*Thunnus alalunga*）	ALB	其他硬骨鱼（other bony fish）	MZZ
大眼金枪鱼（*Thunnus obesus*）	BET	鲨鱼（sharks）	SKH
黄鳍金枪鱼（*Thunnus albacares*）	YFT	魟（rays）	
鲣鱼（*Katsuwonus pelamis*）	SKJ	海龟（记录数量）	TTX
扁舵鲣、双鳍舵鲣（*Auxis* spp.）	FRZ		
鲔（*Euthynnus affinis*）	KAW		
青干金枪鱼（*Thunnus tonggol*）	LOT		
康氏马鲛（*Scomberomorus commerson*）	COM		
其他 IOTC 鱼类			

---

1 如果一 CPC 完全实施观察员计划，则提供海鸟信息是选项

备注

1. 所有渔具丢弃的金枪鱼、类金枪鱼和鲨鱼，应在备注中按种类记录重量（kg）或尾数[1]。

2. 遇到鲸鲨、海洋哺乳动物和海鸟的情况，应当在备注中记录。

3. 其他信息也在备注中记录。

注意：渔捞日志中包含的鱼种是最低要求。其他非必须记录但经常捕获的鲨鱼和（或）鱼种应按照不同区域和渔业要求增列。

附件3　手钓和曳绳钓规格

注意：本附件中的所有渔具，使用下列格式填写日期和时间。

日期：记录下钩/网次/作业日期时记录年/月/日。

时间：以24小时制记录，可用当地时间或格林尼治标准时间或船旗国时间，要清晰注明记录的是什么时间。

手钓

所有渔捞日志信息应按日填写；若在同一天捕鱼事件超过一项，建议每一事件分开填写。

每航次记录一次，或当每天作业时则每月记录一次。

1. 报告信息

1.1　捕鱼日期（或多天作业时，填写提交渔捞日志的日期）。

1.2　报告人姓名。

2. 渔船信息

2.1　渔船名和登记号及国际海事组织（IMO）注册号（如有）。

2.2　IOTC编号（如有）。

2.3　渔船许可证号。

2.4　渔船大小：总吨数和（或）总长（米）。

3. 航次信息

3.1　离港日期及港口。

3.2　返港日期及港口。

4. 作业

4.1　捕鱼日期：记录捕鱼日期。每一捕鱼日应分别记录。

4.2　船员人数：按捕鱼日记录船上的船员数。

4.3　渔具数量：记录捕鱼当日使用的钓线数量。若没有确切的数量，可填写使用的钓线数量范围等级：

i）5条钓线及以下；

1　忆及"关于执行禁止围网渔船丢弃鲣鱼、黄鳍金枪鱼、大眼金枪鱼及非目标鱼种"的第10/13号建议（由第13/11号决议取代）

ⅱ）6～10 条钓线；

ⅲ）11 条钓线及以上。

4.4 捕捞的鱼群数量及类型（锚定 FAD 或漂流 FAD、海洋哺乳动物、浮水群、其他）：记录当日捕捞的鱼群数量及类型（即锚定 FAD、漂流 FAD、海洋哺乳动物随附鱼群或浮水群）。

4.5 渔获位置。

经纬度位置：捕鱼作业时，可选择填写中午的位置，或开始投绳位置，或作业区域代码（如塞舌尔专属经济区、公海等）。不在港内且未作业时，记录中午的经纬度。

若按日记录信息，按 1 度方格区域记录捕捞水域的信息。

4.6 鱼饵：若可能，记录使用的饵料种类（如鱼、鱿鱼）。

4.7 渔获量：按鱼种记录渔获尾数和（或）重量（千克）。

4.8 渔获尾数及（或）重量：对于第 4.10 项所述的捕获并留置的每一鱼种，每天记录其尾数和估计的活鱼重量（千克）。

4.9 丢弃的尾数和（或）重量：对于第 4.10 项所述的捕获但未留置的每一鱼种，每天记录丢弃的尾数和估计的活鱼重量（千克）。

4.10 物种：

主要物种	FAO 代码
黄鳍金枪鱼（*Thunnus albacares*）	YFT
大眼金枪鱼（*Thunnus obesus*）	BET
鲣鱼（*Katsuwonus pelamis*）	SKJ
平鳍旗鱼（*Istiophorus platypterus*）	SFA
印度枪鱼（立翅枪鱼）（*Makaira indica*）	BLM
其他旗鱼（other billfish）	
青干金枪鱼（*Thunnus tonggol*）	LOT
鲔（*Euthynnus affinis*）	KAW
扁舵鲣/双鳍舵鲣（*Auxis* spp.）	FRZ
康氏马鲛（*Scomberomorus commerson*）	COM
斑点马鲛（*Scomberomorus guttatus*）	GUT
鲨鱼	
其他鱼类	
魟（rays）	
海龟（记录数量）（marine turtles）	

5. 备注

其他相关信息也在备注中记录。

注：渔捞日志包括的鱼种信息是最低要求。其他非必须记录渔获物种应予以增列，因为其会因不同捕捞区域和渔业而异。

曳绳钓渔船

所有渔捞日志信息应按日填写；若在同一天要记录一件以上的捕鱼事件，建议每一事件分开填写。

每航次记录一次。

1. 报告信息

1.1 捕鱼日期（或当多天作业时，填写提交渔捞日志日期）。

1.2 报告人姓名。

2. 渔船信息

2.1 渔船名和登记号及国际海事组织（IMO）注册号（如有）。

2.2 IOTC 编号（如有）。

2.3 渔船许可证号。

2.4 渔船大小：总吨数和（或）总长（米）。

3. 航次信息

3.1 离港日期及港口。

3.2 返港日期及港口。

4. 作业

4.1 捕鱼日期：记录捕鱼作业日期。每一捕捞日应分别记录。

4.2 船员人数：记录每个捕捞日的船员数。

4.3 渔具数量：记录捕捞作业当天使用的钓线数量。若没有确切数量，可填写使用钓线的数量范围等级：

ⅰ）3 条钓线及以下；

ⅱ）3 条钓线以上。

4.4 捕捞的鱼群数量和类型（锚定 FAD 或漂浮 FAD、海洋哺乳动物、浮水群、其他）：记录当日捕捞的鱼群数量和类型（即锚定 FAD、漂浮 FAD、海洋哺乳动物随附鱼群或浮水群）。

4.5 渔获物位置。

经纬度位置：捕鱼作业时，可选择填写中午的位置，或开始投绳位置，或作业区域代码（如塞舌尔专属经济区、公海等）。不在港内且未作业时，记录中午的经纬度。

若逐日记录信息，按 1 度方格区域记录捕捞水域的信息。

4.6 鱼饵：记录使用的饵料种类或指出是否使用了人工诱饵。

4.7 渔获量：按鱼种记录渔获尾数和（或）重量（千克）。

4.8 渔获尾数及（或）重量：对于 4.10 项所述的捕获并存留的每一鱼种，逐天记录其尾数或估计的鱼体重量（千克）。

4.9 丢弃的尾数和（或）重量：对于 4.10 项所述的捕获但未留存的每一鱼种，逐天记录丢弃的尾数和估计的鱼体重量（千克）。

4.10 物种：

主要物种	FAO 代码
黄鳍金枪鱼（*Thunnus albacares*）	YFT
大眼金枪鱼（*Thunnus obesus*）	BET
鲣鱼（*Katsuwonus pelamis*）	SKJ
长鳍金枪鱼（*Thunnus alalunga*）	ALB
剑鱼（*Xiphias gladius*）	SWO
蓝枪鱼（黑旗）（*Makaira nigricans*）	BUM
印度枪鱼（立翅枪鱼）（*Makaira indica*）	BLM
条纹四鳍旗鱼（红肉旗鱼）（*Tetrapturus audax*）	MLS
平鳍旗鱼（*Istiophorus platypterus*）	SFA
其他旗鱼（other billfish）	
青干金枪鱼（*Thunnus tonggol*）	LOT
鲔（*Euthynnus affinis*）	KAW
扁舵鲣/双鳍舵鲣（*Auxis* spp.）	FRZ
康氏马鲛（*Scomberomorus commerson*）	COM
斑点马鲛（*Scomberomorus guttatus*）	GUT
鲨鱼（sharks）	
其他鱼类（other fishes）	
魟（rays）	
海龟（marine turtles）	

5. 备注

其他相关信息也在备注中记录。

注：渔捞日志中包括的鱼种被认为是最低要求。可选择记录的其他渔获物种应予以增列，因其会因捕捞区域和渔业的不同而不同。

决议第 15/02 号：关于对 IOTC 缔约方和合作非缔约方强制性统计报告要求

印度洋金枪鱼委员会（IOTC），

承认对提交至 IOTC 的资料在商业及组织层级上需要有保密性；

考虑到第 10/02 号决议"关于对 IOTC 缔约方和合作非缔约方强制性统计报告要求"的规定；

考虑到第 11/04 号决议"关于区域性观察员计划"的规定；

根据 IOTC 协定第九条第 1 款的规定，决议如下。

1. 缔约方和合作非缔约方（CPC）应依第 7 款规定的时间安排向 IOTC 秘书处提供下列信息。

2. 总渔获量数据：分鱼种和渔具的总渔获量估计，如可能，按季度，应根据第 7 款要求每年提交（如可能，留存的按活体重量，丢弃的按活体重量或尾数分开）IOTC 强制要求报告的所有鱼种，以及根据"关于 IOTC 管辖区域渔船记录渔获量和努力量"数据的第 15/01 号决议（或任何后续被替换版本）规定记录的渔获量和兼捕渔获物中，最常被捕获的板鳃类物种。

3. 鲸类、海鸟和海龟的兼捕统计数据，应根据"关于鲸类养护"的第 13/04 号决议、"关于减少延绳钓渔业误捕海鸟"的第 12/06 号决议和"关于海龟养护"的第 12/04 号决议（或被替换的后续修订版本）提交。

4. 渔获量及努力量数据[1]。

a）表层渔业（围网、竿钓、刺网）：按月提供 1 度方格海域的分鱼种渔获重量和捕捞努力量数据。围网和竿钓渔业数据应按捕捞方式分类（如浮水鱼群或流木鱼群）。数据应是按渔具分类的月估计总渔获量。并按要求向 IOTC 提供有关介绍推算过程的文件（包括和渔捞日志覆盖率一致的换算因子）。报告的努力量措施要与第 15/01 号决议（或任何被取代的修订文本）要求的一致。

b）延绳钓渔业：分鱼种、尾数或重量的渔获量及努力量，应按月和 5 度方格提供。还应定期提交有关推算程序的文件（包括和渔捞日志覆盖率一致的换算因子）。对于 IOTC 科学分委会相关工作小组的工作，延绳钓数据应是 1 度方格海域分辨率及按月或更精细尺度。这些数据仅供 IOTC 科学分委会及其工作小组使用，但须经数据所有人同意，并按 IOTC 第 12/02 号决议"关于数据保密政策和程序"的规定进行保密，及时供科学使用。报告的努力量单位应与第 15/01 号决议（或任何被取代的修订文本）的努力量要求的一致。

c）沿海渔业：分鱼种渔获量数据应根据第 7 款规定每年提交，渔具和捕捞努力量数

---

1 延绳钓渔业：由在 IOTC 授权记录中的船舶使用延绳钓渔具的渔业

表层渔业：除延绳钓渔业外，由在 IOTC 授权记录中的船舶进行的所有渔业，特别是围网、竿钓、刺网、手钓和曳绳钓船

沿海渔业：如以上明确的延绳钓或表层渔业之外的渔业，也称为手工渔业

据应经常提交。可选择使用地理区域表示（如能更好地代表有关渔业）。报告的努力量单位应与第 15/01 号决议（或被取代的后续修订文本）的努力量要求一致。

根据"关于 IOTC 管辖区域渔船记录渔获量和努力量"的第 15/01 号决议（或被取代的后续修订文本)记录渔获量和兼捕渔获物的要求,这些适用于金枪鱼和类金枪鱼的条款,也应适用于通常能捕到的板鳃类物种。

5. 体长数据：按照第 4 款规定及按照 IOTC 统计数据报告指南规定的程序，应提供所有渔具捕捞的所有物种的体长数据。体长采样应按严格和良好描述的随机抽样方案进行，以提供无偏差的体长数据。采样覆盖率按照作业渔具和鱼类类型确定，至少每吨渔获物测定一尾，以便采样在作业时期和作业区域方面均具有代表性。或者，作为区域性观察员计划的一部分，可提供延绳钓船队的体长数据。在该观察员计划中，观察员覆盖率至少达到所有捕鱼作业的 5%。分鱼种体长数据，包括测定的鱼类总尾数，应按月份、渔具类型和作业方式（例如，围网渔船分浮水鱼群或流木鱼群）以 5 度方格海域提交。也应提供包括分鱼种和渔业类型的采样和重量换算过程的文件。

6. 鉴于围网补给船的活动和集鱼装置的使用是围网船队捕捞努力量的组成部分，CPC 应提供下列信息。

a）围网补给船的数量和特点：①悬挂其船旗作业；②协助悬挂其船旗作业的围网船；或③持许可证在其专属经济区作业，并出现在 IOTC 管辖区域。

b）补给船船旗国按月份和 1 度方格海域报告围网船和补给船海上天数。

c）补给船和围网船每季度的 FAD 总网次数，以及

i）FAD 投放日期和位置，FAD 标识符和类型（即流木或杂物、漂浮木筏或带有网片的集鱼装置，漂浮木筏或没有网片的集鱼装置，锚定 FAD 或其他 FAD，如竹排或动物尸体等）；

ii）每一 FAD 的结构特点［与第 15/08 决议（由第 17/08 号决议取代）附件 1 一致，关于 FAD 管理计划程序，包括限制 FAD 数量、更详细的 FAD 网次渔获报告规范及开发改进 FAD 结构减少非目标物种的缠绕］。

这些数据仅供 IOTC 科学分委会及其工作小组使用，但须经数据所有人同意，并受 IOTC "关于数据保密政策和程序"的第 12/02 号决议保护，仅以适时方式提供。

7. 向 IOTC 秘书处提交数据的时间：

a）公海作业的延绳钓船队应于 6 月 30 日前提交前一年的暂定数据，12 月 30 日前提供前一年的最终数据。

b）所有其他船队（包括补给船）应于 6 月 30 日前提交前一年的最终数据。

c）若无法在规定期限前上交最终统计数据，至少应提交初步的统计数据。迟交时间超过 2 年，对历史数据的所有修订应有正式报告并有充分证明。这些报告应以 IOTC 秘书处提供的表格为基础，并由 IOTC 科学分委会审议。IOTC 科学分委会将会为 IOTC 秘书处提供修订后的数据是否可用于科学用途的咨询意见。

8. 本决议取代"关于 IOTC 缔约方和合作非缔约方（CPC）强制性统计报告要求"的第 12/02 号决议。

决议第 15/03 号：关于船舶监测系统方案

印度洋金枪鱼委员会（IOTC），

注意到 2001 年 3 月 27～29 日于日本烧津召开的关于综合监控和检查制度的会议闭会期间的结果；

认识到基于卫星的船舶监测系统（VMS）对委员会养护和管理计划，包括遵守规定的价值；

认识到 IOTC 02/02 号决议（先后被更新为 06/03 号决议和 15/03 号决议）呼吁在 2004 年 1 月 1 日前通过一个试验性的基于卫星的 VMS；

注意到 IOTC 02/02 号决议（先后被更新为 06/03 号决议和 15/03 号决议）为适应那些缺乏足够能力可立即在国家层面上执行 VMS 的缔约方，允许采用渐进方式推进 VMS；

认识到 IOTC 02/02 号决议（先后被更新为 06/03 号决议和 15/03 号决议）为本地区的发展中国家建立执行此决议的能力提供一个进程；

意识到许多缔约方已经对其船队建立 VMS 计划，其经验在支持委员会的养护和管理计划上，可能甚有帮助并得益；

根据 IOTC 协定第九条第 1 款的规定，决议如下。

1. 每一缔约方和合作非缔约方（CPC）应对悬挂其旗帜捕捞 IOTC 水域内受 IOTC 协定管辖鱼种的渔船船长 24 米或以上，以及在各船旗国专属经济区以外作业船长低于 24 米的渔船采用基于卫星的 VMS。

2. 自 06/03 号决议被本决议取代起（见第 1 款），那些当前仍没有为其任何渔船安装 VMS 的 CPC，需要在 2016 年 4 月向执法分委会递交一份完全执行国家层面上的 VMS 义务的计划，提出其最多三年（至 2019 年 4 月止）的阶段性方案，并且至少在 2017 年 9 月前完成 50%。

3. 任何应遵守 06/03 号决议（或者任何随后的取代决议）要求的 CPC 渔船，如果还没有安装 VMS，将被要求至多在 1 年内（即 2016 年 4 月前）需要完全执行其国家层面上的 VMS 义务。

4. 委员会可根据各 CPC 采用的标准化 VMS，建立 IOTC 管辖区 VMS 的登记、执行和运行指南规范。

5. 收集的信息应包括：

a）船舶识别信息；

b）当前船舶位置（经纬度），船位误差应少于 500 米，置信度 99%；和

c）确定上述船位的日期和时间（以 UTC 表达）。

6. 每一 CPC 应采取必要措施，确保其陆基国家渔船监控中心（以下称为 FMC）通过 VMS 收到第 5 条要求的信息；确保 FMC 备有能自动处理数据和数据电子传送的计算机硬件和软件。每一 CPC 应提供数据备份和恢复程序，以防系统万一发生故障。

7. 每一 CPC 应确保至少每 4 小时向 FMC 发送一次第 5 条要求的信息。每一 CPC 应确保悬挂其旗帜的渔船船长能保证其卫星追踪系统在任何时间都运作正常。

8. 作为船旗国的每一 CPC，应确保其船舶上的渔船监测系统能防篡改，即该 VMS 的形式和结构可预防输入或输出不真实的船位，无法用手动、电子或其他方式强制操作 VMS。因此，船上装置的卫星监控设备必须：①放置在密封装置内；以及②受官方封条（或机械装置）保护，此类保护可显示装置是否被侵入或篡改。

9. 有关卫星追踪设施的责任和万一卫星追踪设施发生技术障碍或故障时的要求在附件 1 中规定。

10. 第 1 条提及尚未安装 VMS 的渔船应至少每日通过电子邮件、传真、电报、电话或无线电向其 FMC 报告。当向其主管机关报告时，内容除第 5 条要求的信息外，还应包括：

a）捕捞作业开始时的船位；和

b）捕捞作业结束时的船位。

11. 未能履行本决议义务的 CPC 应向 IOTC 秘书处报告：①有关执行本决议的现有系统、基础设施和能力；②执行这类系统的障碍；以及③执行要求。

12. 每一 CPC 应在每年 6 月 30 日前，向 IOTC 秘书处提供其按本决议执行 VMS 计划的进展报告。秘书处应在委员会年会前汇总此类报告，并将汇总报告提交给执法分委会。委员会将根据报告，结合考虑今后 VMS 的发展，讨论如何更好地进行下去，以支持养护和管理措施。

13. 如果 CPC 认为对确保 IOTC 养护和管理措施的效果是合适的，鼓励其将本决议的适用范围扩大到第 1 条未提到的渔船。

14. 本决议取代"关于建立渔船监测系统方案"的第 06/03 号决议。

附件 1　卫星跟踪设备的责任和发生技术障碍及故障时的要求

a）若任一 CPC 有信息怀疑船上的船舶监控设施无法满足第 2 条的要求规定，或已被篡改的状况下，应立即通知执行秘书及该船舶船旗国。

b）需装置 VMS 的渔船船长及船东/持照人应确保装设于其渔船上的船舶监控设施在 IOTC 公约区内所有时间内均可正常运作。船长及船东/持照人应特别确保：

i）VMS 报告及信息无任何方式的变更；

ii）连接于卫星监控设施的天线无任何方式的遮蔽；

iii）卫星监控设施的电力供应无任何方式的中断；以及

iv）不将渔船监控设施从船舶中移除。

c）船舶监控设施应在 IOTC 公约区内持续运行。但当渔船在港内停泊时期超过一周，经事先通知船旗国并经其获准，可关闭船舶监控设施。船旗国如有意愿亦可通知秘书处，但重新启动该设施后所产生的首次船位报告与最后 1 次报告相比，必须显示渔船未变更船位。

d）当渔船上的卫星追踪设施发生技术障碍及故障时，应于一个月内修复或更换设施。逾期，不允许渔船船长以损坏的卫星追踪设施开始捕捞活动。再者，当捕捞航次超过一个月以上，遇设施停止运行或技术障碍，该船在进港后需立即进行修复或更换，渔船不应在卫星追踪设施尚未修复或更换下，获准开始捕捞航次。

e）当渔船上的船舶监控设施发生技术障碍及故障时，该船船长或船东或其代表，应立即通知船旗国的 FMC，且船旗国如有意愿亦可按本附件 f）项于第一时间检测到或接获有关技术障碍及故障的通知时告知秘书处。当渔船上的渔船监控设施发生技术障碍或故障时，该船船长或船东或其代表，也应每 4 小时通过电子邮件、传真、电报、电话及无线电，向船旗国的 FMC 传送第 5 条所要求的信息。

f）当船旗国逾 12 小时未接收到依本决议第 7 条及本附件 e）项的信息时，或是有理由怀疑依本决议第 7 条及本附件 e）项所发送信息的正确性时，其应尽块将此状况通知船长或船东或其代表。如此状况在一年内发生于某船舶超过 2 次，船旗国应就此事件展开调查，包括派遣一经授权的官员检查各种设施，证实设备是否已遭篡改。此调查结果应于调查完成后 30 天内传至 IOTC 秘书处。

有关本附件 e）及 f）项，每一 CPC 在侦测或接获通知渔船的船舶监控设施发生技术障碍或故障时，应尽快且最迟不超过 2 个工作日，向 IOTC 秘书处传送有关该船的地理位置，或应确保这些船位报告是由该船船长或船东或其代表所传送。

决议第 15/04 号：关于经核准在 IOTC 管辖海域作业的 IOTC 船舶名单

印度洋金枪鱼委员会（IOTC），

回顾 IOTC 已采取各种措施预防、阻止和消除大型金枪鱼渔船从事 IUU 渔业；

进一步回顾 IOTC 在 2001 年年会通过的"关于 IOTC 大眼金枪鱼统计文件计划"的第 01/06 号决议；

进一步回顾 IOTC 在 2001 年年会通过的"关于捕捞活动的控制"的第 01/02 号决议（被第 13/02 号决议取代，后被第 14/04 号、第 15/04 号决议取代）；

注意到大型渔船移动性高，作业渔场很容易从一洋区转移至另一洋区，没有及时向委员会注册而在 IOTC 辖区海域作业的可能性很大；

注意到补给船和支持船通过在禁渔区投放集鱼装置，会以不可控的方式增加围网渔船的捕捞能力；

回顾 FAO 理事会 2001 年 6 月 23 日通过的预防、阻止和消除非法、不报告和不管制捕捞的国际行动计划（IPOA），该计划规定区域渔业管理组织应采取行动加强和确立创新的方法，与国际法一致，预防、阻止和消除非法、不报告和不管制捕鱼，特别是建立核准船舶名单和从事 IUU 捕捞的渔船名单；

忆及委员会通过的"关于建立授权在 IOTC 水域作业的船长超过 24 米的渔船名单"的第 02/05 号决议（先后被第 05/02 号决议、第 07/02 号决议、第 13/02 号决议、第 14/04 号决议和第 15/04 号决议取代），于 2003 年 7 月 1 日建立 IOTC 实际作业渔船名单；

承认需要采取进一步措施有效消除捕捞金枪鱼的大型 IUU 渔船；

依据 IOTC 协定第九条第 1 款的规定，决议如下。

1. 委员会应维持 IOTC 渔船名单，包括：

a）总长 24 米及以上；或

b）总长小于 24 米，但在其船旗国专属经济区外作业的渔船，和授权在 IOTC 水域内捕捞金枪鱼及类金枪鱼的渔船（以下称为"授权船只"或 AFV）。

为实现本决议的目的，未在 IOTC 注册渔船名单上的渔船，包括辅助船、补给船和支持船被认为没有获得在 IOTC 水域捕捞、船上保留、转载或上岸金枪鱼及类金枪鱼的授权，或支持任何捕鱼活动或投放漂流集鱼装置（DFAD）的授权。本规定不适用于在船旗国 EEZ 内作业、船长不到 24 米的渔船。

2. 每一缔约方和合作非缔约方（CPC），在可能的情况下，应以电子方式向 IOTC 执行秘书提交授权在 IOTC 水域内作业的上述 1.a）和 1.b）所指的 AFV 名单。此名单应包含下列信息：

a）船名，登记号；

b）IMO 注册号（如有），为使 CPC 有必要的时间让具有资格但尚未拥有 IMO 注册号的船舶取得该号，第 2.b）项有关 IMO 注册号的规定自 2016 年 1 月 1 日起生效，自该日起，CPC 应确保其所有在 IOTC 注册名单上的渔船拥有 IMO 注册号，关于 IMO 注册号规定的第 2.b）项不适用于不符合 IMO 注册号条件的船舶；

c）以前船名（如有）；

d）以前船旗（如有）；

e）以前被除籍的详细信息（如有）；

f）国际无线电呼号（如有）；

g）注册港；

h）船舶类型、长度及总吨数；

i）船东和经营者的姓名和地址；

j）使用的渔具；

k）授权捕鱼和（或）转载的时期。

在评估前款的守约情况时，委员会应考虑船东在遵循适当程序的情况下仍无法获得IMO 注册号的特殊情况。船旗 CPC 应向 IOTC 秘书处报告任何此类例外情况。

3. 所有向其船旗船签发捕捞 IOTC 管辖鱼种的 CPC，应向 IOTC 执行秘书提交一份最新的在国家管辖范围海域外捕鱼的官方授权模板，并当这些信息发生变化时更新该信息。这些信息包括：

a）主管部门名称；

b）主管部门工作人员的姓名和联系方式；

c）主管部门工作人员的签名；

d）主管部门正式印章。

IOTC 执行秘书应将前述信息发布于 IOTC 网站加密处以供监控管理使用。

4. 第 3 款的模板应仅用于监控管理，该模板与船上携带的授权证书之间有差异并不构成违规，但将促使检查国与争议船舶船旗国主管机关进行澄清。

5. IOTC 最初船只名单建立后，如 IOTC 名单有任何加入、删除和（或）修改时，每一 CPC 应立即告知 IOTC 执行秘书。

6. IOTC 执行秘书应维持 IOTC 名单，并确保以符合 CPC 指定机密要求的方式，采取任何措施以电子方式公告此名单，包括放置在 IOTC 网站上。

7. 名单中船舶的船旗 CPC 应：

a）只有当渔船有能力履行 IOTC 协定规定的要求和义务及养护和管理措施时，方可授权其在 IOTC 水域内作业；

b）采取必要措施，确保其 AFV 遵守 IOTC 所有的相关养护和管理措施；

c）采取必要措施，确保其在 IOTC 名单上的 AFV 在船上保留有效的船舶登记证书及捕鱼和（或）转载许可证书；

d）确保其在 IOTC 名单上的 AFV 过去无 IUU 捕捞活动记录，或如果过去有过此种记录，新船东提供充分证据证明与以前船东和经营者无法律、利益或财务关系，或未控制这些渔船，IUU 涉事各方已正式解决了问题，且处罚已经完成，或已考虑所有相关事实，其 AFV 不会从事或参与 IUU 捕捞；

e）在国内法可能的范围内，确保其在 IOTC 名单上的 AFV 的船东和经营者，不从事或参与未列入 IOTC 名单的 AFV 在 IOTC 水域的捕捞金枪鱼活动；

f）在国内法可能的范围内，采取必要措施确保其在 IOTC 名单上的 AFV 的船东是船旗 CPC 的公民或法人，因此对其采取的任何管理或处罚行动可以有效执行。

8. CPC 应审核其依据第 7 款所采取的内部行动及措施，包括处罚与制裁行动，并以符合其国内法的有关信息披露方式，每年向委员会报告其审核结果。考虑到此审议结果，委员会应酌情要求有 AFV 在 IOTC 名单上的船旗 CPC 采取进一步的行动，加强此类船只遵守 IOTC 的养护和管理措施。

9. a）CPC 应依其适用的法规采取措施，禁止未列在 IOTC 名单上的船舶捕捞、船上保留、转载和上岸金枪鱼及类金枪鱼；

b）为确保 IOTC 统计证书文件所涵盖鱼种的养护和管理措施的有效性：

i）船旗 CPC 应只对在 IOTC 名单上的船只核发统计文件，

ii）CPC 应要求 AFV 在 IOTC 水域内捕获统计文件涵盖的鱼种，在进口到缔约方领土时，附上对 IOTC 名单上的该渔船所核发的统计文件，

iii）进口统计文件涵盖鱼种的 CPC 应与船旗国合作，确保统计文件并非伪造或不含错误信息。

10. 每一 CPC 应通知 IOTC 执行秘书有合理原因怀疑不在 IOTC 名单上的船只在 IOTC 水域内从事捕捞和（或）转载金枪鱼及类金枪鱼的任何确实信息。

11. a）如第 10 款提及船只悬挂某一 CPC 旗帜，执行秘书应要求该 CPC 采取必要措施，防止该船在 IOTC 水域内捕捞金枪鱼及类金枪鱼；

b）如第 10 款提及船只的船旗无法确认，或属于没有合作地位的非缔约方，执行秘书应立即汇总信息并传递给所有 CPC。

12. 委员会和有关的 CPC 应互相联系，尽最大努力与 FAO 及其他相关区域金枪鱼渔业管理组织保持联系，确立和实施适当措施。如可能，包括适时建立相同性质的渔船名单，避免对其他洋区的金枪鱼类资源带来负面影响。此类负面影响可能包括印度洋 IUU 渔船移转到其他洋区所造成的过度捕捞压力。

13. 每一 IOTC 缔约方和合作非缔约方应：

确保其任一渔船上携带 IOTC 缔约方或合作非缔约方主管机关核发的文件，至少包括下列文件，

i）捕捞证书、许可证或授权书，以及其许可证和授权书的条款和限制；

ii）船名；

iii）注册港及注册号；

iv）国际无线电呼号；

v）船东及船舶租赁人（若有关联）姓名及地址；

vi）总长；

vii）主机功率，以千瓦/马力表示（如可能）；

viii）定期核实上述文件，至少每年一次；

ix）确保第 1.a）项提及的文件和信息如有任何修订，均经该 IOTC 缔约方或合作非缔约方的主管机关证实。

14. 每一 IOTC 缔约方和合作非缔约方应确保其授权在 IOTC 水域捕鱼的渔船，按照通常可接受的、确实能够辨认的标识标示，如 FAO 渔船标识标准规范。

15. a）每一 IOTC 缔约方和合作非缔约方，应确保其授权在 IOTC 水域捕鱼的渔船使用的渔具有适当的标识，如网具末端、海中的绳索和渔具，白天应配有旗帜或雷达反射浮标，夜间应配置灯浮，以充分显示其位置和范围；

b）标识浮标和漂浮在水面示意固定渔具位置的类似漂浮物，应始终以字母和（或）数字清楚地标识其所属渔船；

c）集鱼装置应始终以字母和（或）数字清楚地标识其所属渔船。

16. 每一 IOTC 缔约方和合作非缔约方应确保其船长大于 24 米授权在 IOTC 水域捕鱼的渔船，以及船长小于 24 米但在其船旗国专属经济区外作业的渔船，在船上保存页码连号并装订成册的国家渔捞日志本。船上应至少保留过去 12 个月捕鱼作业期间，渔捞日志记载的原始记录。

本决议取代"关于建立授权在 IOTC 水域内作业的 IOTC 船只名单"的第 14/04 号决议。

决议第 15/09 号：关于集鱼装置的管理

印度洋金枪鱼委员会（IOTC），

牢记《执行 1982 年 12 月 10 日〈联合国海洋法公约〉有关养护和管理跨界鱼类种群和高度洄游鱼类种群的规定的协定》[《联合国鱼类种群协定》（UNFSA）]，鼓励沿海国和公海捕鱼国及时收集和分享有关捕鱼活动的完整及正确的信息，尤其是船舶位置、目标鱼种和非目标物种捕获量和捕捞努力量；

留意到联合国大会关于可持续渔业的第 67/79 号决议，呼吁各国各自、共同或通过区域渔业管理组织安排收集必要的数据以评估和严密监控大型集鱼装置及其他装置的使用，并酌情评估其对金枪鱼资源、金枪鱼行为及关联种和依附种的影响，以改善管理程序监控此类装置的数量、类型及使用，并减缓其对生态系统可能造成的负面影响，包括对幼鱼和意外兼捕的非目标物种，特别是鲨鱼和海龟；

注意到粮农组织《负责任渔业行为守则》规定，各国应当汇总区域及分区域渔业管理组织涵盖鱼类种群有关的渔业相关数据和其他科学支撑数据，并以适当方式向渔业管理组织提供这些数据；

承认所有捕捞 IOTC 管辖区域资源投放的渔具均应受管理，以确保捕捞作业的可持续性；

意识到委员会承诺采取养护和管理措施，减少集鱼装置（FAD）捕捞努力量造成的大眼金枪鱼和黄鳍金枪鱼幼鱼的死亡率；

意识到获得足够的信息是实现 IOTC 协定第五条规定的目标的基础；

注意到 IOTC 科学分委会向委员会建议，在印度洋渔业和资源的背景下，开展 FAD 暂定禁渔区及其他措施的可行性及影响研究；

注意到 IOTC 科学分委会建议设立 FAD（包括漂流和锚定 FAD）特别工作小组，评估日益增加的 FAD 数量和 FAD 技术发展在金枪鱼渔业及其生态系统中的后果，以便通知或建议今后 FAD 有关的管理选项；

注意到 ICCAT 和 WCPFC 在其 2014 年会议上均已批准设立 FAD 工作组，且委员会同意，只要可能，至少 ICCAT 和 IOTC 的 FAD 工作小组合作开展工作；

根据 IOTC 协定第九条第 1 款，决议如下。

1. 设立 FAD（包括漂流和锚定 FAD）特别工作小组，评估日益增加的 FAD 数量和 FAD 技术发展在金枪鱼渔业及其生态系统中的后果，以便通知或建议今后 FAD 有关的管理选项。该特别工作小组将具多部门的特点，涉及各利益相关者，如科学家、渔业管理人员、渔业界代表、行政管理人员和渔民等。工作组应将其结果及时报 2017 年 IOTC 科学分委会，供其审查。

2. IOTC 秘书处应和 ICCAT 秘书处保持联络，确定其 FAD 工作组能否与 IOTC 的 FAD 工作组协同工作。

附件1　特别FAD工作小组职责

特别FAD工作小组的目标如下。

收集和汇编有关浮标和FAD以往和当前数量、FAD相关技术改进和补给船活动等信息；

审议第15/08号（由第17/08号取代）决议确定的收集FAD数据的要求，以评估是否有必要修订；

评估FAD投放密度、空间分布对金枪鱼鱼群习性、分布和种类组成的影响；

评估FAD有关的技术的发展，尤其是：

i）因技术改进的捕捞能力变化；

ii）利用FAD和浮标标识作为监控、跟踪和管理FAD的手段；

iii）通过改进结构，如非缠绕FAD和生物可降解材料，减少FAD的生态影响。

在资源评估过程中，尤其是单位捕捞努力量及非目标种类生态危险评估中，改进FAD相关信息使用的方法；

通过积极交流观点，确定管理选择，包括规定FAD的投放数量限制和特点、支持船的活动等；

评估这些管理选择的效果，与其他船队捕捞死亡率构成联系起来，对IOTC管理鱼种及对大洋生态系统的影响；

特别工作小组要考虑所有的FAD类型，包括锚定和漂流FAD；

许多沿海国家因能力所限主要关注锚定FAD，IOTC秘书处应确保为这些国家制定特定条款，使其按照特别工作小组的要求汇总和散发数据，IOTC秘书处的数据收集任务中应包括这种支持；

IOTC秘书处应该考虑参会基金（MPF），帮助那些对FAD工作组有显著贡献的IOTC沿海国的科学家能参加会议；

访问FAD工作组使用的数据将遵守第12/02号决议（或后续替代的任何决议）规定的保密政策和程序；

特别工作小组将由科学家、渔业管理人员、渔业界代表、行政管理人员和感兴趣的其他利益相关者组成；

FAD特别工作小组会议一年不超过一次，将向每年召开的热带金枪鱼工作组会议与生态系统和兼捕工作组会议报告其工作；

IOTC委员会将在其年会上审议FAD工作组的工作进展和结果，并确定是否有必要继续。

决议第 15/10 号：关于目标参考点、限制性参考点及决策架构

印度洋金枪鱼委员会（IOTC），

考虑到 IOTC 的目标是最大可能地永远维持渔业资源水平不低于根据环境和经济要素，包括 IOTC 水域内发展中国家的特别需求评估的产生最大持续产量的水平；

铭记 IOTC 协定第十六条关于沿海国的权利，以及《联合国海洋法公约》第 87 条和第 116 条关于公海捕鱼的权利；

忆及《执行 1982 年 12 月 10 日〈联合国海洋法公约〉有关养护和管理跨界鱼类种群和高度洄游鱼类种群的规定的协定》（UNFSA）第 6 条第 3 款，建立预防性参考点作为健全渔业管理的一般原则应用；

进一步忆及 UNFSA 附件 2 提供的在养护和管理跨界鱼类种群和高度洄游鱼类种群应用预防性参考点的指南，包括当建立参考点所需信息缺乏或较差时采用暂定参考点；

注意到科学分委会提及的 13/10 号决议（被 15/10 号决议取代）中的暂定参考点和限制性参考点与 FAO 及 UNFSA 的不一致；

注意到 FAO《负责任渔业行为守则》第 7.5.3 点也建议实施种群特定的目标参考点和限制性参考点，尤其是在预防性做法的基础上实施；

注意到委员会通过的 09/01 号决议（被 16/03 号决议取代），绩效评估小组建议第 37 条和第 38 条表明，修改或替换 IOTC 协定要纳入现代渔业管理原则，委员会应实施预防性做法，特别是包括 UNFSA 提出的预防参考点；

注意到 IOTC "关于执行预防性做法"的第 12/01 号决议建议采用预防参考点，科学分委会在其第 14 次会议上提出了暂时预防参考点数值；

还忆及 IOTC 科学分委会开始启动程序，朝管理策略评估（MSE）程序方向发展，以改进有关捕捞控制规则（HCR）的规定；

强调 IOTC 科学分委会现在有能力就几种热带、温带或者浅海金枪鱼类和旗鱼类，提供与其参考点有关的资源状况的建议；

进一步指出 IOTC 科学分委会已经在第 17 次年会上就限制性参考点和目标参考点的可能替换提出建议，如果认为根据 B_{MSY} 和 F_{MSY} 得到的限制性参考点和目标参考点不可靠时，建议可采用根据 B_0 比例获得的参考点，B_0 为估计的初始生物量；

进一步指出科学分委会也建议，如果基于 MSY 的参考点不能被可靠估计，生物量限制性参考点设定为初始生物量水平的 20%；

承认科学家和管理者之间继续对话，为规定 IOTC 金枪鱼及类金枪鱼合适的 HCR 是必要的；

根据 IOTC 协定第九条第 1 款，决议如下。

暂定目标参考点（TRP）和限制性参考点（LRP）

1. 在评估资源状况和向委员会提供建议时，IOTC 科学分委会应尽可能地对金枪鱼类和类金枪鱼类采用基于 MSY 的目标参考点和限制性参考点，特别是委员会 2013 年同意的长鳍金枪鱼、剑鱼和三种热带金枪鱼（大眼金枪鱼、鲣鱼和黄鳍金枪鱼）的暂定参考点

[第 13/10 号"关于暂定参考点和限制性参考点及决策构架"的决议(被 15/10 号决议取代)]，见表 1。B_{MSY} 是指能够产生最大持续产量的种群生物量水平；F_{MSY} 是指产生最大持续产量的捕捞死亡率水平。

表 1　暂定目标参考点及限制性参考点

物种	目标参考点	限制性参考点
长鳍金枪鱼		
黄鳍金枪鱼		
剑鱼	$B_{TARGET} = B_{MSY}$ $F_{TARGET} = F_{MSY}$	$B_{LIM} = 0.40\, B_{MSY}$ $F_{LIM} = 1.40\, F_{MSY}$
大眼金枪鱼	$B_{TARGET} = B_{MSY}$ $F_{TARGET} = F_{MSY}$	$B_{LIM} = 0.50\, B_{MSY}$ $F_{LIM} = 1.30\, F_{MSY}$
鲣鱼	$B_{TARGET} = B_{MSY}$ $F_{TARGET} = F_{MSY}$	$B_{LIM} = 0.40\, B_{MSY}$ $F_{LIM} = 1.50\, F_{MSY}$

备选暂定目标参考点和限制性参考点

2. 当 IOTC 科学分委会认为基于 MSY 的参考点不能被可靠地估计时，限制性参考点的生物量水平将被定义为初始生物量 B_0 的一个比值。除非 IOTC 科学分委会建议委员会对一个特定种类采用更合适的限制性参考点，否则暂定限制性参考点 B_{LIM} 的生物量默认为初始生物量 B_0 的 20%，相应的捕捞死亡率限制性参考点定义为 $F_{0.2B_0}$（相对于该生物量限制性参考点的值）。委员会将最迟不晚于 2018 年对这些暂定限制性参考点进行审议。

3. 当 IOTC 科学分委会认为基于 MSY 的参考点不能被可靠地估计时，基于衰退比例的目标参考点（即关于当前生物量与初始生物量 B_0 的比例的参考点）应该被用来作为 B_{TARGET} 和 F_{TARGET} 的基准，如下：

　　a）暂定生物量目标参考点 B_{TARGET} 可按初始生物量的 B_0 比例设定；

　　b）暂定捕捞死亡率目标参考点 F_{TARGET} 的设置可与生物量目标参考点水平相一致。

4. 这些目标参考点及限制性参考点，参照本决议 1～3 款，将由科学分委会根据附件 1 的工作程序和第 6 款进一步审议。结果提交至委员会按每一鱼种的限制性参考点逐一审议通过。

5. IOTC 科学分委会应继续提供有关资源状态的建议和与本决议第 1～3 款提及的生物学参考点相关的管理措施建议，直到委员会通过可以实现 IOTC 养护和管理目标并与本决议第 6 款相一致的其他参考点。

6. 科学分委会应向委员会建议考虑按照商定的参考点选择 IOTC 管理鱼种的捕捞控制规则（HCR），为此应考虑：

　　a）UNFSA 和 IOTC 协定第五条规定的条款；

　　b）下列目标和根据 14/03 号决议（被 16/09 号决议取代，或被任何后续其他决议取代）通过科学-管理对话过程确定并经委员会同意的任何其他目标，如

　　i）维持生物量处于或高于产生最大持续产量（MSY）水平或近似水平，维持捕捞死亡率在或低于 F_{MSY} 或近似水平，

ii）避免生物量低于 B_{LIM} 或捕捞死亡率高于 F_{LIM}；

c）以下指南，

i）对于评估结果处于神户象限图右下方象限（绿色）内的资源，管理目标是尽可能将该资源的状态维持在该象限内，

ii）对于评估结果处于神户象限图右上方象限（橙色）内的资源，管理目标是尽可能在短时期内终止过度捕捞，

iii）对于评估结果处于神户象限图左下方象限（黄色）内的资源，管理目标是尽可能在短时期内恢复该资源的生物量，

iv）对于评估结果处于神户象限图左上方象限（红色）内的资源，管理目标是尽可能结束过度捕捞，并尽可能在短时期内恢复该资源的生物量。

最终条款

7. 考虑到《联合国海洋法公约》（UNCLOS）第 64 条及《联合国鱼类种群协定》（UNFSA）第 8 条，本决议的完整性服从于 IOTC 协定第十六条（沿海国权利）及《联合国海洋法公约》第 116 条有关公海捕鱼权利的规定。

8. 要求科学分委会在本决议通过后的 10 年内，对所有与 IOTC 鱼种的目标参考点和限制性参考点相关的捕捞控制规则的绩效进行评估，委员会将酌情考虑符合科学建议的捕捞控制规则。

9. 科学分委会应尽早把有关目标参考点（TRP）和限制性参考点（LRP）的合适度的建议，如附件 1 要求，反馈给委员会，如可能应不晚于 2020 年 IOTC 年会。本决议将被进一步审议，以便通过修订的 TRP 和 LRP。

10. 本决议取代"关于暂定参考点和限制性参考点及决策构架"的第 13/10 号决议。

附件 1　通过管理策略评估确立和评估 TRP、LRP、HCR 的工作计划

1. 要求 IOTC 科学分委会评估第 15/10 号决议第 1～3 款提及的 LRP 和 TRP 的适宜性，并根据 UNFSA 的指导原则，对其他参考点进行评估，并考虑：

a）这些参考点的性质——目标或极限；

b）关于种群动态变动和生活史参数的最佳科学知识；

c）所有捕捞该资源的渔业；

d）不确定的主要来源要求。

2. IOTC 科学分委会通过管理策略评估过程，确立和评估捕捞控制规则的性能，实现平均 TRP，避免概率高的限制性参考点（含），考虑对第 4 款所列优先物种进行资源评估时的不确定性水平。为此，应开展以下活动：

a）要求 IOTC 科学分委会评估与下列参数有关的 HCR 的可靠程度和性能，

i）第 15/10 号决议规定的 TRP 和 LRP；和

ii）如 14/03 号决议（由 16/09 号决议取代）所述，通过科学-管理对话过程确定的备选 TRP 和 LRP。

b）要求 IOTC 科学分委会提供一系列潜在的绩效统计数据，以使委员会能够评估取代的 HCR 和 LRP/TRP。

3. 在评估 4.a）和 4.b）项确定的物种的候选 HCR 时，将要求 IOTC 科学分委会提供关于生物量可能性的建议：

a）处在或低于生物量 LRP；

b）处在或高于生物量 TRP。

4. 第 2 条和第 3 条所述的初步评估应在可能的情况下完成，以便：

a）科学分委会在 2015 年向委员会会议报告长鳍金枪鱼和鲣鱼的资源评估；

b）2017 年完成黄鳍金枪鱼、大眼金枪鱼和剑鱼的资源评估，并在 2018 年委员会年会上汇报。

决议第 14/01 号：关于取消过时养护和管理措施

印度洋金枪鱼委员会（IOTC），

承认改进其养护和管理措施的一致性、解释性和可操作性的愿望；

注意到一些 IOTC 缔约方和合作非缔约方（CPC）在第 15 次委员会会议中关注许多沿海国仍未能够完全执行委员会通过的许多养护和管理措施；

亦注意到 11/01 号决议（由 14/01 号决议取代）的目的是合并 IOTC 决议和建议；

依据 IOTC 协定第九条第 1 款的规定，决议如下。

1. 考虑到委员会以前通过的下列养护和管理措施已达到目的或已过时，且已被取代但未被废止，或与印度洋金枪鱼和类金枪鱼的养护和管理不再有关联。

应被撤销的建议：

a）第 01/01 号：关于印度洋金枪鱼捕捞的国家观察员计划；

b）第 02/06 号：关于实施 IOTC 注册渔船名单；

c）第 03/04 号：关于加强消除 IOTC 水域内 IUU 捕捞活动的 IOTC 措施效力；

d）第 03/05 号：关于贸易措施；

e）第 03/06 号：关于向委员会建议金枪鱼和类金枪鱼管理选择的报告；

f）第 05/06 号：关于 IOTC 管理选择工作小组的职权范围；

g）第 02/07 号：关于防止大型 IUU 金枪鱼延绳钓渔船"洗鱼"的措施。

应被撤销的决议：

a）第 98/03 号：关于南方蓝鳍金枪鱼；

b）第 99/01 号：关于管理在 IOTC 管辖区域捕捞热带金枪鱼渔船（包括方便旗渔船）捕捞能力和减少大眼金枪鱼幼鱼渔获量；

c）第 99/03 号：关于 IOTC 管控和检查机制的说明；

d）第 00/01 号：关于 IOTC 缔约方遵守强制性统计规定及要求非缔约方合作；

e）第 00/02 号：关于延绳钓渔获物被掠食的调查；

f）第 01/04 号：关于限制 IOTC 非缔约方捕捞大眼金枪鱼的努力量；

g）第 01/07 号：关于支持 IPOA-IUU 计划；

h）第 02/08 号：关于印度洋大眼金枪鱼和黄鳍金枪鱼的养护；

i）第 03/07 号：关于承认大卫·阿迪尔的贡献；

j）第 11/01 号：关于汇编 IOTC 决议和建议。

2. 考虑到委员会以前通过的下列养护和管理措施，其本质为程序性或行政性的，应合并到 IOTC 议事规则：

a）第 98/05 号决议：关于与非缔约方合作；

b）第 02/09 号决议：关于行政与财务常设委员会（SCAF）的设立；

c）第 03/02 号决议：关于取得 IOTC 合作非缔约方身份的标准；

d）第 10/05 号决议：关于设立 IOTC 发展中国家缔约方和合作非缔约方参会基金；

e）第 10/09 号决议：关于执法分委会职能。

3. 本决议取代"关于取消过时的养护和管理措施"的第 13/01 号决议，以及第 1 款和第 2 款所列的养护和管理措施。

决议第 14/02 号：关于养护和管理 IOTC 管辖区域热带金枪鱼种群

印度洋金枪鱼委员会（IOTC），

承认基于历史的渔业经验，过多捕捞努力量对资源潜在产量具有负面影响；

考虑到可获得的科学信息及建议，尤其是 IOTC 科学分委会关于近几年黄鳍金枪鱼资源可能已被过度利用或充分利用，大眼金枪鱼资源可能也已被充分利用的结论；

承认 2009 年 11 月 30 日至 12 月 4 日在塞舌尔召开的第 12 次 IOTC 科学分委会会议期间，科学分委会建议黄鳍金枪鱼和大眼金枪鱼的渔获量不应超过其最大持续产量水平，即不应超过评估的 30 万吨和 11 万吨水平；

承认实施没有配额分配的 TAC 将导致 IOTC 缔约方和合作非缔约方（CPC）及非 CPC 间渔获量和捕捞机会的不公平分配；

进一步承认生计型金枪鱼渔业部门在渔获统计报告方面仍需加强，以便更加密切地了解渔获量状况，尽管工业化渔业的渔获统计报告要求有所改善；

注意到采用预防性做法在印度洋热带金枪鱼和剑鱼种群管理中的重要性，尤其是对印度洋黄鳍金枪鱼和大眼金枪鱼的管理；

根据 IOTC 协定第九条第 1 款规定，决议如下。

CPC 应执行下述行动计划：

根据科学分委会建议，建立 IOTC 辖区主要目标鱼种的分配（配额）制度或任何其他相关措施；

生计型金枪鱼渔业的最适报告要求及执行适当数据收集制度的建议；

本决议取代"关于养护印度洋管辖区域热带金枪鱼种群"的第 12/13 号决议。

决议第 14/05 号：关于经许可在 IOTC 管辖区域捕捞 IOTC 鱼种的外籍渔船名单及入渔协定信息

印度洋金枪鱼委员会（IOTC），

承认沿海国对其 200 海里专属经济区（EEZ）的天然资源具有主权权利；

意识到《联合国海洋法公约》第 62 条规定；

注意到在 IOTC 缔约方与合作非缔约方（CPC）专属经济区捕鱼的渔船信息成为确认潜在的不报告捕捞活动的一种方法；

注意到"关于绩效评估后续行动"的 09/01 号决议（由 16/03 号决议取代）所列的绩效评估小组提出的第 17 项建议，即船旗国报告其渔船信息的义务包含在另一决议中，并与成员报告其许可在其 EEZ 作业的第三国渔船信息的义务分开。

注意到所有 CPC 信息报告要求及完整的统计报告对 IOTC 科学分委会及其工作小组和委员会的重要性；

注意需要确保 CPC 间的透明度，特别是为促进各方共同努力打击非法、不报告和不管制的捕鱼活动；

忆及第 11/03 号（由 17/03 号取代）"关于建立被认为在 IOTC 海域从事非法、不报告和不管制捕捞活动的渔船名单"的决议所述的有关 CPC 在打击 IUU 渔业中的义务，要求 CPC 确保其渔船不得在未获授权情况下，在其他国家管辖区域内从事捕鱼活动和（或）不违反沿海国的法律和决议；

根据 IOTC 协定第九条第 1 款的规定，决议如下。

民间入渔协定

1. 所有向外籍渔船发放许可证，允许其在 IOTC 管辖海域（以下称"海域"）的本国 EEZ 捕捞 IOTC 管辖鱼种的所有 CPC，应于每年 2 月 15 日前向执行秘书提交前一年度发放此类许可证的所有外籍渔船名单。

2. 该名单应包含各船的下述信息：

a）IOTC 注册号；

b）船名及登记号；

c）IMO 注册号（如有），

为使符合条件但尚未拥有 IMO 注册号的船舶有必要的时间取得 IMO 注册号，有关 IMO 注册号 2.c）项规定自 2016 年 1 月 1 日起生效，自这一天起，CPC 应确保所有在 IOTC 渔船注册名单内的渔船拥有 IMO 注册号，2.b）项关于 IMO 注册号的规定对不具备取得 IMO 注册号条件的船舶不适用；

d）发放许可证时的船旗；

e）国际无线电呼号（如有）；

f）船舶类型、长度和总吨数（GT）；

g）船东及（或）船舶租赁人、经营者的姓名和地址；

h）主要目标鱼种；以及

i）许可证期限。

在评估前款遵守情况时，委员会应考虑即使船主按照适当程序申请但仍无法取得 IMO 注册号的特殊情况。船旗 CPC 应向秘书处报告任何此类特殊情况。

政府间入渔协定

3. 若沿海 CPC 通过政府间入渔协定，允许外籍渔船在其位于 IOTC 辖区内的 EEZ 水域捕捞 IOTC 管辖鱼种，涉及该协定的 CPC 应共同向执行秘书提供有关协定的信息，包括：

　　a）协定所涉 CPC；

　　b）协定涵盖的时间；

　　c）授权的渔船数量及渔具类型；

　　d）授权捕捞的资源或鱼种，包括任何适用的渔获量限制；

　　e）该 CPC 的配额或申请的渔获量限制（如适用）；

　　f）所涉船旗 CPC 及沿海 CPC 要求的监控和管理措施；

　　g）该协定规定的信息报告义务，包括提供所涉双方信息报告义务及必须提供给委员会的信息；

　　h）一份书面协定的副本。

4. 对于本决议生效前已存在的协定，第 3 点规定的信息应至少在 2013 年委员会会议 60 天前提供。

5. 当入渔协定修订后，第 3 点规定的任何信息有改变时，应立即将变化的内容通知执行秘书。

入渔协定的共同条款

6. 当外籍渔船根据民间入渔协定或政府间入渔协定申请许可证被拒绝时，CPC 应通知其船东及船旗国。若拒绝理由涉及违反 IOTC 法规，执法分委会应在下一次会议中处理此问题。

7. 根据民间入渔协定或政府间入渔协定，允许外籍渔船在其位于 IOTC 管辖区域内的 EEZ 水域中捕捞 IOTC 鱼种的所有 CPC，应于本决议生效后的两个月内，向执行秘书提交一份该沿海国官方捕捞许可证模板和 IOTC 官方语言之一的翻译版本，以及：

　　a）沿海国捕鱼许可证条件及条款；

　　b）主管部门名称；

　　c）主管部门人员姓名及联系方式；

　　d）主管部门人员签名；

　　e）主管部门官方印章。

IOTC 执行秘书应将沿海国捕鱼许可证模板和前述信息，发布于 IOTC 网站加密处，用于 MCS。第 b）～e）款提到的信息必须以附件 1 的格式提供。

8. 当沿海国修订捕鱼许可证的模板，其所刊载信息或第 7 款第 a）～e）项信息的任何信息发生改变时，应立即将这些变更内容通知 IOTC 执行秘书。

9. 秘书处应每年在委员会年会时报告本决议所述的信息。

10. 本决议应符合有关船旗 CPC 及沿海 CPC 的国内保密规定。

11. 本决议取代"关于经许可在 IOTC 海域捕捞 IOTC 鱼种的外籍渔船名单及入渔协定信息"的第 13/07 号决议。

附件 1 补 充 信 息

沿海国捕捞许可证

国家：

授权捕鱼（ATF）注明的主管部门名称：

主管部门地址：

主管部门人员姓名及联系方式（电子信箱、电话、传真）：

主管部门人员签名：

捕鱼许可证上使用的官方印章：

决议第 13/04 号：关于鲸类养护

印度洋金枪鱼委员会（IOTC），

认识到第 12/01 号决议"关于实施预防性做法"，呼吁 IOTC 缔约方和合作非缔约方依据《联合国鱼类种群协定》第 5 条的规定，采取预防性做法管理金枪鱼和类金枪鱼物种；

认识到印度洋鲸类在生态和文化上的重要性；

注意到鲸类特别容易受捕捞在内的影响；

关注围网捕捞作业对鲸类可持续性的潜在影响；

注意到第 10/02 号决议（被第 15/02 号决议取代）"关于对 IOTC 缔约方和合作非缔约方强制性统计报告要求"的第 3 款："也鼓励 IOTC 缔约方和合作非缔约方记录和提供鲨鱼和金枪鱼以外的其他兼捕物种数据"；

关注向 IOTC 秘书处报告有关在 IOTC 管辖区域内渔船对非目标物种的影响和导致死亡的情况缺乏准确和完整的数据收集；

进一步注意到生态系统和兼捕工作组注意到 IOTC-2011-WPEB07-08 号报告，该报告回顾了可获得的与 IOTC 渔业有关的非目标物种的信息状况，并建议 CPC 收集 IOTC 渔业对海洋哺乳动物影响的信息，且向 IOTC 秘书处报告；

根据 IOTC 协定第九条第 1 款的规定，决议如下。

1. 本措施应适用于所有悬挂某一 CPC 旗帜且在 IOTC 渔船名单上，或授权在公海捕捞 IOTC 管理的金枪鱼及类金枪鱼的渔船。本措施条文不适用于只在其专属经济区内作业的手工渔业。

2. 缔约方和合作非缔约方应禁止悬挂其旗帜的渔船在 IOTC 水域故意围绕鲸类放网作业，如放网之前目击到鲸类。

3. CPC 应要求渔船船长，当发现鲸类并非故意地被包围在网内时，应：

a）在考虑船员安全的情况下，采取一切合理步骤确保鲸类被安全释放。这些步骤应包括下列 IOTC 科学分委会制订的安全释放和处理鲸类的最佳实践指南。

b）向船旗国有关主管部门报告此事件的下列信息，

i）种类（如知道）；

ii）数量；

iii）简述互动过程，如可能，包括互动如何发生及为何发生的细节；

iv）围困地点；

v）确保安全释放采取的步骤；

vi）评估鲸类释放时的生命状况，包括是否活体释放后死亡。

4. 使用其他渔具捕捞和鲸类随附的金枪鱼及类金枪鱼的 CPC，应向船旗国有关主管部门报告所有与鲸类相互影响的情况，包括 3.b）项 i）～iv）分项所列的所有信息。

5. CPC 应根据第 13/08 号决议（被 15/08 和 17/08 号决议取代）（或任何后续修订的版本）附件 3，采用减少缠绕鲸鱼的集鱼装置。

6. 委员会要求 IOTC 科学分委会考虑包括中西部太平洋渔业委员会在内的其他区域

渔业管理组织已经确立的指南，制定安全释放和处理被围鲸类的最佳实践指南，并将该指南提交 2014 年委员会年会批准。

7. CPC 应通过渔捞日志，或船上执行任务的观察员，报告根据 3.b）项 iv）分项收集的信息和数据，并于次年 6 月 30 日前及依据第 10/02 号决议（由 15/02 号决议取代）（或任何后续修订的版本）规定的时限提交 IOTC 秘书处。

8. CPC 应依据 IOTC 协定第十条，报告鲸类被悬挂其旗帜的围网渔船围捕的任何实例。

9. 有国家级或州级立法保护此类物种的 CPC 可免于向 IOTC 报告，但鼓励其提供数据供 IOTC 科学分委会参考。科学分委会将分析数据的可用性，并向委员会建议支持发展中国家的措施，以克服此类状况。

决议第 13/05 号：关于养护鲸鲨

印度洋金枪鱼委员会（IOTC），

认识到第 12/01 号决议"关于实施预防性做法"，呼吁 IOTC 缔约方和合作非缔约方依据《联合国鱼类种群协定》第 5 条规定，采取预防性做法管理金枪鱼和类金枪鱼物种；

认识到印度洋鲸鲨在生态和文化上的重要性；

注意到鲸鲨特别容易受捕捞在内的影响；

关注围网捕捞作业对鲸鲨可持续性的可能影响；

注意到第 10/02 号决议（被第 15/02 号决议取代）"关于对 IOTC 缔约方和合作非缔约方强制性统计报告要求"的第 3 款："适用于金枪鱼和类金枪鱼的规定，应也适用于经常捕捞到的鲨鱼种类，在可能的情况下，也适用于不太常见的鲨鱼种类"；

关注缺乏有关非目标物种捕捞活动的完整和准确的数据报告；

IOTC 与生态系统和兼捕工作组均注意到 IOTC-2011-WPEB07-08 号报告，该报告回顾了可获得的与 IOTC 渔业有关的非目标物种的信息状况，并建议修订第 10/02 号决议（被 15/02 号决议取代），将鲸鲨包括在最常捕获的板鳃类物种名单中，其名义渔获量数据应作为 IOTC 的 CPC 统计数据要求的一部分；

进一步注意到 WPEB 注意到 IOTC-2011-WPEB07-08 号报告的第 163 条："建议考虑神户兼捕技术工作组的建议，鼓励研究和发展有关围绕鲸鲨放网的最佳做法，以确定此操作实践的影响"，以及 WPEB 还建议与中西部太平洋渔业委员会直接合作，发展从围网中释放鲸鲨的最佳做法；

根据 IOTC 协定第九条第 1 款，决议如下。

1. 本措施应适用于所有悬挂某一 CPC 船旗在 IOTC 渔船名单上，或授权在公海捕捞 IOTC 管理的金枪鱼及类金枪鱼的渔船。本措施条文不适用于只在其专属经济区内作业的手工渔业。

2. 缔约方和合作非缔约方（CPC）应禁止悬挂其船旗的渔船在 IOTC 水域放网以前目击到鲸鲨，仍然故意围绕鲸鲨进行围网作业。

3. CPC 应要求渔船捕捞长，发现鲸鲨并非故意被围在网内时，应：

a）在考虑船员安全的情况下，采取一切合理步骤确保鲸鲨被安全释放。这些步骤应包括下列 IOTC 科学分委会制订的安全释放和处理鲸鲨的最佳实践指南。

b）向船旗国有关主管部门报告有关此事件的下列信息，

i）数量；

ii）围困地点；

iii）简述互动过程，如可能，包括互动如何发生及为什么发生的细节；

iv）确保鲸鲨安全释放采取的步骤；

v）评估鲸鲨释放时的生命状况，包括鲸鲨是否在活体释放后死亡。

4. 使用其他渔具捕捞随附于鲸鲨的金枪鱼及类金枪鱼的 CPC，应向船旗国有关主管部门报告所有与鲸鲨相互影响的情况，包括 3.b）项 i）~iv）分项所列的所有信息。

5. CPC 应依据第 13/08 号决议（由 15/08 和 17/08 号决议取代）（或任何后续修订的版本）附件 3，采用减少缠绕事件的集鱼装置。

6. 委员会要求 IOTC 科学分委会考虑包括中西部太平洋渔业委员会在内的其他区域渔业管理组织已经确立的指南，制定安全释放和处理被围鲸鲨的最佳实践指南，并将该指南提交 2014 年委员会年会批准。

7. CPC 应通过渔捞日志，或在船上执行任务的观察员，报告根据 3.b）项和 4. 项所收集的信息和数据，并于次年 6 月 30 日前及依据第 10/02 号决议（由 15/02 号决议取代）（或任何后续修订的版本）规定的时限提交至 IOTC 秘书处。

8. CPC 应依据 IOTC 协定第十条，报告鲸鲨被悬挂其船旗的围网渔船围捕的任何实例。

9. 有国家级或州级立法保护此类物种的 CPC 可免于向 IOTC 报告，但鼓励其提供数据供 IOTC 科学分委会参考。科学分委会将分析数据的可用性，并向委员会建议支持发展中国家的措施，以克服此类状况。

决议第 13/06 号：关于养护 IOTC 管理的渔业捕捞鲨鱼的科学管理框架

［印度反对：对印度不具约束力］

印度洋金枪鱼委员会（IOTC），

忆及 IOTC 第 05/05 号决议（被第 17/05 号决议取代）"关于养护 IOTC 管辖渔业捕捞的鲨鱼"；

注意到 IOTC 生态系统和兼捕工作组（WPEB）认识到由于数据所限，可能无法对鲨鱼进行全面的群落评估，而对某些种群评估进行评价是必要的；

注意到 IOTC 科学分委会建议，维持或增加对某些鲨鱼种类的捕捞，可能会导致其生物量、生产力和 CPUE 的进一步下降；

注意到 IOTC 科学分委会进行的按渔具类别的生态风险评估（ERA），承认长鳍真鲨（*Carcharhinus longimanus*）是 IOTC 渔业中的脆弱物种；

考虑到鲨鱼是 IOTC 管辖区域的主要目标物种或兼捕物种，且是 IOTC 管辖区域当地社区宝贵的渔业资源；

考虑到最近在 IOTC 管辖区域诸如延绳钓和围网渔船的数量和捕捞努力量正在逐渐减少；

认识到需要进一步改进 IOTC 缔约方和合作非缔约方（CPC）向 IOTC 提交鲨鱼数据/信息的水平；

认识到 IOTC 鲨鱼养护和管理措施对捕捞作业和 CPC 收集与报告鲨鱼数据/信息的重要影响；

进一步认识到需要 IOTC 鲨鱼鱼种的养护和管理科学架构；

铭记长鳍真鲨与其他鲨鱼物种很容易区别，因此可在被带上船之前释放；

根据 IOTC 协定第九条第 1 款的规定，决议如下。

1. 委员会应根据科学分委会（SC）的提议或建议，确定养护和管理措施适用的鲨类，包括禁止在船上保留、转载、卸下或贮存任何部分或整尾鱼体。

2. SC 的提议或建议应考虑：

a）使用最佳科学数据/信息，对鲨鱼资源进行充分评估、分渔具进行资源评估及生态风险评估（ERA）；

b）分渔具的每一鲨鱼鱼种的捕捞努力量趋势；

c）对某些鲨鱼鱼种风险高的渔具，实行有效的养护和管理措施；

d）优先考虑风险高的鲨鱼鱼种；

e）审核禁止在船上保留鲨鱼的实际执行情况；

f）有关禁止在船上保留鲨鱼的可行性，包括鲨鱼鱼种识别；

g）鲨鱼养护和管理措施对 CPC 捕捞作业及收集和报告鲨鱼数据/信息的影响和倾向；

h）进一步改善 CPC，特别是发展中 CPC，提交鲨鱼数据/信息的水平。

3. 尽管有第 1 款及第 2 款规定,作为一项暂定试验措施,CPC 应禁止悬挂其船旗且在 IOTC 渔船名单上,或授权在公海捕捞 IOTC 管理的金枪鱼及类金枪鱼的渔船,在船上保留、转载、卸下或贮存长鳍真鲨的任何部分或整尾鱼体,但第 7 款所述的除外。本措施条款不适用于仅在其专属经济区内作业且供当地消费的手工渔业。

4. CPC 应要求悬挂其旗帜且在 IOTC 渔船名单上,或授权在公海捕捞 IOTC 管理的金枪鱼及类金枪鱼的渔船,尽可能尽快释放牵引到船舷边准备拉上船的未受伤的长鳍真鲨。无论如何,CPC 应鼓励其渔民释放长鳍真鲨(如果钓线拉上船前能识别出该物种的话)。

5. CPC 应鼓励其渔民记录意外捕获和活体释放的长鳍真鲨的数据。这些数据应由 IOTC 秘书处保存。

6. CPC,若可行,应执行有关 IOTC 水域长鳍真鲨的研究,以确认潜在的产卵水域。CPC 应基于此研究酌情考虑其他措施。

7. 应允许科学观察员在 IOTC 水域收集捕获时已死亡的长鳍真鲨的生物样本(脊椎、肌肉组织、生殖系统、胃、皮肤样本、螺旋状瓣、下颌、用于分类工作及博物馆收藏的完整样本及骨骼样本)[如这些采样是科学分委会或生态系统和兼捕工作组(WPEB)批准的研究计划的一部分]。为获得批准,采样建议书中必须包含一份详细文件,说明工作目的、拟收集样本数量、采样效应的时空分布等。应向科学分委会/WPEB 报告年度工作进展和计划完成后的最终报告。

8. CPC,尤其是主捕鲨鱼的 CPC,应按照 IOTC 数据报告程序提交鲨鱼数据。

9. 本决议规定的暂定措施应在 2016 年由科学分委会评估,以提出更加合适的鲨鱼资源养护和管理的建议,供委员会考虑。

决议第 13/09 号：关于养护 IOTC 管辖区域捕捞的长鳍金枪鱼

印度洋金枪鱼委员会（IOTC），

考虑到长鳍金枪鱼（*Thunnus alalunga*）是 IOTC 管理的最重要鱼种之一；

注意到温带金枪鱼工作组和科学分委会认识到目前的渔获量水平有可能造成长鳍金枪鱼资源量、生产力和单位捕捞努力量渔获量（CPUE）的进一步下降；

进一步注意到西印度洋海盗的影响已导致很大一部分延绳钓捕捞努力量转移至印度洋南部和东部的长鳍金枪鱼传统渔场，因此未来长鳍金枪鱼渔获量和捕捞努力量可能会减少，除非采取管理行动；

铭记印度洋长鳍金枪鱼资源目前正处于过度捕捞中（目前捕捞死亡率大于使资源可维持在最大持续产量的捕捞死亡率水平），且捕捞死亡率需降至 2010 年水平以下，以确保 2020 年的捕捞死亡率不会超过使资源维持在最大持续产量的水平；

考虑到 2012 年 12 月 13～15 日在塞舌尔马埃召开的科学分委会第 15 次会议的建议；

根据 IOTC 协定第九条第 1 款，委员会应要求 IOTC 科学分委会进行下列事项。

1. 2014 年，在所有相关 CPC 的支持下，汇总、审议、讨论和评估可获得的所有 IOTC 管辖区域长鳍金枪鱼渔业的渔获量和捕捞努力量数据的覆盖范围和质量。

2. 通过 IOTC 温带金枪鱼工作组，在 2014 年相关会议上，通过考虑与 ICCAT 科学界召开共同工作会议，增进对印度洋和大西洋两个长鳍金枪鱼种群间相互关系的认知，检查印度洋长鳍金枪鱼资源状况。

3. 最迟在 2014 年底前，向委员会建议：

a）在评估长鳍金枪鱼资源状况与建立神户象限图和神户矩阵时，使用的目标参考点（TRP）和限制性参考点（LRP）；

b）通过管理策略评估（MSE）过程检查潜在的管理措施，这些管理措施必须确保 IOTC 协定第五条所确定的资源养护和最佳利用的目标能够实现，尤其是必须确保在不迟于 2020 年，在尽可能短的时期内，①捕捞死亡率不超过允许资源维持最大持续产量的捕捞死亡率，以及②产卵群体生物量维持或超过其最大持续产量的水平。

决议第 12/01 号：关于实施预防性做法

印度洋金枪鱼委员会（IOTC），

忆及《执行 1982 年 12 月 10 日〈联合国海洋法公约〉有关养护和管理跨界鱼类种群和高度洄游鱼类种群的规定的协定》（UNFSA）第五条 C 款，确立应用预防性做法，作为良好渔业管理的一般原则；

进一步忆及 UNFSA 第六条和附件 2 为实施预防性做法提供的准则，包括在缺乏或欠缺建立参考点的信息时采用暂定参考点；

注意到 FAO《负责任渔业行为守则》的 7.5 条还建议实施预防性做法，除其他外，基于种群的目标参考点和限制性参考点；

注意到委员会第 09/01 号决议（被第 16/03 号决议取代）通过的绩效评估小组建议的第 37 条和第 38 条，指出在修订或替换 IOTC 协定以纳入现代渔业管理原则之前，委员会应实施 UNFSA 提出的预防性做法；

注意到 FAO《海洋捕捞渔业之鱼及渔产品生态标签准则》（2009 年修订 1 版）的第 29.6 条和其他生态认证倡议，强调了实施预防性做法是评估渔业可持续性的重要准则；

忆及委员会第 10/01 决议（被 12/13 号，然后被 14/02 号决议取代）中所述，委员会为养护热带金枪鱼种群采取的休渔期/区；

忆及 IOTC 科学分委会已启动管理战略评估的过程，以集中提供关于委员会信息需求的科学建议；

认识到有必要在做决定时确保金枪鱼和类金枪鱼渔业的可持续性，以保证粮食安全、生计、经济发展，以及考虑多物种相互作用和环境影响；

根据 IOTC 协定第九条第 1 款的规定，决议如下。

1. 根据同意的相关国际标准，特别是《联合国鱼类种群协定》（UNFSA）提出的指南，实施预防性做法，确保 IOTC 协定第五条确定的渔业资源的可持续利用。

2. 在实施预防性做法时，委员会在适当考虑科学分委会提供的建议后，应通过：

a）与捕捞死亡率和生物量相应的具体鱼种的参考点（包括但不限于目标参考点和限制性参考点[1]）；

b）相关的捕捞控制规则[2]，即当接近种群状况参考点或如果该参考点被违背时将采取的管理行动。

参考点和捕捞控制规则的确定原则是，根据能够获得的最佳科学依据，使对印度洋金枪鱼和类金枪鱼资源可持续性的负面影响风险降至最低。

---

1 目标参考点对应于被认为满意的某一渔业和（或）某一种群的状况；限制性参考点是指超过该限度后，某一渔业和（或）某一鱼群就不被认为是满意的。来源：http://www.fao.org/fi/glossary（2012 年 4 月 25 日）

2 捕捞控制规则：一种介绍如何通过与种群状况某些指标的状态有关的管理来控制捕捞的规则。来源：http://www.fao.org/fi/glossary（2012 年 4 月 25 日）

3. 在决定适当的参考点及捕捞控制规则时，必须考虑主要的不确定性，包括关于与参考点相对的种群状况的不确定性，关于生物、环境和社会经济事件的不确定性，以及捕鱼活动对非目标物种和相关或依附物种的影响。

4. 若有未预料到的事件，如自然现象对种群状况或其相关环境有重大负面影响，委员会应通过紧急养护和管理措施，确保捕鱼活动不加重此负面影响。

5. 初期作为暂定措施，委员会可考虑科学分委会的建议通过暂定参考点和捕捞控制规则；这些措施应持续适用，直到委员会选择更新。

6. 指示科学分委会，通过管理策略评估过程，评估参考点效果，包括暂定参考点，当种群状况接近参考点时实施的捕捞控制规则的绩效。

7. 在完成管理策略评估后，科学分委会应根据可获得的最佳科学证据，向委员会提出所有主要物种的建议参考点，并对采取参考点管理的相关种群状况提出后续建议。

8. 科学分委会将从确认或更新暂时参考点及相关捕捞控制规则的角度，于2014年委员会年会上报告管理策略评估进程的发展。

决议第 12/02 号：关于数据保密政策和程序

印度洋金枪鱼委员会（IOTC），

认识到在商业和组织层面对提交给 IOTC 的数据进行保密的必要性；

考虑到第 10/02 号决议（被 15/02 号决议取代）"关于对 IOTC 缔约方和合作非缔约方强制性统计报告要求"的规定；

考虑到第 11/04 号决议"关于区域性观察员计划"的规定；

根据 IOTC 协定第九条第 1 款的规定，决议如下。

1. 下列数据保密规定及程序将适用：

提交给秘书处的数据

2. 提取渔获量和努力量、体长频率和观察员数据的规定如下。

标准分层

如在确定的时间/空间层面上无法识别个别渔船的渔获量数据，捕鱼国按月份提交的 5 度方格延绳钓渔业和 1 度方格的表层渔业捕捞努力量与体长频率数据将考虑放在公共领域。但如能确认个别船的渔获数据，则将按照时间、区域或船旗国汇总，以排除此类识别，然后放在公共领域。

精细尺度分层

a）以精细水平的时间/区域层面归类的渔获量、努力量和体长频率数据，只有在获得数据提供者书面授权后方可提取。提取每一笔数据均需得到执行秘书的特别许可。

b）如果在某时间/区域层面上无法识别个别船舶的活动或渔获量的话，由捕鱼国提交的按月别 5 度方格归类的延绳钓渔业数据和按月别 1 度方格归类的表层渔业的观察员数据，可考虑放在公开数据栏内。

c）工作小组将明确说明要求数据的原因。

d）要求数据的个人需提供其研究计划的细节，包括目的、方法及发表的意向。在发表前，原稿应获 IOTC 执行秘书的批准。提取的数据仅供特定的研究计划使用，且在计划完成后必须立即销毁。但如获得数据提供者的授权，为研究目的提取的渔获量、努力量和体长频率数据可长期使用，在此情况下数据无须销毁。

e）具体船舶的识别在精细尺度分层数据中是隐藏的，除非数据需求者证明其要求提供这些信息的必要性。

f）工作小组和数据需求者应向 IOTC 提供研究计划的成果报告，以转交给数据提供者。

3. 提取标志放流数据的规定如下。

详细的标志放流及回收数据将放在公共域，具体船舶名称或识别及回收标志人员的详细信息（姓名及地址等）除外。要求标志放流数据应根据附件 1 的申请表向 IOTC 执行秘书提出申请。

数据保护程序

4. 数据及数据库保护程序如下。

a）取用渔捞日志和详细的观察员数据仅限于需此类数据执行其职务的 IOTC 职

员。每一名已取用此类数据的工作人员需签署一份确认限制使用和披露这些信息的承诺书。

b）渔捞日志和观察员数据应加密，由数据管理员专门负责。此视窗仅供 IOTC 授权的数据输入、编辑或核实的人员使用。只有正当用途才授权数据的备份，数据的存取和储存的限制与原件相同，且副本的存取及储存的限制与原件相同。

c）数据库应予以加密，以防止未获授权者进入。完全进入数据库的权限仅限于数据管理员和经执行秘书授权因公务目的需要用此类数据的 IOTC 高级工作人员。受委托录入、编辑和核实数据的工作人员，可进入这些功能区获得工作需要的数据。

提供给工作小组和科学分委会的数据

5. 提供给工作小组和科学分委会的数据将由秘书处保存，或仅在数据来源者同意的情况下可用于其他分析。

6. 上述数据保密规则将适用于工作小组和科学分委会的所有成员。

7. 本决议取代"关于数据保密政策和程序"的第 98/02 号决议。

附件 1　标志放流数据使用者申请表

印度洋金枪鱼委员会执行秘书，

本人兹提出下列要求，期望能收到并分析印度洋金枪鱼标志放流计划的数据。本人已阅读上述数据使用者政策，特别注意到有关数据保密的问题，以及如使用这些数据发表任何论著表达适当的致谢的问题，同意列出的所有条件。

要求数据的机构名称及研究主持人的联系方式
研究计划概述
要求数据的详细情况
取用数据人员的姓名和职称（注意：如果数据使用者名单有所变化，应通知秘书处）
有关工作成果发表的打算

签名及日期：

姓名：

职称：

组织：

批准/不批准

签名和日期：

IOTC 执行秘书：

决议第 12/04 号：关于海龟养护

印度洋金枪鱼委员会（IOTC），

忆及"关于海龟"的第 05/08 号建议（被 12/04 号决议取代）和"关于海龟养护"的第 09/06 号决议（被 12/04 号决议取代）；

进一步忆及海龟，包括蠵龟科和革龟（棱皮龟）科所有物种，已列入《濒危野生动植物种国际贸易公约》（CITES）附录 I ，以及所有海龟物种已列入《养护野生动物迁徙物种公约》附录 I 或 II ；

意识到《养护和管理印度洋和东南亚海龟及其生境谅解备忘录》（IOSEA MoU）中的 6 种海龟种群已被世界自然保护联盟（IUCN）的濒危物种红色清单列为易危、濒危或极度濒危的物种；

认识到 2005 年 3 月粮农组织渔业委员会（FAO-COFI）第 26 届会议通过的《关于在捕鱼作业中减少海龟死亡率的准则》（FAO 准则），建议由区域渔业机构和管理组织实施；

认识到在印度洋进行的一些捕鱼作业可能会对海龟造成不利影响，需要采取措施管理印度洋捕鱼对海龟的不利影响；

确认在 IOSEA 备忘录架构内，尤其是 IOSEA 签署国第 5 次会议通过的关于促进使用减少兼捕海龟措施的决议，开展了保护海龟及其赖以生存的栖息地的活动；

注意到科学分委会关注缺乏缔约方和合作非缔约方（CPC）有关 IOTC 管辖的渔业对海龟的影响及其死亡率的数据，削弱了估计海龟兼捕量水平的能力，也因此削弱了 IOTC 回应并管理捕鱼对海龟造成负面影响的能力；

进一步注意到科学分委会关注刺网捕鱼从传统渔场扩大至公海可能会增加对海龟的影响并导致死亡率升高；

确信需要加强 09/06 号"关于海龟养护"的决议（被 12/04 号决议取代），以确保该决议同样适用于所有海龟物种，并确保 CPC 每年报告所有 IOTC 管辖的渔业对海龟的影响和死亡率的情况；

根据 IOTC 协定第九条第 1 款，决议如下。

1. 本决议应适用于所有 IOTC 渔船注册名单内的渔船。

2. 缔约方和合作非缔约方（CPC）将酌情执行 FAO 指南。

3. CPC 应根据第 10/02 号决议（由 15/02 号决议取代）（或任何其后的修订版）在下一年度的 6 月 30 日前，将收集（包括通过渔捞日志和观察员计划）的有关其渔船与海龟相互影响的所有资料提供给 IOTC 秘书处。此类数据应包括渔捞日志或观察员覆盖率，以及其渔业意外捕获海龟总死亡数的估计。

4. CPC 应向科学分委会报告有关成功的减缓措施的信息及对 IOTC 水域内海龟的其他影响的信息，如海龟产卵区的恶化及吞下海洋废弃物等。

5. CPC 应根据 IOTC 协定第十条规定，在其年度执行报告中向委员会报告执行 FAO 指南和本决议的进展。

6. CPC 应要求其捕捞 IOTC 管辖区域鱼种的渔船上的渔民，如条件许可，尽快将捕获的任何昏迷或无反应的海龟带上船，并在将其安全释放回海中前促使其恢复，包括让其苏醒。CPC 应确保渔民按照 IOTC 海龟识别卡中的处理指南，了解和使用适当的减缓、识别、处理和脱钩技术，在船上备妥释放海龟必要的所有设备。

7. 有流网渔船捕捞 IOTC 辖区鱼种的 CPC 应：

要求此类渔船的操作者在渔捞日志[1]中记录作业期间所有涉及海龟的事件，并向 CPC 有关当局报告。

8. 有延绳钓渔船捕捞 IOTC 辖区鱼种的 CPC 应：

a）确保所有延绳钓渔船经营者携带剪线器及脱钩器，并依据 IOTC 指南以合适的方法处理，促使其释放遭捕获或缠绕的海龟，CPC 也应确保这些渔船的操作者，遵照 IOTC 海龟识别卡的处理指南进行操作；

b）若条件许可，鼓励使用整条有鳍鱼类作饵料；

c）要求延绳钓渔船操作者在渔捞日志中记录作业期间所有涉及海龟的事件，并向 CPC 有关当局报告。

9. 有围网渔船捕捞 IOTC 辖区鱼种的 CPC 应：

a）在 IOTC 辖区作业时，确保此类渔船的经营者，

i）在切实可行的范围内，避免围绕海龟放网，若海龟被包围或缠困时，根据 IOTC 海龟识别卡中的处理指南，采取可行的措施安全释放海龟；

ii）在切实可行的范围内，释放所有观察到的遭集鱼装置（FAD）或其他渔具缠困的海龟；

iii）若海龟缠困在网具内，当海龟离开水面时尽快停止绞收网具，继续收网之前，在不对其伤害的情况下让海龟脱困，并在可行的范围内，在将其释放回海中前协助其恢复；

iv）适当情况下，使用抄网处理海龟。

b）鼓励这些渔船根据国际标准采用能减少海龟缠绕的 FAD 设计。

c）要求这些渔船的操作者在渔捞日志中记录作业期间所有涉及海龟的事件，并向 CPC 有关当局报告。

10. 要求所有 CPC：

a）若条件许可，进行圆形钩、饵料使用整尾有鳍鱼类、FAD 设计取代方案、取代处理技术、刺网设计及捕捞实践，以及其他可改善对海龟不利影响的减缓方法的试验研究。

b）至少在科学分委会年度会议前 30 天，向科学分委会报告这些试验结果。

11. IOTC 科学分委会应要求生态系统和兼捕工作组：

a）对 IOTC 辖区流网、延绳钓和围网渔业的适当减缓措施提出建议；

b）制定数据收集、数据交换及培训的区域性标准；

c）开发改进的 FAD 设计，使用生物降解材料，减少海龟缠绕的发生率。

生态系统和兼捕工作组的建议应提交科学分委会供其在 2012 年考虑。在确定有关建议时，生态系统和兼捕工作组应审议和考虑 CPC 根据本措施第 10 款提供的信息、其他可

---

1 该数据应包括（若可能）有关物种、捕捞位置及状况、船上采取的行动及放生位置等细节

获得的 IOTC 辖区各种有效减缓方法的研究，以及其他相关组织，尤其是中西部太平洋渔业委员会通过的减缓措施及指南。IOTC 生态系统和兼捕工作组需特别考虑圆形钩对目标鱼种钓捕率、海龟死亡率及其他兼捕种的影响。

12. 委员会 2013 年年会上应考虑科学分委会的建议及社会经济方面的影响，通过进一步措施，以减缓 IOTC 协定所涵盖渔业与海龟的相互影响。

13. 在研究新的减缓方法时，应当考虑确保该方法不会对其保护的物种带来较大伤害，以及不对其他物种（尤其是对濒危物种）和（或）环境造成不利影响。

14. 鼓励 CPC 与 IOSEA 合作并考虑 IOSEA 备忘录，包括执行海龟兼捕减缓措施的养护与管理计划的有关条款。

15. 鼓励 IOTC 与 IOSEA 秘书处根据委员会同意的协议，加强双方在海龟问题方面的合作及数据交流。

16. 鼓励 CPC 支持发展中国家执行 FAO 指南及本决议。

17. IOTC 科学分委会应每年审议 CPC 根据本措施报告的信息，并在必要时就如何加强努力来减少海龟与 IOTC 渔业的相互影响向委员会提出建议。

18. 本决议取代第 05/08 号"关于海龟"的建议及第 09/06 号"关于海龟养护"的决议。

决议第 12/06 号：关于减少延绳钓渔业误捕海鸟

印度洋金枪鱼委员会（IOTC），

忆及第 10/06 号"关于减少延绳钓渔业误捕海鸟"的决议（被第 12/06 号决议取代），尤其是其第 8 款的规定；

认识到有必要加强保护印度洋海鸟的机制，并使之与不晚于 2013 年 7 月生效的 ICCAT 措施协调一致；

考虑到粮农组织《减少延绳钓渔业意外捕获海鸟的国际行动计划》（海鸟 IPOA）；

注意到 IOTC 科学分委会的建议，同意生态系统和兼捕工作组（WPEB）在其 2007 年、2009 年和 2011 年报告中所述的减缓对海鸟影响的措施；

承认迄今为止，一些缔约方和合作非缔约方（CPC）已确认需要海鸟的国家行动计划，并已完成或接近完成初稿；

认识到全球对有些海鸟的关注，尤其是面临灭绝威胁的信天翁和海燕；

注意到 2001 年 6 月 19 日在堪培拉开放签字的《保护信天翁和海燕协定》已生效；

注意到 IOTC 和 CPC 的最终目标是实现 IOTC 管辖的渔业对海鸟的零兼捕，特别是在延绳钓渔业中受到威胁的信天翁和海燕物种；

考虑到在其他金枪鱼延绳钓渔业中进行的研究，通过显著增加目标鱼种的渔获量，显示了减缓海鸟兼捕措施的经济效益；

根据 IOTC 协定第九条第 1 款的规定，决议如下。

1. CPC 应分种别记录海鸟误捕的数据，特别是通过第 11/04 号决议的科学观察员获取数据，并每年报告此类数据。观察员应尽可能拍摄渔船误捕的海鸟照片，并将其发送给国内的海鸟专家或 IOTC 秘书处确认其种类。

2. 尚未完全执行第 11/04 号决议第 2 条所列的 IOTC 区域性观察员计划的 CPC，应通过渔捞日志报告海鸟的意外兼捕，如可能，应包括种类的细节。

3. 作为年度报告的一部分，CPC 应向委员会提供如何执行本措施的信息。

4. CPC 应通过使用有效的减缓措施，并适当考虑船员安全及减缓措施的可行性，寻求办法实现在所有渔区、季节及渔业减少海鸟兼捕水平。

5. CPC 应确保其在南纬 25 度以南水域作业的所有延绳钓渔船，至少采用表 1 所列三种减缓措施中的两种。其他区域也应酌情考虑执行此类措施，以和科学建议一致。

6. 根据第 5 款使用的减缓措施应与表 1 所述最低技术标准相符。

7. 惊鸟绳的设计及部署，应符合附件 1 规定的补充规范。

8. 科学分委会，特别是基于 WPEB 的工作和 CPC 提供的数据，最迟于 2016 年委员会会议前分析本决议对兼捕海鸟的影响。科学分委会应基于迄今为止本决议运作的经验，和（或）就此议题的进一步的国际调查、研究或最佳实践的建议，向委员会建议任何需要的修订，使本决议更加有效。

9. 委员会应在本决议生效前，在休会期间举办研讨会以促进其实施，特别是针对如何解决安全和实际操作方面的关注。CPC 应确保渔民对这些措施的安全性和实用性进行试验，以便在研讨会中审议和解决其顾虑，并确保其有序实施，包括这些措施的适应性培训。若有必要说明钓钩支线加重措施的科学性理论和应用，可召开第二次研讨会。

10. 本决议应于 2014 年 7 月 1 日生效。

11. 自 2014 年 7 月 1 日起，"关于减少延绳钓渔业误捕海鸟"的第 10/06 号决议和"关于海鸟意外死亡率"的第 05/09 号建议由本决议取代。

表 1　减缓措施

减缓措施	描述	规格要求
夜间放钩，甲板灯光减至最暗	航海黎明至航海黄昏之间禁止放钩；甲板灯光维持最暗	航海黎明和航海黄昏的定义见有关纬度、地方时和日期的航海天文表；最低甲板灯光不应违反安全与航行的最低标准
惊鸟绳	为阻止海鸟接近支绳，整个放钩期间应部署惊鸟绳	对于船长大于或等于 35 米的渔船： a）至少设置 1 条惊鸟绳，若实际可行，鼓励渔船在海鸟高度密集或活动时使用 2 条惊鸟竿和惊鸟绳；2 条惊鸟绳应同时设置，放钩的两侧各一条 b）惊鸟绳的覆空范围必须大于或等于 100 米 c）使用的长飘带要足够长，无风情况下要抵达海面 d）长飘带的间距不得超过 5 米 对于船长不到 35 米的渔船： a）至少设置 1 条惊鸟绳 b）覆空范围必须大于或等于 75 米 c）必须使用长飘带或短飘带（但长度需大于 1 米），放置间距如下 i）短飘带：间距不超过 2 米 ii）长飘带：前端 55 米的惊鸟绳，其间距不超过 5 米 惊鸟绳设计和部署的补充指南详见本决议附件 1
支线加重	下钩前在支绳上部署加重物	距离钓钩 1 米内附加的重量应超过 45 克；或距离钓钩 3.5 米内附加的重量应超过 60 克；或距离钓钩 4 米内附加的重量应超过 98 克

附件 1　惊鸟绳设计和部署的补充指南

前言

部署惊鸟绳的最低技术标准见本决议表 1，不在此复述。这些补充指南是为协助延绳钓渔船准备和执行惊鸟绳规定设计的。本补充指南内容比较详细，鼓励通过实验改善本决议表 1 要求的惊鸟绳的效果。本指南考虑环境和作业上的可变因素，如天气状况、下钩速度和船舶大小，所有这些因素均影响惊鸟绳在防止海鸟啄食饵料方面的性能和设计。考虑到这些可变因素，如果不损及惊鸟绳的性能，惊鸟绳的设计和使用可以改变。惊鸟绳设计的持续改善是可以预期的，因此，将来应对本指南进行审议。

惊鸟绳的设计（图 1）

1. 惊鸟绳水中部分系上适当的拖曳设备可增加其覆空范围。

2. 惊鸟绳水上部分应足够轻，其移动无法预测，以避免海鸟对此习惯，同时也应当够重，避免绳子被风吹偏。

3. 惊鸟绳最好应该用坚固的筒形转环系于船身，以降低绳索纠缠。

4. 飘带应使用颜色鲜艳的材料制作，悬挂在一个坚固的三向转环（减少纠缠）上与惊鸟绳连接，能产生栩栩如生的动作，以致海鸟无法预测（例如，外套红色聚氨酯橡胶管的牢固的细绳）。

5. 每组飘带应由两条或更多的裙带组成。

6. 每对飘带用夹子固定，应该可拆卸，因此惊鸟绳的装载更有效。

惊鸟绳的部署

1. 惊鸟绳应悬挂在渔船的固定桅杆上。惊鸟绳（杆）设置高度尽可能高，使惊鸟绳能保护船尾后方相当一段距离的饵料，且不会和渔具纠缠。惊鸟绳（杆）高度越高越能保护鱼饵。例如，高出水面 7 米的惊鸟绳可保护 100 米左右远的饵料。

2. 如果渔船只使用一条惊鸟绳，惊鸟绳应部署在下沉饵料的上风面。如装有饵料的钓钩在船尾外侧投放，飘带绳和船的连接点应位于投饵一侧船舷外数米处。如渔船使用两条惊鸟绳，装有饵料的钓钩应部署在两条飘带覆空的区域内。

3. 鼓励部署多组惊鸟绳，更好地防范海鸟啄食饵料。

4. 由于惊鸟绳可能会断裂及打结，因此船上应携带备用惊鸟绳，以替换损坏的绳索并确保渔船作业不间断。如果延绳钓浮子和水中的飘带绳纠结或缠绕，为安全作业和减少操作问题，应让飘带绳脱离惊鸟绳。

5. 当渔民使用投饵机（BCM）时，应通过下列方式确保惊鸟绳和投饵机的协调：①确保 BCM 直接投饵至惊鸟绳保护范围内，和②当使用一台可投饵至左右两舷的 BCM（或多台 BCM）时，应使用 2 条惊鸟绳。

6. 当手抛支绳时，渔民应确保装有饵料的钩子和盘绕的支绳部分在惊鸟绳的保护下方抛出，避开可能降低钓钩下沉速度的螺旋桨湍流。

7. 鼓励渔民安装手动、电动或液压起绳机，以增进惊鸟绳投放和回收的容易程度。

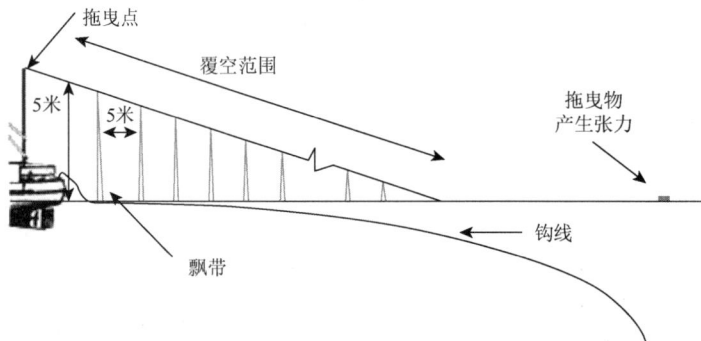

图 1　惊鸟绳的设计示意图

决议第 12/09 号：关于 IOTC 管辖区域有关渔业捕捞长尾鲨的养护

印度洋金枪鱼委员会（IOTC），

忆及 IOTC 第 05/05 号决议"关于养护 IOTC 管辖渔业捕捞的鲨鱼"；

考虑到在 IOTC 管辖区域长尾鲨科的长尾鲨是作为兼捕渔获物被捕捞；

注意到在 2009 年会议上，IOTC 的生态系统和兼捕工作组承认，因数据限制不太可能对鲨鱼种群进行全面的资源评估，但对一些鲨鱼资源进行评估是必要的；

注意到国际科学界指出，大眼长尾鲨（*Alopias superciliosus*）特别濒危和易受伤害；

考虑到不将鲨鱼带到船上，很难区分不同种类的长尾鲨，而这样的行为可能危及被捕个体的生存；

根据 IOTC 协定第九条第 1 款，决议如下。

1. 本养护措施应适用于 IOTC 授权渔船注册名单上的所有渔船。

2. 悬挂 IOTC 缔约方和合作非缔约方（CPC）旗帜的渔船，禁止在船上存留、转载、卸下、贮存、销售或提供整尾长尾鲨或长尾鲨的任何部分，但第 7 款的规定除外。

3. CPC 应要求悬挂其旗帜的渔船，尽可能尽快释放牵引至船舷边准备拉上船的未受伤长尾鲨。

4. CPC 应鼓励其渔民记录及报告误捕及活体释放量。这些数据由 IOTC 秘书处保存。

5. 休闲和游钓渔业应活体释放所有捕获的长尾鲨。在任何状况下，不得在船上保留、转载、卸下、贮存、销售或出售样本。CPC 应确保其休闲和游钓渔民从事高风险捕捞长尾鲨时，配有适当的工具释放活体长尾鲨。

6. 可能时，CPC 应执行有关公约区内长尾鲨属（*Alopias*）所有种类的研究，以确认潜在索饵场。根据此研究，CPC 应在适当时考虑补充管理措施。

7. 应允许科学观察员收集捕获时已死亡的长尾鲨生物样本（脊椎骨、肌肉组织、性腺、胃、皮肤样本、螺旋瓣膜、下颌、用于分类工作和博物馆收藏的完整及骨骼样本）[如果样本是科学分委会（或生态系统和兼捕工作组）批准的研究计划的一部分]。为获得批准，研究计划建议必须包含一份详细文件，说明工作目的、计划收集的样本数量和类型，以及采样的时空分布等。应向 WPEB 和科学分委会提供年度工作进展报告和计划完成后的最终报告。

8. 根据 IOTC 数据报告程序要求，缔约方和合作非缔约方，尤其是以鲨鱼为主要捕捞对象者，应提交鲨鱼数据。

9. 本决议取代第 10/12 号"关于养护 IOTC 协定水域渔业捕捞的长尾鲨（长尾鲨科）"的决议。

决议第 12/12 号：关于禁止在 IOTC 管辖区域公海使用大型流网

［第 12/12 号决议对巴基斯坦仍具有约束力］

印度洋金枪鱼委员会（IOTC），

忆及联合国大会（UNGA）第 46/215 号决议呼吁全球禁止大型公海流网捕鱼；

注意到许多渔船持续在印度洋水域（IOTC 管辖区域）从事大型公海流网捕鱼；

念及任何在 IOTC 管辖区域公海使用大型流网捕鱼，或配置公海大型流网设施的渔船，都有能力捕捞 IOTC 关切的鱼种，并可能破坏 IOTC 养护和管理措施的成效；

特别注意到最近的信息表明，这些渔船对高度洄游物种，如金枪鱼、剑鱼、鲨鱼和其他 IOTC 协定涵盖的物种的影响更为频繁；以及遗失或丢弃的流网的幽灵捕鱼已对这些关注鱼种和海洋环境带来严重的负面影响；

根据 IOTC 协定第九条第 1 款，决议如下。

1. 禁止在 IOTC 管辖区域公海使用大型流网。

2. 每一缔约方和合作非缔约方（CPC）应采取一切必要措施禁止其渔船在 IOTC 管辖区域的公海使用大型流网。

3. 如发现一艘悬挂 CPC 旗帜的渔船在 IOTC 管辖区域公海作业，且已配置[1]使用大型流网，该渔船将被推测为在 IOTC 管辖区域的公海使用了大型流网。

4. 第 3 款规定不适用于悬挂 CPC 旗帜且获正式授权在其专属经济区内使用大型流网的渔船。在 IOTC 管辖区域的公海，船上所有流网和相关捕捞设备应予以存放或系牢，使其无法立即用于捕捞。

5. CPC 应在其年度报告中包括有关在 IOTC 管辖区域公海大型流网捕鱼的监测、控制和监督行动的总结。

6. IOTC 应定期评估是否应通过和执行额外措施以确保不在 IOTC 管辖区域的公海使用大型流网。首次这类评估应于 2013 年进行。

7. 本措施不妨碍 CPC 实施更严厉的措施以规范大型流网的使用。

本决议取代第 09/05 号"关于禁止在 IOTC 公约区公海使用大型流网"的决议。

---

1 "**配置**"使用大型流网是指船上配有总体上可允许渔船投放和收回大型流网的装配渔具

决议第 11/02 号：关于禁止在数据浮标周围捕捞

印度洋金枪鱼委员会（IOTC），

意识到许多国家，包括 IOTC 缔约方和合作非缔约方，在 IOTC 管辖区域和全球海域运行和投放数据浮标，收集用于改进天气和海象预报的信息、通过生成的海表面和次表面测量数据为渔业提供帮助，为海上搜救工作提供帮助，并搜集用于开展气象和海洋专题研究与气候预测的关键数据；

了解到高度洄游鱼类，特别是金枪鱼类，聚集在数据浮标附近；

认识到世界气象组织和政府间海洋学委员会已经确定，渔船损坏数据浮标是印度洋和世界范围内的重大问题；

关切数据浮标的损坏导致天气预报、海况研究、海啸预警、支持海上搜救工作等关键数据的重大损失，且委员会成员和非成员花费大量时间和资源去定位、替换和维修受损或遗失的数据浮标；

震惊地注意到数据浮标损坏导致海况研究所需的关键数据的丢失，破坏了 IOTC 科学家为了更好地了解金枪鱼栖息地的使用情况、气候与金枪鱼补充量之间的关系而进行的分析工作，以及一般环境科学家的研究；

忆及联合国大会决议 A/Res/64/72 第 109 条，呼吁"各国和区域渔业管理组织或安排，与其他相关组织合作，包括粮农组织、政府间海洋学委员会和世界气象组织，酌情采取措施，保护锚定在国家管辖范围以外水域的海洋数据浮标系统的运作不受损害"；

还忆及联合国大会决议 A/Res/64/71 第 172 条，"对用于海洋观测和海洋科学研究的平台遭有意或无意的损坏表示关注，如锚定浮标和海啸探测仪，敦促各国采取必要行动与相关组织合作，包括粮农组织、政府间海洋学委员会和世界气象组织，处理此类损坏"：

注意到一些数据浮标项目在互联网上发布信息，描述这类浮标的类型和位置；

进一步注意到委员会有权通过普遍建议的负责任捕捞作业行为的国际最低标准；

根据 IOTC 协定第九条第 1 款的规定，决议如下。

1. 为实现本措施的目的，漂浮或锚定的数据浮标，是指由政府或认可的科学组织或实体为电子收集和测定环境资料，而非为捕鱼活动目的所布放的浮动装置。

2. 缔约方和合作非缔约方（CPC）应禁止其在 IOTC 管辖海域的渔船有意在数据浮标 1 海里范围内作业或影响数据浮标，包括但不限于渔具围绕浮标生产；将数据浮标或其锚定设备捆绑到或系在渔船上或任何渔具或渔船的一部分上；或割断数据浮标的锚绳。

3. CPC 应禁止其渔船在 IOTC 管辖海域捕捞金枪鱼类时将数据浮标捞上船，除非得到该浮标的成员或拥有者的特别授权或要求。

4. CPC 应鼓励其在 IOTC 管辖海域作业的渔船注意海上锚定的数据浮标，并采取一切合理措施避免渔具缠绕数据浮标，或以任何方式直接影响此浮标。

5. CPC 应要求其与数据浮标发生缠绕的渔船，尽可能以对数据浮标损坏最低的方式清除缠绕的渔具。

6. CPC 应鼓励其渔船向其报告观察到的任何损坏或不能用的数据浮标，包括观察日期、浮标位置及数据浮标上任何可识别的信息。CPC 应向秘书处通告所有这些报告。

7. 虽有第 2 款规定，但只要渔船不会对数据浮标产生第 2 款所述的影响，已向委员会报告的科学研究计划可在数据浮标 1 海里范围内操控渔船。

8. 鼓励 CPC 通过 IOTC 秘书处向委员会传达其布放在 IOTC 管辖区域的全部数据浮标的位置。

决议第 11/04 号：关于区域性观察员计划

印度洋金枪鱼委员会（IOTC），

考虑到有必要增加科学信息，尤其是提供给科学分委会的工作材料，以改善在印度洋捕捞的金枪鱼和类金枪鱼的管理；

重申船旗国的责任，确保其船只以负责任的方式从事捕捞活动，完全遵守 IOTC 的养护和管理措施；

考虑到有必要采取行动确保 IOTC 目标的有效性；

考虑到所有 IOTC 缔约方和合作非缔约方（CPC）完全遵守 IOTC 养护和管理措施的义务；

意识到 CPC 有必要持续努力，确保 IOTC 养护和管理措施的实施，以及鼓励非缔约方（NCP）遵守这些措施的必要性；

强调采用这一措施是为了帮助支持养护和管理措施的实施，以及金枪鱼和类金枪鱼的科学研究；

考虑到委员会通过的第 10/04 号决议（被 11/04 号决议取代）"关于区域性观察员计划"的规定；

考虑到 2009 年 11 月 30 日至 12 月 4 日在塞舌尔维多利亚召开的第 12 次 IOTC 科学分委会会议的审议情况；

根据 IOTC 协定第九条第 8 款的规定，决议如下。

目标

1. IOTC 观察员计划的目的是收集已核实的渔获物数据和与 IOTC 区域内金枪鱼及类金枪鱼渔业有关的其他科学数据。

观察员计划

2. 为改善科学数据收集，每一 CPC 在 IOTC 管辖区域作业的所有船长 24 米以上的渔船，以及船长不到 24 米但在其专属经济区外捕鱼的船队，按渔具类别应至少有 5%的作业数量/投网数被本观察员计划覆盖。对于船长不到 24 米但在其专属经济区外捕鱼的渔船，前述的观察员覆盖率应于 2013 年 1 月前逐步达到。

3. 当围网船搭载如第 1 款所述的观察员[1]时，该观察员也应监控卸下的渔获物，以确定大眼金枪鱼渔获物组成。要求观察员监控卸鱼的规定不适于已有港口采样计划，并达到第 2 款所述最低覆盖率的 CPC。

4. 手工捕鱼渔船的卸鱼数量在卸鱼地点也应受现场采样员[2]的监控。手工捕鱼渔船的覆盖率应逐步增加到渔船活动总水平（即渔船总航次数或实际作业总船数）的 5%。

5. CPC 应：

a）首要责任是取得合格的观察。每一 CPC 可选择使用船旗国国民或非船旗国国民

---

1 "观察员"是指在渔船上收集信息的人员。观察员计划可用来量化目标渔获物、兼捕渔获物、副产品及死去的丢弃渔获物的种类组成，收集回收的标志牌等

2 现场采样员是指渔船卸鱼期间在陆上收集信息的人员。现场采样员计划可用来量化渔获物、船上保留的兼捕渔获物、收集回收的标志牌等

作为观察员；

b）努力满足最低覆盖率，以及接受观察的渔船在捕鱼船队渔具类型方面具代表性；

c）采取一切必要措施确保观察员能够胜任和安全地执行任务；

d）努力确保观察员在执行任务期间改变搭乘渔船，观察员不执行下述第 10 款和第 11 款规定以外的职责；

e）若可能，确保搭载观察员的渔船在搭载观察员期间为其提供与职务船员待遇水平相当的食宿。船长应确保提供观察员所有必要合作，以便观察员可安全地执行任务，包括应要求允许其检查留船渔获物及拟丢弃的渔获物。

6. 第 2 款和第 3 款所述观察员计划的费用应由每个 CPC 负担。

7. 第 4 款所述采样计划的经费将由委员会累积基金及临时捐助支付。委员会将考虑资助此项计划的取代方案。

8. 如一 CPC 无法达到第 2 款和第 3 款要求的覆盖率时，其他任一 CPC，在征得未达成覆盖率的 CPC 同意后，可部署观察员完成第 1 款和第 2 款规定的任务，直至该 CPC 提供观察员取代或达到目标覆盖率。

9. 各 CPC 应每年向执行秘书和科学分委会提供报告，说明依本决议条款监控的渔船数量和按渔具类别的观察员覆盖率。

10. 观察员应：

a）记录和报告捕捞活动，核查渔船的位置；

b）尽可能观察和估计渔获量，确认渔获物组成，监控丢弃渔获物、兼捕渔获物和体长频率；

c）记录渔具类别、网目大小和船长使用的附属装置；

d）收集信息以便可交叉检查渔捞日志的记录（渔获物组成和数量、活鱼和加工后鱼的重量及位置，如可能）；以及

e）执行 IOTC 科学分委会要求的科学工作（如采集样本）。

11. 观察员应在每航次作业结束后 30 天内，向渔船所属 CPC 提供报告。CPC 应于 150 天内将每一报告提交 IOTC 执行秘书，以确保延绳钓渔船观察员报告持续送达，并使执行秘书在科学分委会要求时提供。建议报告采用 1 度×1 度的格式。如果渔船是在某一沿海国家专属经济区作业，前述报告也应同等地提供给该沿海国。

12. 第 98/02 号"关于数据保密政策和程序"的决议（已被 12/02 号决议取代）规定，也应适用于有关精细尺度信息的保密。

13. 现场采样员应于卸鱼地点监控渔获物，以便估计按渔船、渔具类型和鱼种的分体长渔获量，或执行 IOTC 科学分委会要求的科学工作。

14. IOTC 基金结余款项可用来支持发展中国家执行本计划，尤其是观察员和现场采样员的培训。

15. 本观察员计划的要素，尤其是覆盖率，将会适时审核和修订，以便用于 2012 年及以后年份。科学分委会将根据其他区域金枪鱼渔业管理组织的经验，拟制订《观察员工作手册》，用作报告（包括最低要求的数据类别）及培训计划的模板。

16. 本决议取代第 10/04 号"关于区域性观察员计划"的决议。

决议第 10/08 号：关于在 IOTC 管辖区域捕捞金枪鱼和剑鱼实际作业渔船记录

印度洋金枪鱼委员会（IOTC），

意识到每一国家对悬挂其旗帜的船只有效行使管辖和控制的义务；

忆及船旗国对悬挂其旗帜在公海捕捞高度洄游鱼类的船只的责任；

注意到实施第 09/02 号"关于执行限制缔约方和合作非缔约方捕捞能力"的决议（被 12/11 号决议取代，然后又被 15/11 号决议取代）规定的限制捕捞能力的实际捕捞船队规模的信息；

注意到第 09/01 号决议"关于绩效评估后续行动"所列的绩效评估小组建议第 17 条（译者：见 09/01 号决议附件 1），船旗国报告其渔船数据的义务应纳入另一决议，并与成员报告持许可证在其专属经济区作业的第三国渔船的数据义务的决议分开；

根据 IOTC 协定第九条第 1 款的规定，决议如下。

1. 拥有渔船在 IOTC 管辖区域（以下称管辖区域）捕捞金枪鱼和剑鱼的所有缔约方和合作非缔约方（CPC），应在每年 2 月 15 日前向执行秘书提交其前一年在管辖区域实际作业的渔船名单。名单包括：

a）船长大于 24 米的渔船；或

b）船长小于 24 米但在该船旗国专属经济区以外作业的渔船。

2. 上述名单应包括每一艘船的如下信息：

a）IOTC 编号；

b）船名和登记号；

c）IMO 注册号（如有）；

d）前船旗（如有）；

e）国际无线电呼号（如有）；

f）船型、船长和总吨数；

g）船东和（或）租赁方、经营方姓名和地址；

h）主捕种类；

i）授权期限。

3. 执行秘书应保留 IOTC 实际作业渔船记录，采取任何措施，以符合各 CPC 提及的保密要求的方式，确保通过电子方式将上述记录公开，包括将其张贴于 IOTC 网站。

4. 执行秘书应汇集各 CPC 提交报告中的信息，供执法分委会考虑。

5. 上述报告的目的应是向执法分委会提供有关 CPC 对本决议及其他 IOTC 相关决议的遵守程度的独立评估结果。

6. 执法分委会在评估执行秘书的报告后，应向委员会提出对非遵守方应采取的适当行动建议，特别是包括根据 10/10 号决议建议采取的行动。

7. 本决议取代 IOTC 第 07/04 号"关于在 IOTC 水域捕捞金枪鱼类和剑鱼的渔船登记和信息交换"的决议。

决议第 10/10 号：关于市场相关措施

印度洋金枪鱼委员会（IOTC），

忆及 IOTC 通过的第 01/07 号"关于支持 IPOA-IUU 计划"的决议（被 14/01 号决议取代）；

忆及 IOTC 第 03/05 号建议（被 13/01 号，然后被 14/01 号决议取代）"关于贸易措施"及其非约束性的性质；

考虑到联合国大会的要求，尤其是联合国大会 2006 年 12 月 6 日第 61/105 号和 2007 年 12 月 18 日第 62/177 号关于可持续渔业的决议，敦促各国单独和通过区域渔业管理组织，根据国际法，包括世界贸易协定规定的原则、权利和义务，采取和执行贸易措施；

考虑到有必要采取行动，确保 IOTC 目标的有效性；

考虑到所有 IOTC 缔约方和合作非缔约方（CPC）遵守 IOTC 养护和管理措施的义务；

意识到 CPC 有必要持续努力，确保 IOTC 养护和管理措施的实施，并有必要鼓励非缔约方（NCP）遵守这些措施；

注意到市场相关措施只应作为最后手段加以实施，而其他措施已被证明无法预防、阻止和消除任何削弱 IOTC 养护和管理措施有效性的行为或不起作用时；

还注意到与市场相关的措施应根据国际法，包括世界贸易组织（WTO）协定确定的原则、权利和义务通过和实施，并以公平、透明和无歧视的方式执行；

根据 IOTC 协定第九条第 1 款的规定，决议如下。

确定

1. 进口捕自 IOTC 管辖区域金枪鱼和类金枪鱼产品，或上述产品在其港口上岸、转载的各 CPC，应尽可能多地收集并检查进口、上岸或转载的所有相关信息，并在每年的委员会年会前至少 60 天向委员会提交如下信息：

a）捕捞、上岸和（或）转载此类金枪鱼或类金枪鱼产品的渔船船名；

b）渔船船旗；

c）产品中金枪鱼和类金枪鱼的种类；

d）捕捞水域（印度洋或其他海域）；

e）产品分类重量；

f）出口地点；

g）渔船船东姓名和地址；

h）登记号。

2. a）委员会应通过执法分委会每年确定：

i）委员会全体会议提到的、屡次未能履行 IOTC 协定规定的有关养护和管理措施的义务，尤其是未采取措施或未行使有效管理，确保悬挂其旗帜的渔船遵守 IOTC 养护和管理措施的 CPC，和/或

ii）未能根据国际法履行其与 IOTC 金枪鱼和类金枪鱼养护和管理措施方面的合作义务，尤其是未采取措施或未行使有效管理，确保其渔船不从事任何有损 IOTC 养护和管理措施有效性活动的 NCP。

b）这类确定应基于审议根据第 1 款提供的所有信息，或必要时其他相关信息，如委员会汇集的捕捞数据、从国家统计中获取的这些鱼种的贸易信息、IOTC 统计证书计划、IOTC 通过的 IUU 船舶名单，以及从港口和渔场获得的其他信息。

c）在决定是否进行确定时，执法分委会应考虑包括可能削弱 IOTC 养护和管理措施有效性的历史、性质、环境、程度、行为的严重性或遗漏等所有相关问题。

通知

3. 委员会应要求相关 CPC 和 NCP 对根据第 2 款确定的行为和遗漏进行整顿，以便不损害 IOTC 养护和管理措施的有效性。

委员会应向被确定的 CPC 和 NCP 通知如下内容：

a）确定的原因及现有全部支持证据；

b）在委员会年会前至少 30 天有机会就确定的决定和其他相关信息书面答复委员会，例如，反驳确定的证据，或在适当时，改正行动计划和为纠正这一情况所采取的步骤；以及

c）对于 NCP，邀请其以观察员身份参加讨论该问题的年会。

4. 秘书处应及时将第 3 款提及的委员会要求传送给被确定的 CPC 或 NCP。执行秘书应设法确认 CPC 或 NCP 已收到通知。相关 CPC 或 NCP 在时限内未作回复不应阻止委员会采取行动。

评估和可能的行动

5. 执法分委会应连同其他新信息，评估 3.b）项提到的 CPC 或 NCP 的回复，并提议委员会就如下行动之一作为决定：

a）撤销该确定；

b）保持该 CPC 或 NCP 的确定状况；或

c）根据 IOTC 协定第九条第 1 款通过非歧视性与 WTO 一致的市场相关措施。

d）对于 CPC，在考虑实施上述 c）项提及的市场措施前，应尽可能实施诸如降低现有配额或捕捞限额的行动。市场措施仅在此类行动被证明不成功或无效时方可考虑。

6. 委员会应通过秘书处，根据第 4 款规定的程序，将其决定和主要原因通知相关 CPC 及 NCP。

7. CPC 应将其根据第 5 款通过的非歧视性市场措施所采取的所有措施通知委员会。

8. 委员会应每年制定根据第 5 款要求实施非歧视性市场措施的 CPC 和 NCP 清单。对于 NCP，将作为 IOTC 不合作非缔约方考虑。

审议市场措施

9. 为使委员会通过解除市场措施，执法分委会应每年审议根据第 5 款通过的所有非歧视性市场相关措施。如该审议表明该情况已予纠正，执法分委会应向委员会建议解除该非歧视性市场相关措施。这些决定应特别考虑到，有关 CPC 和（或）NCP 是否已提出必要的证据，证明导致采取非歧视性市场相关措施的条件不再得到满足。

10. 尽管已根据第 9 款解除非歧视性市场措施，但如有特殊情况证明或现有信息清晰表明，相关 CPC 或 NCP 继续损害 IOTC 养护和管理措施的有效性，委员会可立即决定采

取行动，适当时包括根据第 5 款实施非歧视性市场措施。在做出此决定前，委员会应要求有关 CPC 或 NCP 停止错误行为，在通过秘书处确认有关 CPC 或 NCP 已收到该通知后，应给予有关 CPC 或 NCP 在 10 个工作日予以答复的机会。该 CPC 或 NCP 在时限内未作答复，不应阻止委员会采取行动。

决议第 07/01 号：关于促进 IOTC 缔约方和合作非缔约方国民遵守 IOTC 养护和管理措施

印度洋金枪鱼委员会（IOTC），

确信非法、不报告和不管制（IUU）捕捞损害了 IOTC 协定的目标；

关注一些船旗国不根据国际法对悬挂其旗帜在 IOTC 管辖区域从事捕鱼活动的渔船行使管辖权和控制的义务，导致这些渔船未受到这类船旗国的有效控制；

意识到缺乏有效的控制有助于这些渔船在公约管辖区域内捕鱼，从而破坏了 IOTC 养护和管理措施的有效性，并会导致 IUU 捕捞活动；

关注在管辖区域内进行捕鱼活动而不遵守 IOTC 养护和管理措施的渔船，得益于受缔约方和合作非缔约方（CPC）管辖的人员的支持，尤其包括通过参与转载、运输和交易非法捕获的渔获物，或参与船上事务或管理这些渔船的人；

注意到 FAO 预防、阻止和消除 IUU 捕捞的国际行动计划，呼吁各国采取措施阻止受其管辖的国民支持和参与任何破坏国际养护和管理措施有效性的活动；

忆及 CPC 应合作采取适当行动，以阻止任何与协定目标不一致的活动；

希望作为第一步，通过对受其管辖的从事 IUU 捕捞活动的自然人和法人采取措施，加强 CPC 之间的合作；

根据 IOTC 协定第九条第 1 款，决议如下。

1. 在不损及船旗国的主要责任的情况下，CPC 应采取符合其适用的国内法律及规定的适当措施：

a）依决议第 06/01 号（被 09/01 号取代，后被 13/03 号和 17/03 号取代）"关于建立被认为在 IOTC 公约区从事 IUU 活动的渔船名单"的决议第 1 款所述活动的指控或报告，除其他外，调查其管辖的自然人及法人；

b）对第 1 款 a）项所述已确认的活动采取相应行动；

c）为执行以第 1 款 a）项所述措施及行动为目的的合作。

为达成此目的，CPC 的相关政府机构应合作执行 IOTC 的养护和管理措施，也应寻求在其管辖下产业界的合作。

2. 为协助执行本决议，CPC 应适时依其国内保密法律规范将有关依第 1 款所采取的行动及措施的报告，提供给 IOTC 秘书处及其他 CPC。

3. 本决议所有条文应于 2008 年 7 月 1 日起适用。CPC 可自行于适用日期前执行本决议条文。

决议第 05/01 号：关于大眼金枪鱼的养护和管理措施

印度洋金枪鱼委员会（IOTC），

认识到有必要采取行动，确保 IOTC 管辖区域实现养护和管理金枪鱼和类金枪鱼的目标；

忆及 IOTC 通过的有关限制缔约方和合作非缔约方（CPC）大眼金枪鱼捕捞能力的 01/04 号决议（被 14/01 号决议取代）；

承认仅靠限制捕捞能力将不足以限制针对金枪鱼和类金枪鱼的捕捞努力量或渔获量，特别是大眼金枪鱼；

意识到由于非法捕鱼活动和低估了大眼金枪鱼的捕捞死亡率，目前对大眼金枪鱼种群状况的评估可能过于乐观；

认识到 IOTC 科学分委会已建议，应尽早实施减少所有渔具的大眼金枪鱼捕捞量的措施；

根据 IOTC 协定第九条第 1 款，决议如下。

1. 缔约方和合作非缔约方（CPC）应将其大眼金枪鱼渔获量限制在科学分委会报告的该国最近渔获量水平上。

2. 委员会应要求将中国台湾省在 IOTC 水域内的大眼金枪鱼年渔获量限制在 35 000 吨。

3. 委员会应在第 10 届年会上，为大眼金枪鱼渔获量超过 1000 吨的 CPC 建立为期三年的过渡期渔获水平。

4. 允许渔获量低于 1000 吨但有意大幅提高其渔获量的 CPC，包括沿海发展中国家，特别是小岛屿发展中国家及领地，提交上述第 3 款提及的三年过渡期"船队发展计划"。

5. 在这三年期间，委员会应制定一项特定时期给所有 CPC 分配大眼金枪鱼配额的机制。

6. CPC 未来对 IOTC 管理水域金枪鱼和类金枪鱼资源的入渔权将部分根据其对本措施的负责程度而定。

7. 科学分委会应负责提供建议，包括：

a）不同渔获量水平对产卵种群生物量（SSB）的影响（与 MSY 或其他适当参考点有关）；

b）大眼金枪鱼渔获量的误报和非法渔获量对资源评估及渔获量必须下降的水平的影响；

c）评估主要渔具渔获量不同下降水平的影响。

8. 如上述，委员会应注意到沿海发展中国家的利益，特别是 IOTC 管辖区域内经济极度依赖渔业的小岛屿发展中国家及属地的利益。

决议第 05/03 号：关于建立 IOTC 港口检查计划

印度洋金枪鱼委员会（IOTC），

注意到 2001 年 3 月 27～29 日在日本烧津召开的综合控制和检查制度会议闭会期间达成的结果；

注意到缔约方的一个普遍共识是，港口检查是控制和检查计划的一个核心要素，尤其是打击 IUU 捕捞的一种有效手段；

考虑到缔约方已同意采取分阶段的方法实施综合控制和检查计划；

根据 IOTC 协定第九条第 1 款，决议如下。

1. 根据本决议采取的所有措施应符合国际法。

2. 港口国根据本决议采取的措施应充分考虑港口国按照国际法采取措施的权利与责任，以促进区域、分区域与全球养护和管理措施的效力。

3. 当渔船自愿进入其港口或近岸设施时，各缔约方和合作非缔约方（CPC）可特别检查船上文件、渔具和渔获物。进行检查时，给渔船带来的干扰和不便应减到最小，并避免渔获质量下降。

4. 各 CPC 应按照"关于建立促进非缔约方渔船遵守 IOTC 决议的计划"的 01/03 号决议，根据国际法的规定，禁止上岸和转载被确认以损害委员会通过的养护和管理措施效力进行作业的非缔约方渔船所捕获的 IOTC 协涵盖的鱼类。

5. 如果港口国认为有证据表明缔约方或非缔约方船只违反委员会通过的养护和管理措施，该港口国应将此事通报相关船旗国，并在适当时通知委员会。该港口国应向船旗国和委员会提供有关此事件的所有文件，包括检查记录。在这种情况下，船旗国应向委员会传送针对此事件采取的行动细节。

6. 本决议不影响各国根据国际法对其境内的港口行使主权。

7. 认识到应无差别地开展港口检查，首先应优先检查非缔约方渔船。

8. 各 CPC 应于每年 7 月 1 日前以电子方式提交上一年在其港口卸载捕自 IOTC 水域的金枪鱼和类金枪鱼的外国船只名单。上述信息应详细说明卸载渔获物的种类和重量组成。

9. 本决议取代"关于建立 IOTC 港口检查计划"的 02/01 号决议。

决议第 03/01 号：关于限制缔约方和合作非缔约方捕捞能力

印度洋金枪鱼委员会（IOTC），

忆及 FAO 通过的《促进公海渔船遵守国际养护和管理措施的协定》；

认识到委员会第 4 次会议通过的关于在 IOTC 管辖区域捕捞热带金枪鱼渔船捕捞能力的管理和减少大眼金枪鱼幼鱼捕捞，包括方便旗船的第 99/01 号决议（被 14/01 号决议取代）第 1 款，规定 2000 年 IOTC 会议将考虑把大型金枪鱼船队船只（总长大于 24 米）限制在适当的水平；

忆及 2001 年 IOTC 通过的"关于限制 IOTC 非缔约方捕捞大眼金枪鱼的努力量"的 01/04 号决议（被 14/01 号决议取代）；

认识到 IOTC 科学分委会建议，应尽快实施减少所有渔具的大眼金枪鱼捕捞量，黄鳍金枪鱼资源的开发正在接近或可能高于 MSY，而剑鱼的捕捞努力量不应增加；

认识到 FAO《捕捞能力管理国际行动计划》（IPOA）在其目标和原则中规定，"面临产能过剩问题的国家和区域渔业组织，其产能正在损害长期可持续成果的实现，应首先努力将产能限制在目前的水平，并逐步减少到适用于受影响渔业"；

考虑到有必要适当考虑所有相关成员的利益，符合遵守国际法的这些成员的权利和义务，特别是有意进入 IOTC 管辖区域发展公海渔业的印度洋沿海发展中国家的权利和义务；

根据 IOTC 协定第九条第 1 款的规定，决议如下。

1. 2003 年 IOTC 渔船名单上超过 50 艘渔船的缔约方和合作非缔约方（CPC）应将其 2004 年及以后年份船长大于 24 米的作业渔船（LSFV）数限制在 2003 年 IOTC 渔船名单上注册的数量。

2. 该限制船数应与以总登记吨位（GRT）或总吨数（GT）表示的全部吨位相对应，如更换渔船，船队总吨数不应超过更换前的总吨数。

3. 有目标发展其船队，规模超过目前行政程序下预见授权的其他 CPC，将根据第 02/05 号决议（被 05/02 号决议取代，后由 07/02、13/02、14/04 和 15/04 号决议取代）拟定一个船队发展计划，提交给委员会作为 2004 年（第 5 次）年会的信息和记录。除其他外，计划应详细说明船舶类型、大小和来源，以及引入渔业的计划。

如上述，委员会应注意到沿海发展中国家的利益，特别是 IOTC 管辖区域内经济极度依赖渔业的小岛屿发展中国家及属地的利益。

决议第 03/03 号：关于 IOTC 统计文件格式的修订

印度洋金枪鱼委员会（IOTC），

注意到第 02/05 号决议（先后被 05/02、07/02、13/02、14/04 和 15/04 号决议取代）"关于建立授权在 IOTC 水域作业的船长超过 24 米的渔船名单"，规定进口和出口 CPC 应合作，以确保避免统计文件的伪造或误报；

认识到更多信息（如船长），对于更好实施委员会的养护和管理措施，以及顺利实施第 02/05 号决议是必要的；

根据 IOTC 协定第九条第 1 款，决议如下。

第 01/06 号决议"关于 IOTC 大眼金枪鱼统计文件计划"中的统计文件样本格式和填写说明，应分别由本附件表格和说明取代。

委员会应与其他区域渔业管理组织联系，建立统计文件计划和授权的渔船登记名单，并要求其进行类似的修订。

附件 1　关于《IOTC 大眼金枪鱼统计文件》的要求

1. IOTC 大眼金枪鱼统计文件的样本形式应如附录所示。

2. 海关或其他适当的政府官员将要求检查所有进口文件，包括运输过程中所有大眼金枪鱼的 IOTC 大眼金枪鱼统计文件。这些官员也可以检查每批货物的内容，以核实文件上的信息。

3. 只有完整和有效的文件才能保证允许大眼金枪渔获物进入缔约方领土。

4. 附有不当记录的大眼金枪鱼统计文件（记录不当表示货物没有大眼金枪鱼统计文件，要么统计文件不完整、无效或伪造）的大眼金枪渔获物将被视为非法的大眼金枪渔获物，这些货物违反了 IOTC 的养护工作，将暂停（等待收到正确填写的文件）进入缔约方领土或接受其行政处罚或其他处罚。

5. 除鱼肉以外的其他部分，即鱼头、眼睛、鱼子（卵）、内脏、鱼尾，允许没有统计文件而进口。

附　　　录

文件编号	IOTC 大眼金枪鱼统计文件

出口部分
1. 国家/实体/捕鱼实体的船旗

2. 船只及注册号码的描述（如适用）
船名
注册号
LOA（米）
IOTC 记录号（如适用）

续表

3. 陷阱网（如适用）

4. 出口点（城市、州/省、国家/实体/捕鱼实体）

5. 捕获区域（检查下列内容之一）
（a）印度洋 （b）太平洋 （c）大西洋
*如属（b）或（c）项被检出，则不需要填写以下项目6及7。

6. 鱼类描述

产品类型（*1）		捕捞时间 （月份/年份）	渔具代码（*2）	净重（千克）
F/FR	RD/GG/DR/FL/OT			

*1 = F = 冰鲜，FR = 冷冻，RD = 原条鱼，GG = 去鳃、去内脏，DR = 去头、去尾、去内脏，FL = 鱼片
OT = 其他，描述产品类型
*2 = 当渔具代码为OT时，描述渔具类型

7. 出口商证明　　据我所知所信，我证明上述信息是完整、真实和正确的。
姓名：　　公司名：　　地址：　　签名：　　日期：　　许可编号（如适用）：

8. 政府确认　据我所知所信，我证明上述信息是完整、真实和正确的。

装运总重量：　　千克
姓名及职务　签名：　　日期：　　政府印章：

进口部分：
进口商证明　　据我所知所信，我证明上述信息是完整、真实和正确的。

进口商证明（中转国/实体/捕鱼实体）
姓名：　　地址：　　签名：　　日期：　　许可证书（如适用）：

进口商证明（中转国/实体/捕鱼实体）
姓名：　　地址：　　签名：　　日期：　　许可证书（如适用）：

最终进口点
城市：　　州/省：　　国家/实体/捕鱼实体：

注：如使用英语或法语以外的语言填写此表格，请添加本文档的英文翻译

填写说明
文件编号：签发国指定一个国家编码的文件编号。
（1）船旗国/实体/捕鱼实体：填入捕捞该批次大眼金枪鱼船只并签发这份文件的国家

的名称。根据该决议，只有当捕捞该装运货物中的大眼金枪鱼渔船的船旗国，或者如果该渔船根据租赁安排进行作业，出口国可以签发这份渔获物统计文件。

（2）船舶描述（如适用）：填入捕获该批次大眼金枪鱼的渔船名称和登记号、总长度（LOA）和 IOTC 的登记号。

（3）陷阱网（如适用）：填入捕获该批次大眼金枪鱼的陷阱网名称。

（4）出口地点：确定出口大眼金枪鱼的城市、州或省和国家。

（5）捕捞海区：检查渔获物的捕捞海区[如果检查了（b）或（c），下列第 6 和 7 项不需要填写]。

（6）鱼的描述：出口商必须以最高精确度提供以下信息（注意：一行应该描述一种产品类型）。

1）产品类型：确定装运产品的类型，如新鲜或冷冻，原条鱼、去鳃、去内脏、三去（去头、去鳃、去内脏）、鱼片或其他产品形式。对于其他，描述该批次的产品类型。

2）捕获时间：填写捕获该批次大眼金枪鱼的时间（年份和月份）。

3）渔具代码：使用下边的清单确定用于捕获大眼金枪鱼的渔具类型。对于其他类型，描述渔具类型，包括养殖。

4）产品净重：千克。

5）出口商证明：出口该批次大眼金枪鱼的个人或公司必须提供其姓名、公司名称、地址、签名、出口日期和经销商许可证号（如适用）。

6）政府确认：填写正式签署文件的官员姓名和单位全称。该官员必须为捕获该批次大眼金枪鱼渔船船旗国政府的主管当局就职的官员，该渔船出现在船旗国授权的文件或授权的其他个人或机构中。适当时，根据政府官员对该文件的确认，或如果该船只根据租赁安排作业，根据出口国政府官员或其他授权的个人或机构确认，则免除这一要求。该批次总重量也应在本区块内说明。

7）进口商证明：进口大眼金枪鱼的个人或公司必须提供其姓名、地址、签名、进口大眼金枪鱼的日期、许可证号（如适用）和最后进口地点，包括进口的中转国。对新鲜和冷冻产品，进口商的签字可以由海关报关公司的人员代替（如果其授权的签字得到进口商的适当认可）。

渔具代号	渔具类型	渔具代号	渔具类型
BB	竿钓	SPHL	休闲手钓
GILL	刺网	SPOR	未分类的休闲渔业
HAND	手钓	SURF	未分类的表层渔业
HARP	鱼叉/鱼镖	TL	单钩拖钓
LL	延绳钓	TRAP	陷阱网
MWT	中层拖网	TROL	曳绳钓
PS	围网	UNCL	未分类的渔法
RR	竿线钓	OT	其他类型

将完成的文件副本返还给：（船旗国主管部门的名称）。

附件 2　关于《IOTC 大眼金枪鱼再出口证书》的要求

1. 《IOTC 大眼金枪鱼再出口证书》的样本形式如附录所示。

2. 海关或其他适当的政府官员将要求和检查所有进口文件，包括该批次所有大眼金枪鱼的再出口证书。这些官员也可以检查每批次货物的内容，以核实文件上的信息。

3. 只有完整和有效文件的大眼金枪鱼才被允许进入缔约方领土。

4. 缔约方应自由地对进口的 IOTC 大眼金枪鱼的再出口证书进行验证，以确保其附带着《IOTC 大眼金枪鱼统计文件》或《IOTC 大眼金枪鱼再出口证书》。《IOTC 大眼金枪鱼再出口证书》应由政府机构或经缔约方政府认可的验证《IOTC 大眼金枪鱼统计文件》的机构验证。进口大眼金枪鱼时附带的《IOTC 大眼金枪鱼统计文件》原件的副本必须附在《IOTC 大眼金枪鱼再出口证书》上。附带的《IOTC 大眼金枪鱼统计文件》原件的副本必须经过该政府机构认可或经政府认可的《IOTC 大眼金枪鱼统计文件》的认证机构认可。当再出口的大眼金枪鱼接着再出口时，所有文件的副本，包括一份经核实的统计文件和进口时附带的再出口证书，必须附在新的再出口证书上，以便由再出口缔约方验证。所有附在新出口许可证上的文件的副本，必须由政府机构核实或经政府认可的审核《IOTC 大眼金枪鱼统计文件》的机构审核。

5. 附有不当记录的大眼金枪鱼再出口文件（记录不当表示没有大眼金枪鱼再出口文件，要么统计文件不完整、无效或伪造）的大眼金枪鱼渔获物将被视为非法的大眼金枪鱼渔获物，这些货物违反了 IOTC 的养护措施，将暂停（等待收到正确填写的文件）进入缔约方领土或接受其行政处罚或其他处罚。

6. 根据第 4 款规定的程序验证再出口证书的 IOTC 缔约方，应要求再出口大眼金枪鱼的经销商提供必要文件（如书面销售合同），证明重新出口的大眼金枪鱼和其要进口的大眼金枪鱼相符。验证再出口证书的缔约方应在其请求的情况下向船旗国和进口国提供这种一致性的证据。

7. 除鱼肉以外的其他部分，即鱼头、眼睛、鱼子（卵）、内脏、鱼尾，允许没有统计文件而进口。

附　录

文件编号	IOTC 大眼金枪鱼再出口证书			
再出口部分： 1. 再出口国家/实体/捕鱼实体				
2. 再出口点				
3. 进口鱼类的描述				
产品类型（*1）		净重（千克）	国家/实体/捕鱼实体的船旗	进口日期
F/FR	RD/GG/DR/FL/OT			

续表

文件编号	IOTC 大眼金枪鱼再出口证书		

4. 再出口鱼类的描述

产品类型（*1）		净重（千克）	
F/FR	RD/GG/DR/FL/OT		

*F = 冰鲜，FR = 冷冻，RD = 原条鱼，GG = 去鳃、去内脏，DR = 去头、去尾、去内脏，FL = 鱼片，OT = 其他，描述产品类型

5. 再出口证明：据我所知所信，我证明上述信息是完整、真实和正确的。

姓名/公司名：　　地址：　　签名：　　日期：　　许可号（如适用）：

6. 政府确认：据我所知所信，我证明上述信息是完整、真实和正确的。

姓名及职务：　　签名：　　日期：　　政府印章：

进口部分
7. 进口商证明：据我所知所信，我证明上述信息是完整、真实和正确的。
进口商证明（中转国/实体/捕鱼实体）

姓名：　　地址：　　签名：　　日期：　　许可证书（如适用）：

进口商证明（中转国/实体/捕鱼实体）
姓名：　　地址：　　签名：　　日期：　　许可证书（如适用）：

进口商证明（中转国/实体/捕鱼实体）
姓名：　　地址：　　签名：　　日期：　　许可证书（如适用）：

最终进口点
城市：　　州/省：　　国家/实体/捕鱼实体：

注：如使用英语或法语以外的语言填写此表格，请添加本文档的英文翻译

填写说明
文件编号：签发国/实体/捕鱼实体指定一个国家/实体/捕鱼实体编码的文件编号。
（1）再出口国家/实体/捕鱼实体
填上再出口批次的大眼金枪鱼并发放该证明的名称。根据该决议，只有再出口的国家/实体/捕鱼实体才能颁发此证明。
（2）再出口地点
确定大眼金枪鱼再出口的城市/州或省和国家/实体/捕鱼实体。
（3）进口鱼的描述
出口商必须以最高精确度提供下列信息（注意：一行应描述一类产品）。
1）产品类型：确定装运产品的类型，如新鲜或冷冻，原条鱼、去鳃、去内脏、三去（去头、去鳃、去内脏）、鱼片或其他产品形式。对于其他，描述该批次的产品类型。

2）产品净重：千克。

3）船旗国/实体/捕鱼实体：捕获该批次大眼金枪鱼的渔船的船旗国/实体/捕鱼实体名称。

4）进口日期：进口的日期。

（4）再出口鱼的描述

出口商必须以最高的精确度提供下列信息（注意：一行应描述一类产品）。

1）产品类型：确定装运产品的类型，如新鲜或冷冻，原条鱼、去鳃、去内脏、三去（去头、去鳃、去内脏）、鱼片或其他产品形式。对于其他，描述该批次产品的类型。

2）产品净重：千克。

（5）再出口证明

再出口大眼金枪鱼的个人或公司必须提供其姓名、公司名称、地址、签名、出口货物的日期和再出口许可证号（如适用）。

（6）政府确认

填写正式签署文件的官员姓名和单位全称。该官员必须由证书上出现的再出口国/实体/捕鱼实体的政府主管部门在任官员，或政府主管部门授权发放这些许可证的其他个人或机构。

（7）进口证明

进口大眼金枪鱼的个人或公司必须提供其姓名、地址、签名、进口大眼金枪鱼的日期、许可证号（如适用）和再出口的最后进口地点，包括进口到中转国/实体/捕鱼实体。对于新鲜和冷冻的产品，进口商的签字可以由海关报关公司的人员代替（如果其授权的签字得到进口商的适当认可）。

将完成的文件副本返还给：（再出口国/实体/捕鱼实体政府主管部门的名称）。

附件 3　IOTC 大眼金枪鱼统计文件的报告

时期：从＿＿＿＿年＿＿＿＿月至＿＿＿＿月

进口的国家/实体/捕鱼实体

船旗国/实体/捕鱼实体	区域代码	渔具代码	出口点	产品类型		产品净重（千克）
				F/FR	RD/GG/DR/FL/OT	

渔具代号	渔具类型	渔具代号	渔具类型
BB	竿钓	SPHL	休闲手钓
GILL	刺网	SPOR	未分类的休闲渔业
HAND	手钓	SURF	未分类的表层渔业
HARP	鱼叉/鱼镖	TL	单钩拖钓
LL	延绳钓	TRAP	陷阱网
MWT	中层拖网	TROL	曳绳钓
PS	围网	UNCL	未分类的渔法
RR	竿线钓	OT	其他类型（指出渔具类型）

产品类型：

F（新鲜）；FR（冷冻）；RD（原条鱼）；GG（去鳃、去内脏）；DR（去头、去鳃、去内脏）；FL（鱼片）；OT（其他产品形式，描述该批次的产品类型）。

海区代号：ID（印度洋）；PA（太平洋）；AT（大西洋）。

IOTC 大眼金枪鱼再出口证明的报告

时期：从____年____月至____月

进口的国家/实体/捕鱼实体

船旗国/实体/捕鱼实体	再出口船旗国/实体/捕鱼实体	再出口点	产品类型		产品净重（千克）
			F/FR	RD/GG/DR/FL/OT	

产品类型：

F（新鲜）；FR（冷冻）；RD（原条鱼）；GG（去鳃、去内脏）；DR（去头、去鳃、去内脏）；FL（鱼片）；OT（其他产品形式，描述该批次的产品类型）。

海区代号：ID（印度洋）；PA（太平洋）；AT（大西洋）。

附件 4　确认 IOTC 统计文件的信息

1. 船旗

2.（1）确认统计文件的政府/政府机构

机构名称	机构地址	印章式样

注：对于每个机构，请附上一张包括授权确认文件的个人姓名、职务和地址的表

（2）政府/主管机构认可的确认统计文件的其他机构

机构名称	机构地址	印章式样

注：对于每个机构，请附上一张包括授权确认文件的个人姓名、职务和地址的表

填写说明

要求有船只捕捞进入国际贸易必须附带统计文件的物种的缔约方、合作非缔约方、实体和捕鱼实体向 IOTC 秘书处执行秘书*提交本页的信息，并确保及时将上述的任何变化传送给 IOTC 执行秘书。

*IOTC；P.O. BOX 1011，Le Chantier Mall，Victoria，Mahé，Seychelles（塞舌尔马埃岛维多利亚）

决议第 01/03 号：关于建立促进非缔约方渔船遵守 IOTC 决议的计划

印度洋金枪鱼委员会（IOTC），

注意到 2001 年 3 月 27～29 日在日本烧津举行的关于综合控制和检查制度会议闭会期间达成的结果；

注意到有必要打击非法、不管制和不报告（IUU）渔业；

考虑到缔约方已同意实施综合控制和检查计划应遵循分阶段的办法；

根据 IOTC 协定第九条的规定，决议如下。

1. 缔约方船只或非缔约方、实体的航空器或捕鱼实体船只的任何观察显示，有理由认为这些渔船违反了 IOTC 养护或管理措施捕鱼，应立即向做出观测的船旗国有关主管部门报告。然后该缔约方应立即通知渔船船旗国有关主管部门。做出观测的每一缔约方也应立即通知 IOTC 秘书处，秘书处转而通知其他缔约方。

2. 如一艘悬挂非缔约方、实体或捕鱼实体旗帜的渔船，被目击到在 IOTC 水域的活动符合第 1 款所述情况，则被认为违反了 IOTC 养护和管理措施。

3. 当第 2 款所指非缔约方、实体或捕鱼实体的船只自愿进入任一缔约方港口时，应由经授权的熟悉 IOTC 措施的缔约方官员检查，接受检查前不允许该船上岸或转载任何渔获物。此类检查应包括船舶文件、渔捞日志、渔具、船上渔获物及有关船只在 IOTC 水域活动的任何其他事项。

4. 若按上述第 3 款检查显示船上装载有受 IOTC 养护和管理措施管理的物种，则所有缔约方的港口应禁止上岸和转载船上所运的鱼，除非该船证实鱼是在 IOTC 管辖区域外捕获的，或符合 IOTC 协定规定的相关养护和管理措施与要求。

5. 有关非缔约方、实体或捕鱼实体船只在缔约方港口接受检查的结果及随后采取的行动应立即发送给委员会。IOTC 秘书处应把此信息转给所有缔约方和相关船旗国。

决议第 01/06 号：关于 IOTC 大眼金枪鱼统计文件计划

印度洋金枪鱼委员会（IOTC），

认识到 IOTC 在国际水平上管理 IOTC 管辖区域（"公约区"）大眼金枪鱼的权力和责任；

还认识到公约区大眼金枪鱼国际市场的性质；

还认识到公约区大眼金枪鱼渔获产量的不确定性，以及贸易数据的可获得性将大大有助于减少这种不确定性；

还认识到大眼金枪鱼是"方便旗"渔船的主要目标物种，而且此类渔船捕捞的大部分大眼金枪鱼都出口到缔约方，特别是日本；

忆及养护大西洋金枪鱼国际委员会（ICCAT）已经建立了蓝鳍金枪鱼、大眼金枪鱼和剑鱼的渔获物统计文件计划，南方蓝鳍金枪鱼养护委员会（CCSBT）也建立了南方蓝鳍金枪鱼渔获物统计文件计划；

认识到渔获物统计文件计划是帮助委员会努力消除 IUU 捕捞作业的有效工具；

根据 IOTC 协定第九条第 1 款，决议如下。

1. 缔约方应在 2002 年 7 月 1 日前或之后尽快要求所有进口至该国的大眼金枪鱼，附上符合 03/03 号决议附件 1 规定的《IOTC 大眼金枪鱼统计文件》或附件 2 规定的《IOTC 大眼金枪鱼再出口证书》。围网渔船、竿（饵）钓船捕获的，主要送往公约区内罐头厂的大眼金枪鱼不受此统计文件计划的管理。委员会和进口大眼金枪鱼的缔约方应与所有出口国联系，事先通知他们以便执行计划。

2. a)《IOTC 大眼金枪鱼统计文件》必须经由捕获该金枪鱼渔船的船旗国政府官员或其他被授权的个人或机构确认，如渔船是通过租船协议作业的，则由出口国的政府官员或其他被授权的个人确认；且

b)《IOTC 大眼金枪鱼再出口证书》必须经由金枪鱼的再出口国的政府官员或其他被授权的个人确认。

3. 各缔约方应向执行秘书提供大眼金枪鱼进口数据和信息确认所需的统计文件和再出口证书格式样本（见 03/03 号决议附件 4），并及时通知执行秘书任何更改。

4. 进、出口大眼金枪鱼的缔约方应汇总《IOTC 大眼金枪鱼统计文件》的数据。

5. 进口大眼金枪鱼的缔约方应向执行秘书提交按照本方案收集的大眼金枪鱼数据。其中每年 4 月 1 日前上报上一年度 7 月 1 日至 12 月 31 日的数据；10 月 1 日前上报当年 1 月 1 日至 6 月 30 日的数据。这些数据将由执行秘书传送给全体缔约方。报告格式见 03/03 号决议附件 3。

6. 出口大眼金枪鱼的缔约方收到执行秘书传送的上述第 5 款提及的进口大眼金枪鱼数据时，应审核其出口数据，每年向委员会报告结果。

7. 各缔约方应当交换统计文件和再出口证明的副本，便于在符合其国内法律规定的情况下，进行第 6 款提及的审核。

8. 委员会应要求合作非缔约方采取上述各款所述的措施。

9. 执行秘书应要求捕捞并出口大眼金枪鱼到缔约方的所有非缔约方/实体/捕捞实体提供确认数据，并要求其及时通知任何更改。

10. 执行秘书应保持和更新上述第 3 款和第 9 款指定的数据，提供给所有缔约方，并及时传送任何变更。

11. 委员会应要求进口大眼金枪鱼的非缔约方配合执行本计划，并向委员会提供在执行本计划时取得的数据。

12. 执行本计划应符合相关国际义务。

13. 本计划实施初期，要求冷冻大眼金枪鱼产品提供统计文件和再出口证明，至于冰鲜大眼金枪鱼产品，执行本计划之前仍有许多实际问题有待解决，譬如，有关确保海关处理冰鲜产品程序的指南。

14. 悬挂欧盟成员旗帜的渔船所捕捞的大眼金枪鱼的统计文件可由捕捞金枪鱼渔船的船旗国确认，或当相应数量的大眼金枪鱼从上岸成员的海外领地出口至欧盟以外国家时，则由产品上岸的另一成员主管机关确认。

15. 虽有 IOTC 协定第九条第 4 款的规定，但缔约方应根据各缔约方的管理程序，于 2002 年 7 月 1 日前或后尽快执行本决议。

附件 1 至附件 4（略）。

注：第 01/06 号决议内有关"IOTC 大眼金枪鱼统计文件计划"的统计文件范本及说明已被第 03/03 号决议所载的范本取代。

决议第 99/02 号：关于要求对大型方便旗延绳钓船的捕捞活动采取行动

印度洋金枪鱼委员会（IOTC），

忆及 IOTC 在其 1998 年会议上通过的关于在 IOTC 管辖区域捕捞热带金枪鱼船舶登记和信息交换的建议，包括方便旗船只；

关注在 IOTC 辖区悬挂方便旗（FOC）的大型金枪鱼延绳钓渔船的捕捞活动的持续和增加，以及此类活动削弱了 IOTC 养护和管理措施的有效性；

认识到有证据表明，许多从事此类捕鱼活动的船舶船东已重新挂旗，以避免遵守 IOTC 养护和管理措施；

意识到这些船只大部分是由中国台湾省（TPC）捕鱼实体拥有和经营，同时几乎所有的渔获物都出口到日本；

欢迎粮农组织目前正在开展的工作，制定打击非法、不管制和不报告（IUU）捕捞的国际行动计划，包括打击 FOC；

决定必须采取进一步行动制止 FOC 渔船的捕鱼活动；

决议如下。

1. 缔约方和合作非缔约方应确保其登记的大型金枪鱼延绳钓渔船不从事 IUU 捕捞活动（例如，采取拒绝给这类船发放捕捞许可证的方法）。

2. 缔约方和合作非缔约方应拒绝从事削弱 IOTC 通过的措施效果的方便旗（FOC）渔船上岸及转载渔获物。

3. 缔约方和合作非缔约方应采取符合其相关法律的一切可能行动：

a）敦促其进口商、运输业者和其他有关商人制止交易和转运 FOC 渔船捕捞的金枪鱼和类金枪鱼；

b）告知大众 FOC 金枪鱼延绳钓船的捕捞活动已削弱 IOTC 养护和管理措施的成效，敦促他们不要购买这些渔船捕捞的渔获物；

c）敦促其制造商和相关业者，防止其制造的渔船和设备/仪器用于 FOC 捕捞作业。

4. 委员会敦促上述未提及的所有非缔约方、实体或捕捞实体按照本决议第 1～3 款的规定行动。

5. 委员会鼓励监视和交换有关 FOC 捕鱼活动的信息，包括由秘书处进行的港口采样活动。

6. 委员会敦促其 FOC 渔船从事的捕鱼活动削弱 IOTC 通过的养护和管理措施成效的国家和捕鱼实体，召回或拆解这些渔船。委员会也敦促日本与这类国家和捕鱼实体合作，拆解日本建造并从事 FOC 捕鱼活动的渔船。

7. 委员会指示秘书处准备可能的措施，包括贸易制裁措施，以防止或消除 FOC 捕捞活动。

8. 缔约方船只合资经营的合法作业活动，只要其不削弱 IOTC 通过的措施的有效性，不应被理解为 FOC 捕鱼。

9. 应适当考虑沿海国家的利益。

建议第 14/07 号：科学分委会年度报告和工作组报告中科学信息标准化陈述

印度洋金枪鱼委员会（IOTC），

承认可靠的科学建议作为符合国际法的养护和管理印度洋及其毗邻海域金枪鱼和类金枪鱼种群核心要素及委员会信息需求的重要性；

注意到 2007 年日本神户系列第一次金枪鱼区域渔业管理组织全球高峰会议的与会者同意，资源评估结果应以标准化的红-黄-绿-橙四个象限的格式陈述，现被称为神户象限图，已被广泛接受作为描述资源状态信息的一种实用且用户友好的方法；

进一步注意到 2009 年 6 月在西班牙圣塞瓦斯蒂安举行的第二次金枪鱼 RFMO 联合会议上，采用策略矩阵作为潜在管理行动的结果，以标准化的方式向渔业管理者提供达到管理目标的统计概率，包括终止过度捕捞和恢复已经过度捕捞的种群；

承认策略矩阵是 RFMO 科学组织经协调用于传达建议的一致格式，且用此格式表示资源评估结果，提供委员会评估和采纳不同成功概率管理选项的基础，有助于预防性做法的实施；

忆及神户系列第二次专家研讨会关于分享提供科学建议最佳做法建议和神户系列第三次专家研讨会的建议，尤其是开展研究活动，以便较好地量化不确定性，以及了解该不确定性在神户系列第二次会议策略矩阵风险评估中的反映；

进一步忆及关于现行最佳科学建议的 12/15 号决议的规定，要求以清楚、透明及标准化的格式，向委员会提供科学建议；

考虑到关于执行预防性做法的第 12/01 号决议与"关于暂定参考点和限制性参考点及决策构架"的第 13/10 号决议（被 15/10 号决议取代），由于通过暂定参考点和限制性参考点，使预防性做法的执行具有可能性；

注意到科学分委会及其工作小组和 IOTC 秘书处迄今为止在年度工作报告中标准化地表达科学信息，包括各鱼种资源的"概要"等方面的出色工作；

强调进一步完善科学信息表达的重要性，以促进委员会适当使用；

根据 IOTC 协定第九条第 8 款，建议如下。

1. 为支持 IOTC 科学分委会所做的科学建议，介绍种群评估结果的 IOTC 科学分委会年度报告中的"概要"，如可能，应包括以下内容。

种群状态

a）神户象限图显示：

i）委员会根据科学分委会使用的评估模式采用的任何目标及限制性参考点，如 F_{MSY}（最大持续产量时的捕捞死亡系数）及 F_{LIM}（限制性参考点时的捕捞死亡系数）、SB_{MSY}（最大持续产量时的产卵群体资源量）及 SB_{LIM}（限制性参考点时的产卵群体资源量）或 B_{MSY}（最大持续产量时的资源量）及 B_{LIM}（限制性参考点时的资源量），或其他代替值；

ii）以委员会采用的目标参考点表示的资源估计值，如相对于 F_{MSY} 的 $F_{CURRENT}$（当前的捕捞死亡系数）和相对于 SB_{MSY} 的 $SB_{CURRENT}$（当前产卵群体资源量）或相对于 B_{MSY} 的 $B_{CURRENT}$（当前资源量）；

iii）不确定性估计，假如使用的统计方法和科学分委会的一致，且有足够的数据存在；

iv）资源状况轨迹。

b）表示最新资源评估所获得的各年模型输出量的比例，该结果可用于建议：神户象限图绿色区块（没有强度型过度捕捞，没有资源型过度捕捞）、黄色及橙色区块（强度型过度捕捞或资源型过度捕捞）及红色区块（强度型过度捕捞且资源型过度捕捞）。

模型前景

c）两个神户系列第二次会议的策略矩阵：

i）第一个表示遵守委员会采用的限制性参考点的可能性，如跨多个年份不同产量水平时，要么 $SB > SB_{MSY}$ 或 $B > B_{MSY}$ 及 $F < F_{MSY}$ 的可能性；

ii）第二个显示由委员会采用的限制性参考点表示的在安全生物限制内的可能性，如跨多个年份不同产量水平时，要么 $SB > SB_{LIM}$ 或 $B > B_{LIM}$ 及 $F < F_{LIM}$ 的可能性；

iii）当委员会同意接受基于种群与种群目标及限制性参考点相关的概率水平时，科学分委会可利用与这些临界值对应的颜色编码准备神户系列第二次会议的策略矩阵，并将其放在年度报告中。

评估模型的数据质量与限制

d）一份证明资源评估输入数据的质量、可信度和代表性均合格的说明如下（但不限于）：

i）渔业统计数据和渔业指标（如渔获量和努力量、按性别的渔获物体长组成和年龄组成矩阵，以及如可能，包括渔业丰度依赖指数）；

ii）生物学信息（如生长参数、自然死亡率、成熟度及繁殖力、洄游模式及种群结构、渔业丰度独立指数）；

iii）补充信息（可获得的丰度指数的一致性、环境因子对种群动态的影响、捕捞努力量分布变化、选择性和捕捞能力、目标鱼种的改变）。

e）一份关于根据输入数据类型与质量对评估模式进行限制的说明，并指出输入数据不确定性对评估结果可能造成的误差。

f）一份关于长期规划预测可信度的说明。

取代方法（数据缺乏的种群）

2. 当由于数据或模型限制，IOTC 科学分委会无法确立神户系列第二次会议的策略矩阵和相关图表，或相对于基准点的当前状态的其他估算值，IOTC 科学分委会将根据可利用的渔业依赖指数和渔业独立指数来确立科学建议，并提供类似于 1.d）项详列的警告。

附加信息与"概要"结构和模板的审议

3. 委员会鼓励 IOTC 科学分委会在其年度报告或详细报告中包括任何支持其科学建议和管理建议的其他表格和（或）插图，如可能，将包括补充量轨迹、种群补充量关系与比例，如单位补充量渔获量或单位补充量资源量等信息。

4. 视需要，IOTC 科学分委会应审核本建议提出的关于神户系列第二次会议的策略矩阵、标绘图和图示说明的建议和模板，并向委员会提出可能的改进建议。

建议第 12/15 号：关于最佳可获得的科学

印度洋金枪鱼委员会（IOTC），

认识到合理的科学建议作为养护和管理印度洋和邻近海域金枪鱼和类金枪鱼核心的重要性，符合国际法和委员会的信息需求；

意识到充足的科学信息的可得性对实现其 IOTC 协定第五条规定的目标至关重要；

强调所有 CPC 有效参与科学分委会及其工作小组工作的重要性；

认识到沿海发展中国家有限的财政资源，并希望对其科学能力建设提供协助；

认识到需要改进用于提供科学建议的数据和分析的可用性和质量，包括兼捕和丢弃量；

注意到受邀专家的参与可促进科学分委会科学工作的质量保证；

认识到为实现本建议的目的，有必要扩大和简化能力建设的财政支持范围；

基于 IOTC 科学分委会和神户进程的审议意见和建议；

注意到定期评估区域渔业管理组织绩效的重要性，包括其科学分委会的运作；

根据 IOTC 协定第九条第 8 款的规定，建议 CPC 着手以下工作。

1. 采取所有适当的措施：

i）通过能够持续对话的方式，如通过使用电子讨论群组、电话和（或）视频会议，改善 CPC、委员会及科学分委会之间的交流；

ii）改善提供给秘书处的数据收集与提交方式，包括兼捕；

iii）支持有关委员会信息需求的研究计划和项目；

iv）促进具有适当科学资格的科学家参与科学分委会和工作小组会议，以及其他相关的科学组织；

v）为培训科学研究人员做出贡献，包括年轻科学家。

2. 维护与促进 IOTC 科学分委会和工作小组的专业独立性及专业特长，以及其工作与委员会信息需求的关联性，通过：

i）加强科学家参与科学分委会及其工作小组会议，包括其他金枪鱼区域渔业管理组织和相关科学组织的科学家；

ii）起草科学分委会及其工作小组的行为守则，供委员会通过。为此目的，科学分委会可制定规定，避免利益冲突，以确保科学活动质量、关联性及专业独立性，如适当，维护使用数据的机密性；

iii）起草 IOTC 科学分委会及其工作小组的策略计划，供委员会通过，该策略计划应被用于指导科学分委会及工作小组的相关工作，协助委员会有效地履行其职责；

iv）确保科学分委会向委员会提出的科学建议，是基于最佳可得的和经过同行评议的科学分析，是中肯、专业上独立且客观的科学建议；

v）确保所有提交给科学分委会及其工作小组评估的文件，其来源及修订经过被完整地记录；

vi）以清楚、透明及标准化的格式向委员会提供科学建议；

vii）为制定委员会科学咨询提供定义明确的规则，反映出努力达成共识过程中的不同见解，以促进一致性和透明度。

3. 通过邀请专家（如来自其他 RFMO 或学术界）参与 IOTC 科学分委会的活动，加强 IOTC 科学分委会内同行评议机制。这些专家将遵守 IOTC 当前适用的数据保密规定与程序。

4. 持续支持 IOTC 科学分委会的倡议，在科学同行评议的学术期刊发表其科学研究成果。

5. 为满足上述目的，考虑扩大财务援助及机制，尤其包括为执行本决议的目的捐献给 IOTC 发展中缔约方"参会基金"，特别是：

i）有助于发展中 CPC 的科学能力建设，加强其有效参与科学分委会及其工作小组的工作；

ii）为科学分委会及其工作小组提供必需的资金，包括考虑委员会研究的取代性资金提供模式。

6. 作为一个全面质量管理程序，下一次 IOTC 独立绩效评估应评估科学分委会及其工作小组的运作，包括外部审核对其潜在角色的评价。

建议第 05/07 号：关于金枪鱼捕鱼船队的管理标准

印度洋金枪鱼委员会（IOTC），

忆及委员会已积极采取各种措施和行动，消除大型金枪鱼延绳钓渔船在 IOTC 区域的非法、不管制和不报告（IUU）的捕鱼活动；

进一步忆及 FAO 一直在采取措施消除 IUU 捕捞活动；

认识到大型金枪鱼渔船很容易将渔场从 IOTC 区域转移到其他洋区，反之亦然，渔业的这一高度移动性使得对渔业的控制和管理变得困难；

进一步认识到其渔获物直接从渔场转移到市场，不经过船旗国；

注意到大部分大眼金枪鱼和黄鳍金枪鱼渔获物出口到缔约方和合作非缔约方（CPC）；

严重关切并注意到，许多 IUU 大型金枪鱼船仍然通过将其船旗从非缔约方更换为管理能力较差的 CPC 船旗，并改变船名和名义船东来规避国际社会消除这些船只的努力而生存；

进一步注意到委员会缺乏最低管理标准，因此允许这类船舶转移到 CPC；

认识到迫切需要采取适当措施，以致不把缔约方当作这些船只的避难所；

根据 IOTC 协定第九条第 8 款的规定，建议如下。

1. 缔约方和合作非缔约方（CPC）向其"授权的渔船"[AFV 的定义见第 05/02 号决议（被 07/02 号、12/02 号决议取代）]发放捕捞许可证时，应当采取措施满足最低管理标准（附件 1）。

2. 所有 CPC 应当与符合上述标准给其 AFV 发放许可证的 CPC 合作。

3. 发放 AFV 许可证的所有 CPC 船旗国每年应当使用附件 2 的格式，向委员会报告根据第 1 款采取的所有措施。

附件 1　IOTC 大型金枪鱼延绳钓渔业管理标准

缔约方和合作非缔约方应：

在渔场中的管理

i）为确保遵守 IOTC 养护和管理措施，酌情派出巡逻船进行监视和海上检查，监督渔船活动；

ii）如适当，根据委员会决议，给船上配置科学观察员；

iii）根据委员会第 02/02 号决议（被 06/03 号、15/03 号决议取代），要求 IOTC 水域内作业的 AFV 安装基于卫星的船位监测系统（VMS）；

iv）要求渔船在进入或离开管理区域和 IOTC 水域时通报，除非通过使用 VMS 系统显示该信息；

v）对于有渔获量限制的鱼种，要求渔船每日或定期报告渔获量。

转载管理（从渔场到卸鱼港口）

i）要求渔船按鱼种和管理区域报告其转载渔获量；

ii）根据委员会第 05/01 号决议，进行港口检查；

iii）根据委员会第 01/06 号和第 03/03 号决议，执行统计文件计划；

在卸鱼港口的管理

i）收集上岸和转载数据核实渔获量，若适当，通过与其他缔约方和合作非缔约方合作；

ii）要求按鱼种和管理区域报告上岸量。

附件 2　履行 IOTC AFV 管理标准的年报模板格式

渔场中的管理

	科学观察员登船	基于卫星的船位监视系统	每天或定期渔获报告	入/出管理区报告
是/否				
备注	%	%或船数	方法	方法

转载管理（从渔场到卸鱼港口）

	转载报告	港口检查	统计文件计划
是/否			
备注	方法	方法	

在卸鱼港口的管理

	上岸检查	上岸报告	与其他缔约方合作
是/否			
备注	方法	方法	

第四部分　已经被取代或者删除的决议和建议

决议或建议号	养护和管理措施	状态	后续决议编号
决议 17/01	关于恢复印度洋黄鳍金枪鱼资源的暂定计划	被取代	决议 18/01
决议 17/03	关于建立被认为在 IOTC 海域从事非法、不报告和不管制捕捞活动的船舶名单	被取代	决议 18/03
决议 17/06	建立大型渔船转载计划	被取代	决议 18/06
决议 17/08	关于 FAD 管理计划程序，包括限制 FAD 数量、更详细的 FAD 网次渔获报告规范及开发改进 FAD 结构减少非目标物种的缠绕	被取代	决议 18/08
决议 16/01	恢复印度洋黄鳍金枪鱼资源暂定计划	被取代	决议 17/01
决议 16/06	关于未履行 IOTC 报告义务适用的措施	被取代	决议 18/07
决议 16/12	关于实施养护和管理措施工作小组（WPICMM）	被取代	决议 17/02
决议 15/05	关于条纹四鳍旗鱼、印度枪鱼和蓝枪鱼的养护和管理措施	被取代	决议 18/05
决议 15/06	关于禁止围网渔船丢弃在 IOTC 水域捕获的鲣鱼、黄鳍金枪鱼、大眼金枪鱼及非目标鱼种	被取代	决议 17/04
决议 15/07	关于使用人造灯光吸引鱼类	被取代	决议 16/07
决议 15/08	关于 FAD 管理计划程序，包括限制 FAD 数量、更详细的 FAD 网次渔获报告规范及开发改进 FAD 结构减少非目标物的缠绕	被取代	决议 17/08
决议 14/03	关于加强渔业科学家和管理者之间的对话	被取代	决议 16/09
决议 14/04	关于建立授权在 IOTC 水域内作业的 IOTC 船只名单	被取代	决议 15/04
决议 14/06	关于建立大型渔船转载计划	被取代	决议 17/06
决议 13/01	关于取消过时的养护和管理措施	被取代	决议 14/01
决议 13/02	关于建立授权在 IOTC 水域内作业的 IOTC 船只名单	被取代	决议 14/04
决议 13/03	关于在 IOTC 水域渔船的渔获量和努力量记录	被取代	决议 15/01
决议 13/07	关于经许可在 IOTC 海域捕捞 IOTC 鱼种的外籍渔船名单及入渔协定信息	被取代	决议 14/05
决议 13/08	关于 FAD 管理计划程序，包括详细的 FAD 网次渔获报告规范及开发改进 FAD 结构减少非目标物种的缠绕	被取代	决议 15/08
决议 13/10	关于暂定参考点和限制性参考点及决策构架	被取代	决议 15/10
决议 13/11	关于禁止围网渔船丢弃在 IOTC 水域捕获的鲣鱼、黄鳍金枪鱼、大眼金枪鱼及非目标鱼种	被取代	决议 15/06
决议 12/03	关于在 IOTC 水域渔船渔获量和努力量记录	被取代	决议 13/10 决议 15/01
决议 12/05	建立大型渔船转载计划	被取代	决议 14/06
决议 12/07	关于获得许可在 IOTC 管辖区域捕捞 IOTC 鱼种的外籍渔船名单及入渔协定信息	被取代	决议 13/07

续表

决议或建议号	养护和管理措施	状态	后续决议编号
决议 12/08	关于集鱼装置管理计划程序	被取代	决议 13/08
决议 12/10	关于促进执行 IOTC 已通过的养护和管理措施	被取代	决议 16/10
决议 12/11	关于执行限制缔约方和合作非缔约方捕捞能力	被取代	决议 15/11
决议 12/12	关于禁止在 IOTC 管辖区域公海使用大型流网	被取代	决议 17/07
决议 12/13	关于养护印度洋管辖区域热带金枪鱼种群	被取代	决议 14/02
建议 12/14	关于暂定目标和限制性参考点	被取代	决议 13/10
决议 11/01	关于汇编 IOTC 决议和建议	被取代	决议 14/01
决议 11/03	关于建立被认为在 IOTC 海域从事非法、不报告和不管制捕捞活动的渔船名单	被取代	决议 17/03
决议 11/05	关于建立大型渔船转载计划	被取代	决议 12/05
建议 11/06	关于在 IOTC 管辖范围海域渔船渔获及努力量记录	被取代	决议 12/03
决议 10/01	关于养护和管理 IOTC 管辖区域热带金枪鱼种群	被取代	决议 12/13
决议 10/02	关于对 IOTC 缔约方和合作非缔约方强制性统计报告要求	被取代	决议 15/02
决议 10/03	关于 IOTC 水域渔船渔获记录	被取代	决议 12/03
决议 10/04	关于区域性观察员计划	被取代	决议 11/04
决议 10/05	关于设立 IOTC 发展中国家缔约方和合作非缔约方参会基金	被取代	决议 14/01
决议 10/06	关于减少延绳钓渔业误捕海鸟	被取代	决议 12/06
决议 10/07	关于许可在 IOTC 水域捕捞金枪鱼和剑鱼的外国渔船记录	被取代	决议 12/07
决议 10/09	关于执法分委会职能	被取代	决议 14/01
决议 10/11	关于预防、阻止和消除非法、不报告和不管制捕捞的港口国措施	被取代	决议 16/11
决议 10/12	关于养护 IOTC 协定水域渔业捕捞的长尾鲨（长尾鲨科）	被取代	决议 12/09
建议 10/13	关于执行禁止围网渔船丢弃鲣鱼、黄鳍金枪鱼、大眼金枪鱼及非目标鱼种	被取代	决议 13/11
决议 09/01	关于绩效评估后续行动	被取代	决议 16/03
决议 09/02	关于执行限制缔约方和合作非缔约方捕捞能力	被取代	决议 12/11
决议 09/03	关于建立被认为在 IOTC 公约区内从事非法的、不报告和不受管理的捕捞活动的渔船名单	被取代	决议 11/03
决议 09/04	区域性观察员计划	被取代	决议 10/04
决议 09/05	关于禁止在 IOTC 公约区公海使用大型流网	被取代	决议 12/12
决议 09/06	关于海龟养护	被取代	决议 12/04
决议 08/01	关于缔约方和合作非缔约方的强制性统计要求	被取代	决议 10/02
决议 08/02	建立大型渔船转载计划	被取代	决议 11/05
决议 08/03	关于减少延绳钓渔业对海鸟的意外误捕	被取代	决议 10/06
决议 08/04	关于 IOTC 管辖区域延绳钓船渔获的记录	被取代	决议 12/03
决议 07/02	关于建立授权在 IOTC 水域内作业的 IOTC 船只名单	被取代	决议 13/02
决议 07/03	有关 IOTC 管辖区域渔船的渔获记录	被取代	决议 10/03

决议或建议号	养护和管理措施	状态	后续决议编号
决议 07/04	关于在 IOTC 水域捕捞金枪鱼类和剑鱼的渔船登记和信息交换	被取代	决议 10/07 决议 10/08
决议 07/05	关于以船数限制 IOTC 缔约方和合作非缔约方主捕长鳍金枪鱼和剑鱼延绳钓的捕捞能力	被取代	决议 09/02
决议 06/01	关于建立被认为在 IOTC 公约区从事 IUU 活动的渔船名单	被取代	决议 09/03
决议 06/02	关于建立大型渔船转载计划	被取代	决议 08/02
决议 06/03	关于建立渔船监测系统方案	被取代	决议 15/03
决议 06/04	关于减少延绳钓渔业对海鸟的误捕	被取代	决议 08/03
决议 06/05	关于以船数限制 IOTC 缔约方和合作非缔约方的捕捞能力	被取代	决议 09/02
决议 05/02	关于建立授权在 IOTC 水域内作业的 IOTC 船只记录	被取代	决议 07/02
决议 05/04	关于在 IOTC 管辖区域捕捞热带金枪鱼类和剑鱼的渔船（包括方便旗籍船）登记和信息交换	被取代	决议 07/04
决议 05/05	关于养护 IOTC 管辖渔业捕捞的鲨鱼	被取代	决议 17/05
建议 05/06	关于 IOTC 管理选择工作小组的职权范围	被取代	决议 13/01
建议 05/08	关于海龟	被取代	决议 12/04
建议 05/09	关于海鸟意外死亡率	被取代	决议 12/06
决议 03/02	关于取得 IOTC 合作非缔约方身份的标准	被取代	决议 14/01
建议 03/04	关于加强消除 IOTC 水域内 IUU 捕捞活动的 IOTC 措施效力	被取代	决议 13/01
建议 03/05	关于贸易措施	被取代	决议 13/01
建议 03/06	关于向委员会建议金枪鱼和类金枪鱼管理选择的报告	被取代	决议 13/01
决议 03/07	关于取消过时养护和管理措施	被取代	决议 14/01
决议 02/01	关于建立 IOTC 港口检查计划	被取代	决议 05/03
决议 02/02	关于渔船监测系统试点计划	被取代	决议 05/03
决议 02/03	关于 IOTC 执法分委员会议事规则	被取代	决议 10/09
决议 02/04	关于建立被推定在 IOTC 水域进行 IUU 捕捞活动的渔船名单	被取代	决议 06/01
决议 02/05	关于建立授权在 IOTC 水域作业的船长超过 24 米的渔船名单	被取代	决议 05/02 决议 07/02
建议 02/06	关于实施 IOTC 注册渔船名单	被取代	决议 13/01
建议 02/07	关于防止大型 IUU 金枪鱼延绳钓渔船"洗鱼"的措施	被取代	决议 14/01
决议 02/08	关于印度洋大眼金枪鱼和黄鳍金枪鱼的养护	被取代	决议 14/01
决议 02/09	关于行政与财务常设分委会的设立	被取代	决议 14/01
建议 01/01	关于印度洋金枪鱼捕捞的国家观察员计划	被取代	决议 13/01
决议 01/02	关于捕捞活动的控制	被取代	决议 13/02
决议 01/04	关于限制 IOTC 非缔约方捕捞大眼金枪鱼的努力量	被取代	决议 14/01
决议 01/05	IOTC 成员强制性统计要求	被取代	决议 08/01
决议 01/07	关于支持 IPOA-IUU 计划	被取代	决议 14/01
决议 00/01	关于 IOTC 缔约方遵守强制性统计规定及要求非缔约方合作	被取代	决议 14/01

决议或建议号	养护和管理措施	状态	后续决议编号
决议 00/02	关于延绳钓渔获物被掠食的调查	被取代	决议 14/01
决议 99/01	关于捕捞容量管理和减少在 IOTC 管辖区域捕捞热带金枪鱼渔船（包括方便旗渔船）的大眼金枪鱼幼鱼渔获量	被取代	决议 14/01
决议 99/03	关于 IOTC 管控和检查机制的说明	被取代	决议 14/01
决议 99/04	关于合作非缔约方身份	被取代	决议 03/02
决议 98/01	关于 IOTC 成员强制性统计要求	被取代	决议 01/05
决议 98/02	关于数据保密政策和程序	被取代	决议 12/02
决议 98/03	关于南方蓝鳍金枪鱼	被取代	决议 14/01
决议 98/04	关于在 IOTC 水域捕捞热带金枪鱼渔船（包括方便旗船）登记和信息交换	被取代	决议 05/04 决议 07/04
决议 98/05	关于与非缔约方合作	被取代	决议 14/01